호젓한
시간의 만에서

호젓한
시간의 만에서

시대를 부유하는
현대인을 위한
사람 공부

장석주 인문 에세이

민음사

『호젓한 시간의 만(灣)에서』에 부쳐

　서울 올림픽이 끝나고 동구권과 소련의 몰락이 잇따르던 1990년대로 들어서며 내 삶과 의식은 자꾸만 표류하기 시작했다. 고도 소비 사회의 욕망들은 어지럽게 난비(亂飛)했고, 나는 사회의 격동과 카오스를 견뎌야만 했다. 형이상학의 빈곤 속에서 덧없이 소용돌이치던 내 한 조각의 운명을 피동적으로 수납할 수밖에 없었다. 현실이 혼란과 무질서 속으로 대책 없이 쓸려 들어가자 일은 엉키고 매듭은 잘 풀리지 않았다. 필화 사건으로 영어(囹圄)의 몸이 되었다가 풀려났고, 출판사는 문을 닫았다. 출판사를 그만두고 나는 동네 기원에서 바둑을 두거나 빈둥거리며 소일했다.

어느 날부터 후기 구조주의 철학자들의 책을 읽기 시작했고, 동시대 작가들이 내놓은 소설을 섭렵했다. 좋은 작가들은 시대를 앞질러 변화의 징후를 선취한다. 까닭에 소설 읽기는 보람이 없지 않았다. 책은 펼칠 수 있는 '몸'이다. 책은 펼칠 수 있지만, 그 펼침으로 어떤 쓸모도 도모할 수가 없다. 시가 그렇듯이, 무용(舞踊)이 그렇듯이. 폴란드 시인 비스와바 심보르스카는 시가 무엇이냐는 물음에 "몰라, 정말 모르겠다."라고 대답한다. 다만 "마치 구조를 기다리며 난간에 매달리듯/ 무작정 그것을 꽉 붙들고 있을 뿐."[1]이라고 말한다. 책을 읽는 것은 구조를 기다리며 난간에 매달려 있는 것이다. 나는 "무작정" 그 일에 매달려 있다. 나는 바다 한가운데서 난파당한 자가 구조를 기다리며 난간에 매달려 있듯이, "읽고 쓰기라는 난간"에 무작정 매달렸다. 소련 해체와 동구권 몰락 이후 세계가 불투명성과 무질서 속에서 꿈틀대며 거대 담론에서 미시 담론으로 흐름이 바뀌었다. 그동안 주목받지 못한 일상, 자아, 욕망, 무의식, 잘-삶, 잘-죽음 따위가 새로운 화두로 떠올랐다. 잠 못 드는 밤에 나는 어떤 변곡점을 통과하고 있다는 실감이 뼛속까지 사무쳤다.

---

1   비스와바 심보르스카, 「어떤 사람들은 시를 좋아한다」, 『끝과 시작』(문학과지성사, 2007), 최성은 옮김.

호젓한 시간의 만(灣)으로 떠밀려 와 서성거릴 때 슬며시 붙잡은 것이 '사람 공부'다. 지반 침하로 무너지는 삶의 끄트머리를 붙잡고 신의 짓궂음이 초래한 이 절망과 고독을 타고 넘어가고 싶었다. "나는 무엇인가? 혹은 나는 무엇이 아닌가?" 나는 일자(一者)나 무한이 아닌 스스로에게 물음을 던졌다. 나는 물음의 안쪽에 오래 머물며 상상하고 궁리했다. 그 안쪽은 헤아릴 수 없는 혼돈과 함께 너무도 어두웠다. 물음은 불가능성에 대한 소심한 자아의 저항이다. 대낮의 의식을 갖고 그 어둠을 견디기는 힘들었다. 뿐만 아니라 길 위에서 자꾸 길을 잃었다. 책을 꾸역꾸역 읽으며 암중모색을 할 수밖에 없었다.

인문학은 새의 노래나 늑대의 울부짖음이 아니라 먹고 말하고 일하고 자는 사람의 심신을 쪼개고 분석하며 그 정체를 밝혀내는 일이다. 인간의 정체, 본질, 형이상학의 가느다란 실마리를 붙잡고 그것을 쫓아가는 것이 인문학의 일이다. 무릇 인문학자는 사유를 통해 주체 속으로 들어간다. 생각을 쪼개고 흩어서 재배열하고, 생각을 생각과 접속시키고, 그 뿌리를 파헤쳐 들어간다. 주체 속으로의 이동! 생각의 분출과 파열, 약동과 도약 속에서 현존을 하나의 맥락으로 발명하기! 사실 사람 주체는 생각의 기초이자 결실이다. 사람은 심연이고, 복잡성 그 자체, 즉 하나의 수수께끼, 모종의 비밀, 비밀에 감싸인 비밀이기 때문이다.

호모 사피엔스가 나타난 것은 30만 년 전이다. '인간이라는 종'은 우발적인 종이자 우연에 속박받는 종이다. 30만 년 내내 바닥을 기다가 끝내 수직으로 솟구치듯 지성과 인지 혁명을 일으키며 기적 같은 문명의 번성을 이룬다. 마치 화산에서 거대한 용암이 분출하듯이 몰아친 문명사적 전환에는 어떤 계기적 사건이 숨어 있는 것일까? 먼저 문자의 창안과 책의 탄생이라는 사건을 주목할 필요가 있다. 책이 출현한 이후 인류는 이 '거인'의 어깨 위에 앉아 과거를 돌아보고 미래를 내다볼 수 있게 되었다. 책은 인류에게 무지에서의 해방과 생각하고 성찰하는 삶을 선물했다. 이때 성찰은 모호한 것들과 다양한 생각과 경험에 이성의 빛을 비추어 윤곽과 형태를 부여하는 일이다. 하찮은 종에 불과한 인류는 불, 바퀴, 화식, 농업, 책, 전기, 자동차, 비행기, 컴퓨터, 인터넷, 스마트폰 등 도구의 혁신으로 괄목할 만한 진화상의 성공을 거둔다. 인류 문명의 비약적 확산에 따른 부작용과 폐해도 만만치 않았다. 인류가 지구 자원을 독점하고 과소비하는 동안 열대 우림이 사라지고 지구의 생태 환경이 황폐해졌다. 대형 포유동물들이 멸종하고, 숱한 식물이 지구에서 사라졌다. 지구 생태계의 차원에서 보자면 "파종성 영장류 질환"[2]의 결과라고 할 수 있

---

2 이는 가이아 학설을 창시한 과학자이자 생태론자이며 미래학자인 제

을 것이다.

인간은 동물과 다른가? 동물학 연구자들이 새롭게 밝혀낸 지식에 따르면, 동물과 인간은 크게 다르지 않다. 최근에 동물 연구자들은 "동물에게 도구의 제작 및 이용(tool making and tool use), 범주 형성(category formation), 공간 기억(spatial memory), 거짓 행동(deceptive behavior), 사회적 교양(social sophistication), 인지 적응(cognitive adaptability), 상징(symbolism), 추상적 감정의 소통(communication of abstract feelings), 조건적·목적적 사고 및 행동('if-then' and 'purposive' thinking and behavior) 같은 복잡한 능력이 있음"을 알아냈다.[3] 놀랍지 않은가? 위에 열거한 동물의 능력은 인간의 고유한 능력으로 알려졌던 것들이다. '인간이란 무엇인가?'라는 물음의 언저리에서 오래 서성이면서, 동물과 인간

임스 러브록(James Lovelock)이 내놓은 개념이다. "지구에서 인간들은 일종의 병원균이나 암세포, 아니면 종양처럼 행동한다. 인류는 숫자로 보나 지구를 교란하는 정도로 보나 너무 많이 증식되어서 인류 자신의 존재 조건마저 교란하는 지경이 되었다. …… 이제 인구가 너무 늘어난 나머지 인간은 지구에 심각한 병적 존재가 되었다. 가이아(Gaia)는 파종성 영장류 질환이라고 칭할 만한 상황, 즉 인간이라는 유해 동물의 이상 대량 발생으로 고통받고 있다." 존 그레이, 『하찮은 인간, 호모 라피엔스』(이후, 2010), 김승진 옮김, 20~21쪽에서 재인용.

3 마고 드멜로, 『동물은 인간에게 무엇인가』(공존, 2018), 천명선·조중헌 옮김, 471쪽.

은 다르다는 것을 전제로 사유해 온 나는 혼란에 빠졌다. 물론 나는 인간과 동물 사이에 뛰어넘을 수 없는 차이가 있음을 안다. 인간은 복잡하고 심오한 사유를 견딜 수 있다. 인간은 멀티미디어적 가능성과 문화적 전달성이 탁월한 언어의 사용자로서 보다 열등한 방식으로 단순하게 의사소통하는 동물과 다르다.

바닷가에 흩어진 모래알 하나하나는 제각각 다른 모양이다. 사회와 역사적 맥락 속에 존재하는 인간 역시 모래알 같이 무수한 다름과 복잡성을 품고 흩어져 있다. 인간은 얼마나 다양한가![4] 생물학적 결정론을 배제하고 다양성의 프레임 속

---

4 인간은 제각각 타고난 특징과 활동 유형에 따라 분류하고 새롭게 규정할 수 있다. 첫째, 본성 유형에 따라 우리는 호모 파베르(Homo faber, 도구형 인간), 호모 비올로기쿠스(Homo biologicus, 생물 존재로서의 인간), 호모 비아토르(Homo viator, 떠도는 인간), 호모 노마드(Homo nomad, 유목하는 인간), 호모 데멘스(Homo demens, 광기의 인간), 호모 에로스(Homo eros, 성애형 인간), 호모 에티쿠스(Homo ethicus, 윤리형 인간), 호모 아쿠아티쿠스(Homo aquaticus, 수중형 인간), 호모 듀플렉스(Homo duplex, 이중적인 인간), 호모 에콜로지쿠스(Homo ecologicus, 생태형 인간), 호모 에스페란스(Homo esperans, 희망하는 인간), 호모 엑세쿠탄스(Homo executans, 처형하는 인간), 호모 인사피엔스(Homo insapiens, 어리석은 인간), 호모 모벤스(Homo movence, 이동하는 인간), 호모 섹스쿠스(Homo sexcus, 몸으로 교감하는 인간), 호모 워커스(Homo walkers, 걷는 인간), 호모 자펜스(Homo zappens, 관심을 옮기는 인간)로 나뉜다. 둘째, 학

습성 유형에 따라 호모 로퀜스(Homo loquens, 언어형 인간), 호모 아카데미쿠스(Homo academicus, 학문형 인간), 호모 스투디오수스(Homo studiosus, 공부하는 인간), 호모 에루디티오(Homo eruditio, 학습하는 인간), 호모 그라마티쿠스(Homo grammaticus, 문법형 인간), 호모 나란스(Homo narrans, 이야기하는 인간), 호모 비블로스(Homo biblos, 기록하는 인간), 호모 쿵푸스(Homo kongfus, 공부하는 인간)로 나뉜다. 셋째, 사회성 유형에 따라 호모 폴리티쿠스(Homo politicus, 정치형 인간), 호모 소시올로지쿠스(Homo sociologicus, 사회형 인간), 호모 엠파티쿠스(Homo empathicus, 공감하는 인간), 호모 텔레포니쿠스(Homo telephonicus, 소통하는 인간), 호모 캐리어스(Homo carriers, 매개체 역할을 하는 인간), 호모 네간스(Homo negans, '노'라고 말하는 인간), 호모 쿠페라티부스(Homo cooperativus, 협동형 인간), 호모 라피엔스(Homo rapiens, 하찮은 인간), 호모 레시프로쿠스(Homo reciprocus, 상호 의존형 인간), 호모 레지스탕스(Homo resistance, 저항하는 인간), 호모 팔락스(Homo fallax, 속이는 인간), 호모 사케르(Homo sacer, 성스러운 인간), 호모 심비우스(Homo symbious, 더불어 사는 인간)로 나뉜다. 넷째, 경제성 유형에 따라 호모 이코노미쿠스(Homo economicus, 경제형 인간), 호모 콘숨멘스(Homo consummens, 소비형 인간), 호모 라보란스(Homo laborans, 일하는 인간), 호모 픽토르(Homo pictor, 기호의 인간)로 나뉜다. 다섯째, 예술성 유형에 따라 호모 크레아투라(Homo creatura, 창조형 인간), 호모 이마기쿠스(Homo imagicus, 상상하는 인간), 호모 루덴스(Homo ludens, 유희하는 인간), 호모 에스테티쿠스(Homo aestheticus, 미학적 인간), 호모 데지그난스(Homo designans, 디자인하는 존재), 호모 그라피쿠스(Homo graphicus, 그림 그리는 인간), 호모 렐리기오수스(Homo religiosus, 종교형 인간), 호모 아르텍스(Homo artex, 예술형 인간), 호모 마지쿠스(Homo magicus, 마술하는 인간), 호모 무지쿠스(Homo musicus, 음악하는 인간), 호모 쿨에서 인간 종의 다름을 따지고 살펴보는 것은 흥미로웠다. 어쨌든 일상 속에서 불거지는 인간 유형들에 대한 숙고는 현실 변화와 담론의 변화를 살피면서 불거진 것이다. 나는 삶의 하위 영역들, 즉 잠, 출근, 청소, 집, 장소, 기후, 요리, 걷기, 휴식, 키스, 연애, 죽음, 사물들, 기다림, 심심함, 권태, 감정 노동, 피로, 소진 증후군…… 등을 톺아보았다. 그러는 동안 사물, 현

投랄리스(Homo culturalis, 문화형 인간), 호모 드라마티쿠스(Homo dramaticus, 대중문화형 인간), 호모 스피리투스(Homo spiritus, 영적 인간), 호모 포에티쿠스(Homo poeticus, 시적인 인간)로 나뉜다. 여섯째, 현대성 유형에 따라 호모 노부스(Homo novus, 새로운 인간), 호모 비디오쿠스(Homo videocus, 비디오를 보는 인간), 호모 무비쿠스(Homo movicus, 영화를 즐기는 인간), 호모 포토쿠스(Homo photocus, 사진을 찍는 인간), 호모 디카쿠스(Homo dicacus, 디지털 카메라를 쓰는 인간), 호모 루두스(Homo ludus, 게임하는 인간), 호모 모빌리쿠스(Homo mobilicus, 휴대 전화를 쓰는 인간), 호모 인터네티쿠스(Homo interneticus, 인터넷을 쓰는 인간), 호모 사이버네티쿠스(Homo cyberneticus, 온라인으로 연결된 인간), 호모 컨버전스(Homo convergence, 융합형 인간), 호모 수페리오르(Homo superior, 영웅적 인간), 호모 테크니쿠스(Homo technicus, 기술적 인간), 호모 사커스(Homo soccers, 축구하는 인간), 호모 서치쿠스(Homo searchcus, 검색형 인간), 호모 날리지언(Homo knowledgian, 신지식인), 호모 나이트쿠스(Homo nightcus, 밤에 활동하는 인간), 호모 휴리스틱쿠스(Homo heuristicus, 빠르게 의사 결정하는 인간), 호모 오일리쿠스(Homo oilicus, 석유를 쓰는 인간), 호모 프로그레시부스(Homo progressivus, 우주적 인간)로 나뉜다.

상, 공간(혹은 장소) 등에 대해 겨우 몇 자씩 끄적일 수 있었다. 세계는 말하고 먹고 관계를 맺고 소통하는, 우리가 활동하는 '무대와 장(場)'이다. 사람은 늘 장소의 일부로 귀속하고, 세계라는 '무대와 장'은 인간 실존의 중심을 꿰뚫고 지나간다. 사람과 장소는 늘 한 덩어리로 움직인다. 그러는 동안 사람은 장소를 만든다. 장소는 사람의 감정과 정서, 품성과 사유 방식을 제약하면서, 실존을 빚는 힘으로 작동한다.

인문학을 하는 건 인문학을 만든다는 뜻이다. '만든다'는 것은 '하다'의 하위 범주다. '하다'는 가장 자주 쓰는 동사다. 주체가 제 몸으로 하는 모든 일을 말할 때 동사를 부려 쓴다. 동사는 정체(停滯)를 깨는 역동을 품으며, 주체는 동사로 말미암아 제 살아 있음을 드러낸다. 이 동사의 발생론적 근거는 흐름과 운동이다. 동사의 범주는 행위 주체의 유동성, 일과 놀이와 히스테리의 움직임, 세계를 바꾸는 역동적 흐름을 포괄한다. 주체는 동사와 함께할 때 비로소 산 주체로 우뚝 선다. 몸-주체는 단순한 존재함을 넘어서서 동사와 함께 앞으로 나아간다. 몸-주체는 '~을 하다'로 우뚝 섬, 됨과 이룸, 즉 "실존이라는 파열의 확장"을 이룬다. 더 나아가 "몸은 의미의 원-건축술(l'archi-tectonique)이다."[5]

---

5 장뤽 낭시, 『코르푸스』(문학과지성사, 2012), 김예령 옮김, 28쪽.

서문 —— 13

인문학은 인간 이해에 바탕이 되는 '기초적 지식'에서 '도교와 선(禪) 사상'에 이르기까지 실로 넓은 범주에 걸쳐 있다. 인문학이 인류의 생물학적 생존 이익에 아무 쓸모가 없다는 점이 놀랍다. 철학이 "소요(騷擾)와 전쟁의 딸"[6]이라면, 인문학은 항상 소요와 전쟁 속에 있었다. 인문학은 진부한 악의 세계에서 행하는 되먹임의 전쟁이자 자기 본성 속 비루함과의 전투다. 인문학을 하는 사람은 성자의 길이 아니라 전사의 길을 간다. 성자가 미소를 지으며 진리에 자신을 봉헌한다면 전사는 기존의 가설이나 관점들과 피 흘리며 싸운다. 베르나르앙리 레비라면 이렇게 말했으리라. "그만! 다 집어치워! 인문학을 한다는 건 인문학을 만드는 거야!"라고. 인문학은 불확실성의 세계에 놓인 주체가 자기 형성과 그 진로를 두고 묻고 따지는 일이자, 존재에의 철학적 개시(開示)를 포함한다. 인문학은 일상 속에서, 몸과 몸을 쓰는 구체적인 국면에서 인류의 과거와 현재, 미래까지 포괄하는 온갖 담론을 씹고 삼켜서 반추하는 일이다. 인문학을 통해 인문학 너머로 나아가는 것은 궁극적으로 자기의 존재 형질을 새롭게 빚으며 호모 노부스(Homo novus)로 거듭나는 일이다!

---

6   베르나르앙리 레비, 『철학은 전쟁이다』(사람의무늬, 2013), 김병욱 옮김, 50쪽.

나는 헤아릴 수 없는 것을 헤아리고 예측할 수 없는 예측하면서, 내가 서 있던 지점에서 먼 곳으로 밀려왔다. 나는 먼 곳으로 밀려나는 동안 길을 잃고 헤맸음이 분명하다! 리베카 솔닛은 길을 잃는 것에 대하여 이렇게 말한다. "그것은 관능적인 투항이고, 자신의 품에서 자신을 잃는 것이고, 세상사를 잊는 것이고, 지금 곁에 있는 것에만 완벽하게 몰입한 나머지 더 멀리 있는 것들은 희미해지는 것"[7]이라고 말이다. 리베카 솔닛은 여기에서 그치지 않고 발터 베냐민의 말을 빌려, 그것은 "온전히 현재에 존재하는 것이고, 온전히 현재에 존재하는 것은 불확실성과 미스터리에 머무를 줄 아는 것"[8]이라고 덧붙인다. 길 잃는 것은 현재의 무지와 우연에 투항하는 일이다. 그리고 자기 자신에게서 아무 이유도 모른 채 지연되는 것이다. 그것은 시행착오와 추가적인 기회비용을 발생시킨다는 점에서 비효율적이다. 돌이켜 보면 길 잃고 헤매는 과정에서 내 삶은 여기저기 깨졌고, 내 영혼에는 흠집이 생겨났다. 그 사이 내 세상살이 경험은 조금 더 두꺼워졌고, 나이를 더 먹었다. 물론 나이를 먹고 얼굴에 주름이 는다고 해서 저절로 앎과 깨달음의 부피도 느는 것은 아니다. 어쩌면 지식의 총량을

7 리베카 솔닛, 『길 잃기 안내서』(반비, 2018), 김명남 옮김, 18쪽.
8 위의 책, 19~20쪽.

늘리는 것은 그다지 중요한 일이 아닐지도 모른다. 고백하건대 내가 겪은 무수한 실패와 지체와 누추함이 무의미하지는 않았다. 분명 얻는 것도 있었다. 이 삶의 불확실성과 미스터리를 내가 도착한 현재에서 도망가지 않는 한에서 무지를 무지로써 견딜 수 있을 만큼, 내 무른 내면은 더 단단해졌다. 어느덧 나는 생물학적인 노화를 받아들여만 하는 시기로 접어들었지만, '사람 공부'는 멈추지 않는다. 내가 더 이상 젊지 않고, 내 사유 역시 더 이상 파릇하지 않음은 어쩔 수 없지만 나는 여전히 타자의 관점을 취하며 사유하고, 경계와 한계를 넘는 중이다.

오랫동안 품에 끌어안고 있던 이 원고를 책으로 묶어 세상에 내보낸다. 이 책에는 내가 길을 잃고 헤맨 궤적이 있고, 내 뒤죽박죽인 사유의 지도가 오롯할 것이다. 이 책이 자기 실존의 안팎을 반추하는 작은 계기를 만드는 데 기여하기를 바란다. 이 책이 나오기까지 여러 고마운 분의 도움이 있었다. 이 원고는 본디 《월간중앙》에 2015년 한 해 동안 「장석주의 일상반추」라는 제목으로 연재한 것이다. 연재 기회를 주신 관계자와 이 책을 만드는 일에 성실한 노력을 아끼지 않은 민음사 편집부의 김우용 씨에게 감사드린다.

2019년 늦은 봄, 파주에서
장석주

새로운 인간을

만나다

1

───── 호모 솔리튜도쿠스
Homo solitudocus

심심함, 우리가 잃어버린 것

수십억 년 전 지구에 나타난 "생명(들)은 원자들의 한바탕
웃음"[1]이다. 인류는 이 원자들의 웃음이 넘치는 녹색 행성에
서 산다. 지구는 지금까지 알려진 바에 따르면 우주에서 유일
하게 생명이 번성하는 행성이다. 생명은 나선형으로 꼬인 두
가닥의 DNA 사슬로 이루어지고, 자기를 복제하는 성질을 갖

───────────────

1 이브 파칼레, 『신은 아무것도 쓰지 않았다』(해나무, 2012), 이세진 옮
   김, 333쪽.

고 있다. 이 자기 복제 시스템이 생명의 중추를 이룬다. 생명체들은 자기 복제를 하며 번성해서 이 녹색 행성을 가득 채웠다. 살아 있는 모든 것은 움직인다. 수렵 시대의 인류는 포식자를 피하고 식량을 구하기 위해 움직여야만 했다. 이 움직임이 생명의 보존과 약진, 더 장기적으로는 생물학적 진화의 도약과 연관이 있다. 생명의 유구하고 파란만장한 역사는 곧 쉼없는 움직임과 그 자취, 그 활동이 만든 성과들의 총체이다. 인류는 제 몸을 부리며 일하는 자로 살아왔는데, 이는 우리 각자가 노동의 주체이자 그 도구로 살아왔다는 뜻이다.

산업 혁명을 거쳐 근대로 넘어오며 인류는 밀림과 초원을 거쳐 도시로 이동한다. 노동의 형태도 손발을 쓰는 사냥에서 머리를 쓰는 사무실 업무로 바뀌었다. 노동의 강도가 높아지고 멀티태스킹이 요구되는 문명 세계에서 애꿎은 희생양으로 등장한 게 잠이다. 인류의 평균 수면 시간은 근대 이전에 견줘 눈에 띄게 줄었다. 한 통계에 의하면 현재 북미 성인은 평균적으로 하룻밤에 대략 6시간 30분을 잔다고 한다. 이는 한 세대 전의 8시간에 견줘 1시간 30분이나 덜 자는 것이다. 수면 시간이 준 것은 잠을 줄이며 할 일들이 산적한 까닭이다. 그토록 바빠진 것은 십중팔구 절박한 내면의 필요보다는 외부에서 덧씌운 노동의 목표치와 그 할당량 때문이다. 마치 한자리에 앉아 있는 법과 한동안의 고즈넉한 머무름을 잊어버린 듯 사람들은 정신없이 분주해졌다.

빡빡한 일정에 매여 바빠지면서 우리는 더 행복해졌을까? 다들 바쁜데, 정작 행복하다는 사람은 드물다. 한국 어린이들은 대여섯 살 무렵부터 이미 과다한 학습량에 내몰리고, 영혼의 성장 없는 성공과 성취의 강요 속에서, 놀이와 혼자만의 심심함을 위한 시간을 박탈당한다. 일찍 유년기라는 낙원에서 추방당한 채 '학업 기계'로 길러진다. 성인들이라고 사정은 다르지 않다. 2011년 한 통계에 따르면 한국 노동자의 연간 노동 시간은 2193시간이다. 이는 OECD 국가 중에서 가장 긴 노동 시간이다. 지배 없는 착취가 가능해진 한국 사회는 40대 돌연사 발생률과 자살률에서 1위라는 불명예를 안았다. 장시간 노동에 따른 스트레스와 강박, 팍팍한 삶이 주는 심신의 부하(負荷)가 만만치 않음을 보여 주는 통계 수치다. 어린이고 성인이고 간에 무한 경쟁 속에서 '성과 기계'로 내몰린 한국인이 더 행복하다는 증거는 없다. 오히려 우리 주변에는 피로로 찌든 사람들, 더 우울하고 불행한 사람들이 넘친다.

우리가 일의 과부하에 짓눌려 심심함의 재능을 잃은 것은 불행한 사태다. 베냐민이 "경험의 알을 품고 있는 꿈의 새"라고 부른 것, 정신적 이완의 극점에서 겪는 것이 심심함이다. 심심할 때가 바로 "꿈의 새"가 깃드는 이완의 시간인 것이다. 그런데 이제는 누구도 그런 심심함이란 둥지를 만들지 않는다. 인류는 더 이상 심심함이란 둥지를 짜지도, 심심함에 깃들지도 않는 시대에 들어와 있는 것이다. 대체로 사람들은 심심함의 심오함 따위는 아무 짝에도 쓸모없는 것으로 취급한다. 우리는 심심함이 사라진 삶을 염려하고 돌아보아야 한다. 심심함이 그토록 대단한 것인가? 깊은 심심함은 정신의 이완이고, 행동의 가능성을 잠재운 느긋함, 한가로움의 느슨함, 무위라는 천에 수놓인 자유로움이다. 심심함은 잡다한 근심과 걱정에서 놓여난 뜻밖의 정태적 잉여로 주어진 시간에 뿌리를 내린다. 그 시간이 공허와 무위의 시간일 수도 있지만 그보다는 사색과 관조의 시간이며 통찰과 창조의 시간이다.

심심함은 청빈과 고독의 안감

심심함이 몸과 마음을 너그럽게 품은 더 큰 안녕의 일부라면 그것은 생명의 중심을 비추는 빛이자 평상심을 자아내는 원천일 것이다. 우리는 바쁠 때 자아를 관조하고 자기를 성찰하는 능력을 잃는다. 바쁜 사람은 이완의 기술을 망각한 탓에 심심함의 능력도 상실한다. 심심함은 아름다움의 무상함에 더 예민하게 반응하는 조건이다. 바쁜 사람이라면 좋은 음악도 귀에 들어오지 않고, 좋은 그림도 눈에 들어오는 법이 없다. 일과 계획에서 놓여나 있을 때 더 많은 상념과 환영(幻影)

이 깃든다. 공상은 흔히 기억과 환상을 뒤섞으며 펼쳐진다. 심심함에 놓일 때 무위의 활동이 자연스레 이어진다. 대개는 덧없지만 성과를 요구받는 일과 의무의 압박감에서 우리를 해방시키고 자유롭게 한다. 심심함 속에서 심미적 감각이 깊어지고, 먼 곳으로 향하는 시선이 뻗쳐 나온다. 심심함은 청빈과 고독의 안감 같은 것이다. 노동과 봉급을 받는 세계에서 멀어진 채 심심함에 안거할수록 우리는 달콤한 휴식을 누릴 수 있게 된다. 과잉의 활동성에 빠지면 역설이 일어난다. 활동 과잉으로 바빠진 사람은 정작 그 바쁨에 대한 차분한 성찰은 할 수 없는 과잉 수동성이라는 올무에 걸리는 것이다.

우리는 어떻게 심심함에 머무르는 능력을 잃었는가? 오늘의 우리는 심심함을 잃은 상주(喪主)들이다. 돌이켜 보면, 어린 시절 우리는 얼마나 자주 심심함과 마주쳤던가! 우리 모두 어린 시절에 심심함의 천재였다. 한반도 중부의 한 시골 마을에서 어린 시절을 보낸 나는 외할머니와 외삼촌들이 들로 나간 뒤 텅 빈 집에서 혼자 마루 위에서 뒹굴며 지내기 일쑤였다. 그때 나를 덮친 것은 심심함이라는 커다란 새다. 공상에 빠져 혼자 사색하는 능력은 그 시절 심심함 속에서 길러졌을 것이다. 재미있는 놀이도 장난감도 없는 소년이 할 수 있는 것은 공상뿐이다. 공상은 사유의 샛길로 빠져 창백한 백일몽에 드는 일이고, 불요불급한 딴생각에 빠지는 것이다. 현실과 경계를 무너뜨리고 공작새의 날개처럼 활짝 펼쳐진 공상 속에서 우리는 현실 도피로 빠져들곤 했다. 제멋대로 춤추는 공상에 빠진 사람은 환상의 허방에서 허우적인다. 공상이 아무 짝에도 쓸모없는 것은 아니다. 우리는 그것을 도약대 삼아 현실 너머로 훌쩍 넘어가 현실을 다른 각도에서 살펴볼 수 있기 때문이다. "공상은 현실과 대조를 이루는 의미심장하고 창조적인 세상으로 이뤄진다. 뭔가를 기다리거나 일상적인 습관을 반복할 때처럼 '아무것도 안 하는' 듯 보일 때에도, 사람들은 다채로운 환상의 세계에서 새로운 왕국을 건설하거나 먼 대륙을 향해 항해하거나 악마 같은 선생한테 복수하는 등 중요한 과업을 수행한다."[2] 가끔 창문으로 바깥을 내다보며 공상에 골몰하곤 했다. 거실마다 텔레비전이 들어오면서 그런 습관들은 박멸되었다. 사람들은 공상 따위는 팽개치고 텔레비전을 보는 데 더 열을 올린다. 공상이 무의미했기 때문일까? 아니다. 공상은 유의미한 문화적 활동이다. 우리가 공상을 멈춘 것은 그것이 현실의 압박에서 벗어나 환상의 세계로 이끄는 의미심장한 삶의 일부라는 사실을 잊었기 때문이다.

---

2 빌리 엔·오르바르 뢰프그렌, 『아무것도 하지 않는 순간에 일어나는 흥미로운 일들』(지식너머, 2013), 신선해 옮김, 364쪽.

바쁜 것과 행복은 반비례

우리는 산업화 시대를 거쳐, 고도 소비 사회로 건너왔지만 여전히 여가 시간 없이 일에 내몰려 바빴다. 집집마다 새 가전제품이 들어오고, 그전보다 물질적 풍요를 누리지만, 공허도 더 커졌다. 21세기로 넘어오며 디지털 맥시멀리즘의 시대가 열린다. 디지털 개인화가 흔한 현상이 되고, 테크놀로지의 소비 주기는 빨라졌다. 덩달아 자기 관리 기술도 고도화되었다. 제품의 생산 시간과 유통과 소비가 더 가속화된 리듬 속에서 이루어졌다. 이런 가속화의 흐름 속에서 삶을 구성하는 정태적 잉여, 즉 한가로움은 남김없이 사라지고 만다. 이것이 강제에 의해서가 아니라 스스로 선택에 의해 이루어진다는 점은 주목할 만하다. "선택과 자율의 환영은 이 전 지구적 자기 규제 체제의 토대의 일부다."[3] 일하는 시간은 더 늘고, 삶은 더 바빠졌다. "그림자 없이 불 밝혀진 24/7의 세계는 역사적 변화의 동력인 타자성을 악령 몰아내듯 몰아낸, 역사 이후(post-history)의 최종적인 자본주의적 신기루다."[4] 더 바빠진 삶을 감싸게 된 것은 자본주의적 신기루이다. 신기루 속에

---

3 조너선 크레리, 『24/7 잠의 종말』(문학동네, 2014), 김성호 옮김, 80쪽.
4 위의 책, 25쪽.

있는 동안 우리는 그것이 신기루라는 사실조차 망각한다. 자본주의의 신기루 속에 떠오른 디지털 현실은 멀티태스킹을 강제한다. 이 강제 속에서 자기 착취가 일어나고 속절없이 고갈에 이르는 것, 그것이 오늘의 상황이다. 인터넷 기반의 사회생활 속에서 사람들은 더 많이 접속하고, 연결되며, 관여하는 데에 더 많은 시간을 쓰기 위해 불가피하게 잠을 줄인다.

더 바쁘게 움직여라! 근대 이후 과잉 활동을 장려하는 이런 슬로건은 시장의 탈규제화된 시간의 작동 속에서 굳건해진다. 우리는 항상 무엇인가를 하기, 끊임없이 움직이기라는 패러다임으로 재무장을 한다. 몸과 마음의 가동을 부추기며 커진 노동의 절대화와 생래적인 신체 사이에는 더 큰 괴리가 생겨난다. 이 괴리에서 불안과 조급증이 영혼을 잠식한다. 이 괴리를 설명하려고 학자들이 고안해 낸 게 '생체탈규제(bioderegulation)'라는 개념이다. 조너선 크레리는 이런 사태가 사적 시간과 업무 시간, 노동과 소비 사이의 경계가 무너지면서 생겨난다고 지적한다. 삶은 나날이 더 빡빡해지고 더 긴 노동에 속박되지만 빈곤에 눌린 살림이 더 펴지는 법은 없다. 우리는 몸에 과부하가 걸려 더 자주 피로와 소진 증후군에 빠지기 일쑤이다. 기진맥진한 몸은 피로와 무기력증이라는 병리학적인 덫에 걸린 몸이다. 우리는 과거에 견줘 더 행복하지 않다.(옛 시절에 대한 향수를 자극하려고 하는 것은 아니다.) 그렇다면 현실의 요구에 따라 강도 높은 노동에 매달리는 게 행복을 약속하는 것은 아니라는 게 분명해진다.

여행은 심심함을 누리는 수단

2013년 여름 그리스의 산토리니섬을 찾았을 때, 나는 비현실적으로 고요하고 평화로운 느낌 속에 있었다. 산토리니에서 짊어진 것들을 다 내려놓고 무위의 시간 속에서 빈둥거렸다. 책을 읽고 음악을 듣는 동안 무위로 충만해졌다. 새벽에 일어나 몇 자 끼적이고, 아침나절에 벌써 와인 한 병을 다 마셔 취기에 잠길 때 한 점의 조급함이나 뭔가를 해야 한다는 강박 따위는 일체 없었다. 살이 델 듯 뜨거운 햇빛과 지중해 연안에서 불어오는 찬 바람에 몸을 맡긴 채 심심함의 중심에 들어앉아 한껏 이완되는 즐거움을 탐닉하곤 했다. 빈둥거리는 동안 나는 자유 그 자체였다. 해 질 무렵 산토리니섬을 찾은 여행객들은 일제히 섬의 서쪽으로 이동한다. 산토리니 서쪽에 있는 이아 마을의 황혼은 가장 아름다운 풍경으로 꼽힌다. 이 황혼 풍경을 보려고 떼를 지어 이아 마을로 이동하는 것이다. 산토리니의 매혹적인 골목들을 지나서 나도 서쪽 마을로 갔다.

깎아지른 듯 가파른 경사면을 따라 크고 작은 큐빅 같은 하얀 집들이 늘어서 있는데, 하얀 지붕과 하얀 벽으로 된 집들은 여름 일광을 받으며 하얗게 타오른다. 하얀 집들 사이로 보이는 그리스 정교회의 푸른 돔과 에게해의 푸른빛은 잘 어울린다. 해가 기울며 낙조가 시작되자 푸른 에게해는 주황빛 화염에 감싸이고, 하늘은 밝은 황금색으로 빛난다. 이 장엄한 낙조에 넋을 잃은 동안 어디선가 악사들이 연주를 시작한다. 저무는 해와 함께 펼쳐진 빛과 소리들이 만드는 향연에 취해 있다가 도취에서 깨어나는 찰나 사람들은 탄성을 터뜨린다. 마법의 시간은 끝을 향해 내달린다. 태양이 바닷속으로 숨자 공중에 부유하던 빛도 곤두박질친다. 이 아름다운 석양을 바라보는 행위란 무엇인가? 그것은 "아름다움을 숭배하고 심오한 평온을 경험하는 하나의 의식"[5]이다. 알다시피 황혼은 낮과 밤이 교차하는 사이에 나타나는 기상 현상이다. 나는 하루 중 이 시각을 가장 좋아한다. 시골에서 혼자 살 때 황혼은 마음을 정화하는 의식의 시간이었다. 일몰에서 박모(薄暮)의 순간까지 나는 자연의 일부로 돌아가곤 했다.

아무 매임도 없는 무위 속에서 산토리니섬의 서쪽 마을에서 문득 댄디즘을 떠올렸다. 보들레르가 관찰한 댄디는 부유하고 한가로운 사람들이다. 다들 획일적 노동과 복장에 제 삶을 비끄러맬 때 댄디는 그것에 저항한다. 그들은 속된 것, 일

---

5 빌리 엔·오르바르 뢰프그렌, 위의 책, 296쪽.

과 돈에서 멀리 달아난다. 보들레르는 댄디즘이 지는 해라고 했다. "그것은 꺼져 가는 별처럼 멋지고, 열기 없이 애수(哀愁, melancolie)로 가득 차 있다."[6] 댄디는 타락한 시대에 홀연히 나타났다. 댄디는 돈을 좇는 군중들, 근대의 획일주의, 노동의 착취에 대한 저항의 한 방식으로 무위도식한다. 무위와 심심함은 댄디의 계급적 속성이다. 댄디는 세련된 취향을 뽐내며 냉정한 우아함을 주변에 흩뿌린다. 하릴없이 빈둥거린 댄디에게 심심함이란 정신의 기품과 귀족주의의 우위를 드러내는 징표 중 하나였다. 그렇다고 그들이 몸치장이나 하고 우아함만을 추구한 것은 아니었다. 그들은 금욕적이고 정신주의적이었다. 보들레르는 댄디즘이 기품을 사랑하는 취향이며 일종의 자아 숭배라고 말한다. 댄디는 일찍이 깊은 심심함의 가치를 깨닫고 심심함의 제단에 자신을 바친 사람들이다.

심심함과 권태의 차이

심심함과 권태는 다르다. 심심함에 머무는 능력은 권태보다 게으름에 더 가깝다. 심심함이 가능성을 품은 백지라면, 권태는 지루함 그 자체이고 삶의 가능성이 방전될 때 일어나

---

6   샤를 보들레르, 『화장 예찬』(평사리, 2014), 도윤정 옮김, 84쪽.

는 현상이다. 우리는 과잉 정보와 과잉 자극 속에서 어느 날 갑자기 권태와 만난다. 권태의 시간은 삶의 목적이 남김없이 휘발되어 버린 공허이고 이는 '죽여야' 할 무의미한 시간이다. 권태의 날실과 올실로 짠 시간은 한 점의 기쁨과 의미도 말라 버린 무의미한 일의 반복과 지속에 잇대어 있다. 출구가 없는 따분함과 지루함으로 이루어진다. 권태를 개별자의 마음이 품은 느른한 사태라고 이해하는 것은 부분적으로만 옳다. 권태는 숭고성을 잃은 채 누구도 수습하지 않는 세계의 특성이다. 따라서 권태는 기쁨과 의미를 잃은 개별자의 마음과 숭고성을 잃은 세계가 삼투하며 그 밀도가 높아진다. 삶의 의미나 가치 없이 부유할 때 더 쉽게 권태에 감염된다. 시간을 지배하는 지루함 속에서 산만한 감정이 번식하는데, 이때 지루함이 삶을 좀 먹고 삼켜 버린다. 그 권태를 박멸하는 동안 우리 실존은 그저 아무 의미도 머금지 못한 채 껍데기로 방치된다. 권태는 심심함과는 달리 고즈넉한 경청과 돌연한 창조로 이어지는 법이 없다. 권태가 문제가 되는 것은 외부적인 강제에 의해 발생한 불만의 항구화로 이행될 때이다. 그때 권태는 존재 역량을 갉아먹으면서 숨 막힐 듯한 고통으로 작동한다.

무위에 잠겨 있을 때 돌연 깊은 심심함이 날개를 펴고 솟아오른다. 흔히 노장사상을 무위의 철학이라고 말하는데, 이때 무위는 아무것도 하지 않음이다. 단순한 하지 않음이 아니라

하지 않음의 더 많은 함, 그게 무위이다. 하지 않음의 능동화로 모습을 드러내는 무위는 그 능동화에 생명의 신명을 실음으로써 기쁨과 활력을 만들어 내는 행위이다. 동양의 현자는 "이름에 매이지 말고, 꾀의 창고가 되지 말고, 쓸데없는 일 떠맡지 말고, 앎의 주인 되지 마라."라며 함을 끊고 함에서 벗어나라고 말한다. 명예, 머리 쓰는 것, 출세, 지식을 끊으라고 한 것은 그 모든 게 유위의 일들이기 때문이다. 장자는 유위의 일들을 끊고, 도와 무위, 비움에 처하라고 권유한다. "무궁한 도를 체득하고 없음의 경지에 노닐어라. 하늘에서 받은 바를 완전히 하고, 터득한 것을 드러내려 하지 마라. 역시 비움뿐이다. 지인(至人)의 마음 씀은 거울과 같아 일부러 보내지도 않고 일부러 맞아들이지도 않는다. 그대로 응할 뿐 갈무리해 두려 하지도 않는다. 그러므로 사물을 이기고 상함을 받지 않는다."(『장자』, 「응제왕(應帝王)」편) 우리는 무위에 처할수록 여유로워지고, 비울수록 채울 만해진다. 문득 바쁨을 벗어나 한가로워지면 삼라만상이 거울에 비친 듯 투명하게 보인다. 무위에 처하려면 멀티태스킹을 멈춰야만 한다. 인터넷으로 뉴스를 보고, 이메일을 수시로 열어 보고, 포털사이트에서 필요치도 않은 정보들을 검색하며 머리를 바쁘게 쓰는 시간에서 벗어나라. 그 대신 깊은 심심함 속에서 공상의 나래를 펴고 그 시간을 온전히 누리고 즐겨라! 심심함은 시간 낭비가 아니라

본질에 대한 성찰과 의미로 충만한 채 사색하는 기초적 토대이다.

심심함에서 사색하는 삶으로

우리는 자기를 돌볼 새도 없이 너무 많은 계획을 세우고 너무 많은 일들에 빠져 살지는 않는가? 누가 내 엉덩이를 걷어차 활동적 삶으로 내몰았을까? 우리를 활동적 삶의 무대로 내몬 것은 노동과 수고에 임금을 지불하는 고용주들이 아니다. 과거에는 고용주들이 착취자였지만 오늘날 우리를 과다한 노동으로 내모는 것은 성과 강박증에 걸린 우리 자신이다. 철학자 한병철에 따르면 오늘날 착취자는 동시에 피착취자이다. 가해자와 피해자는 더 이상 분리되지 않는다.[7] 이는 성과 사회의 병리적 징후 중 일부이다. 성과주의에 빠진 개별자들은 자발적으로 활동성을 늘리면서 스스로를 고갈시킨다. 물론 그렇게 된 사정이 있다. 부쩍 늘어난 정보와 자극의 과잉이 불러들인 게 과잉 활동이다. 그 결과로 심심함과 느림, 삶의 깊이를 잃었다. 심심함은 우리가 잃어버린 소중한 가치 중 하나다. 심심함 속에서는 누구나 자신의 행복에 주의를 기울일

---

7   한병철, 『피로사회』(문학과지성사, 2012), 김태환 옮김, 109~110쪽.

수가 있지만, 그것을 잃으면 삶은 바쁜 일과 속에서 잘게 쪼개져 흩어진다. 그것들 위로 불행이 그림자를 드리운다. 어떻게 그 불행을 넘어설 수 있을까? 삶을 전체로 관조할 수 있는 사색하는 삶으로 되돌아가야만 한다. 심심함은 관조하고 사색하는 삶의 필요조건이다. 아울러 심심함은 활동과 사색 사이에 완충 지대를 만든다. 심심함이 없다면, 느릿함 속에서 숙성되는 삶의 의미는 괴지 않고, 당연히 느긋한 여유도, 행복도 신기루같이 사라진다. 심심함을 되찾으라. 더 많이, 그리고 더 오래 심심함에 머물라. 그래야만 삶의 속박에서 벗어나 자유를 누릴 수 있다.

야
행
성
인
간

—— 호모 나이트쿠스
Homo nightcus

밤은 어둠이다

태양이 땅 위의 동물과 식물들에게 필요한 빛을 쏟아부을 때, 이성(理性)이 폭주한다. 이성의 폭주에 제동을 거는 것은 어둠이다. 잠의 무게로 눈꺼풀이 닫히고 잠에 빠질 때 이성의 압제에 웅크려 숨죽이던 귀신, 좀비, 뱀파이어, 드라큘라, 프랑켄슈타인 같은 괴물들이 일어나 활개를 친다. 어둠에 잠긴 숲에서는 야행성 포식자인 사자, 호랑이, 표범, 퓨마, 올빼미, 수리부엉이, 흡혈 박쥐가 활동을 시작한다. 어딘가에 해가 뜰 때, 거꾸로 어딘가에서는 밤을 맞는다. 해의 뜨거운 숨결이 사라지고 밤의 차가운 입김이 대지를 덮을 때, 어둠은 지평선과 사물들을 삼켜 버린다.

밤이란 실은 지구 반쪽이 자기 그림자에 갇히는 시간이다. 지구가 태양을 등지면서 한쪽은 어둠에 묻히는데, 이것은 지구가 자전을 하기 때문에 생기는 현상이다. 지구 한쪽은 하루의 반이 자기 그림자 속에 잠기는 것이다. 우리는 이때를 '밤'이라고 부른다. 밤은 고요하고 밀도가 높은 어둠에 잠기는 시각이다. 대개 낮이 저무는 것과 동시에 우리에게 할당된 하루 몫의 노동은 끝난다. 어두워지면 우리는 회사나 일터에서 퇴근하고, 학교나 도서관에서 나와 집으로 발걸음을 옮긴다. 이 시각 도심의 거리에는 차량들이 쏟아져 나와 정체되기 일쑤다. 저녁 한때는 이들로 인해 반짝 활기를 띤다. 밤 10시가 지나면 도시 바깥의 숲과 들판은 검은 어둠이 깔리고, 도시 외곽의 국도에는 상향등을 켜고 어둠 속을 질주하는 자동차들이 간간이 눈에 띨 뿐 도로는 한적해진다. 깊은 밤이 되어서야 공공장소나 상업 지대를 대낮처럼 밝히는 무자비한 빛을 피해서 사적이고 다정한 장소를 비추는 어스름한 빛의 세계로 안착하는 것이다. 생물들은 이 어둠의 시간을 잠을 자는 데 쓴다. 밤이 오면 사람들은 봉급과 맞바꾼 노동과 수고의 시간에서 풀려나 느긋하게 휴식을 취하고 잠잘 채비를 한다.

밤을 가장 밤답게 만드는 것은 어둠이다. 어둠은 우주의 본

바탕이다. 우주는 암흑 물질이라고 부르는 거대한 어둠에 뒤덮여 있다. 이 우주에서 빛은 희귀한 사례일 뿐이다. 우주의 어둠은 마치 자궁 속의 어둠과 같다. 별들과 은하가 다 이 자궁에서 잉태되어 나온다. 낮은 우주의 어둠과 어둠 사이에 잠깐 나타났다 사라지는 것이다. 어떤 인공 불빛에도 침식되지 않은 시골 밤의 칠흑 같은 어둠은 심미적인 것의 고요한 중심이다. 지구에 최초의 밤이 도래한 이래 밤은 내내 어두웠다. 밤은 어두운 게 정상인데 인공조명들이 밤의 어둠을 몰아냈다. 인류는 밤을 빛의 세계로 탈바꿈시켰다. "빛으로 아름답게 장식한 도로망, 희미하게 반짝이는 마천루, 네모반듯하게 지평선까지 이어진 가로등의 눈부신 망, 이런 것들이 도시 전체를 이룬다."[8] 밤의 어둠이 사라지자 자연의 생명계는 일대 혼란에 빠져든다. 북아메리카 전역에서 밤마다 환하게 불을 밝힌 건물에 충돌하는 새가 1억 마리 이상이나 된다. 밤에 이동하는 새들이 불을 밝힌 건물을 장애물로 인지하지 못해 생기는 사태다. 인공조명은 새들만이 아니라 바다거북과 개구리, 그리고 식물에게도 위험 요인이다. 밝은 밤은 비정상이고, 재앙이다. 사람과 동물들, 심지어는 식물들마저 여기에 적응

---

8 크리스토퍼 듀드니, 『밤으로의 여행』(예원미디어, 2008), 연진희·채세진 옮김, 169쪽.

하지 못한 채 혼란과 생체 교란에 빠져든다.

밤을 빼앗긴 인간

전구가 발명되고, 야간 조명이 가능해지자 밤은 휴식 시간에서 노동 시간으로 전환되었다. 야간 근무자들은 밤에도 환한 인공조명 아래서 낮과 마찬가지로 일한다. 조너선 크레이는 휴식과 회복을 위한 시간이 사라지는 '24/7' 시장에 대해 말한다. 24/7은 일주일 내내 24시간 가동되는 시장을 가리키는 신조어다. 24/7의 사회 환경은 "삶의 중지와 기계적(machinic) 수행의 비사회적 모델"[9]이다. 24/7의 체제로 움직이는 사회는 잠을 불필요한 것으로 낙인찍고 잠을 몰아낸다. 잠을 비효율적인 나태이고 비활동적인 악덕이라고 낙인찍은 뒤 24/7의 체제가 세운 게 자본주의적 신기루다. 잠이란 '비활동'이거나 '막간'에 지나지 않는다고 생각하는 많은 이들이 자발적으로 잠을 반납하고 일한다. 잠은 그렇게 '자본주의의 게걸스러움'에 끊임없이 잠식당한다. 문제의 심각성은 24/7의 체제에서 우리 스스로 자발적 성과 기계로 나선다는 점, 그리고 이 체제에 동조하여 잠이 갖는 생체 리듬

9　조너선 크레리, 위의 책, 24쪽.

의 중요성을 간과해 버린다는 점이다. 24/7 체제에서는 누구나 낮-밤, 빛-어둠, 활동-휴식의 경계가 무너진 상태에서 업무와 활동 시간을 늘린다. 그 경계가 무너진 것조차도 자각을 하지 못한 채 자신을 혹사하며 생체 리듬을 아노미에 빠뜨리게 되는 것이다. 24/7 체제는 사적 시간과 업무 시간, 노동과 소비 사이의 경계를 지운다. 이 경계들이 무너진 세계에서 일하는 사람들에게 "탈규제화된 시장의 시간적 작동과 그 요구에 부응하는 데 필요한 인간의 생래적인 신체적 한계 사이"[10]의 괴리는 엄연하다. 24/7 체제는 이익과 번영이라는 명목으로 휴식과 자기 충전의 시간들을 빼앗는다. 자본주의가 고착시킨 24/7의 체제는 그동안 인류가 진자 운동을 하며 누리던 일과 휴식, 평일과 일요일의 균형과 짧은 리듬과 생의 긴 주기성의 조화를 깨 버린다.

사람의 뇌는 몇만 년 동안 밤의 인공조명에 노출된 적이 없기 때문에 분명 뇌가 야간 조명에 장시간 노출되는 것은 이질적인 경험이다. 인체는 야간 조명에 심각한 영향을 받는다. 야간 조명에 노출될 때 생체 리듬의 교란과 함께 밤의 호르몬인 멜라토닌의 생성에도 방해를 받는다는 의학계의 보고가 있다. 낮밤이 뒤바뀌면 인체의 생체 리듬은 혼란에 빠진다. 뇌

10 위의 책, 32쪽.

는 망막 뒤의 광수용체를 통해 빛의 신호로 호르몬 분비와 혈압 등을 조정하는데, 이 시스템이 무력화되는 것이다. 확실히 장시간 여행한 뒤 낮과 밤이 바뀔 때 온몸은 피로에 젖어 무거워진다. 이 피로는 인체의 일일 생체 리듬에 혼란이 오면서 빚어진 사태다. 현대 의학은 밤 시간을 낮 시간처럼 전용할 때 피로, 비만, 당뇨병, 심혈관계, 낙태율 증가, 유산, 약물 남용, 우울증이 나타날 수 있다고 경고한다. 그보다 더 심각한 것은 야간 조명으로 인한 생체 교란이 암 발생과 무관하지 않다는 사실이다. 문명사회에서 전기 사용량은 점점 더 느는데, 이것이 암 발병 위험성의 증가에 어떤 영향을 끼치는지에 대한 연구가 활발하다. 많은 의학자들은 야간에 인공조명을 쓰는 시간이 늘면서 일일 생체 리듬이 교란으로 이어질 가능성이 커지고, 그에 따라 유방암을 비롯한 여러 암의 발생률도 높아진다고 경고한다.

사람의 눈은 어둠에 취약하다. 빛이 없는 곳에서는 무용지물이나 다름없다. 사람은 아주 예외적인 경우를 제외하고는 낮의 빛 속에서 일을 하고 여행을 한다. 사람이 빛이 넘치는 낮에 활동하는 까닭은 분명하다. 사람은 어둠에 취약하기 때문에 빛이 사라진 밤에는 아무것도 할 게 없다. 낮에 친화적인 사람에게 상대적으로 밤은 적대적이기조차 하다. 실상 밤은 사람에게 꼭 필요하다. 밤이 우리 실존에 깊이 관여한다는 사실은 잘 알려져 있지 않다. 밤은 우리의 생체 리듬을 조정한다. 낮 동안 밀물과 썰물처럼 움직이던 우리 감정은 밤의 어둠 속에서 가지런해진다. 그런 까닭에 밤은 우리를 빚는다. 밤은 이미 존재의 일부다! 생명이 최초로 태동된 어머니의 자궁 속을 채운 것도 어둠이다. 우리는 생애의 첫 열 달을 그 어둠 속에서 보낸 다음에야 세상에 나온다. 그리고 나머지 인생의 반을 밤의 어둠 속에서 보낸다. 그러니 우리를 온전하게 빚은 것은 어둠이라고 말할 수 있는 것이다.

잠, 밤이 축복인 이유

오, 마침내 하루 일과가 다 끝난다. 우리는 침실의 불을 끄고 침대에 몸을 반듯하게 눕히고 잠잘 채비를 한다. 이제 심리적인 활동이건 실제적인 몸의 움직임이건 모두를 중지한다. 신체를 하나의 장소에 고정시키고 부동성 속에 자기를 맡긴다. 이렇듯 잠은 "비(非)참여를 통한, 휴식이라는 요소적 사실을 통한 삶에 대한 참여"[11]다. 잠을 자는 행위는 단순한 일이 아니다. 잠이 드는 순간 뇌파는 세타파 수준으로 느려지

---

11   에마뉘엘 레비나스, 『존재에서 존재자로』(민음사, 2003), 서동욱 옮김, 115쪽.

고, 세로토닌이라는 신경 전달 물질을 더 많이 분비한다. 뇌파가 느려진다는 것은 그만큼 뇌 활동이 줄어든다는 것을 뜻한다. 시상의 느려진 뇌파는 나머지 뇌에도 작용하여 대뇌 피질을 느린 파동으로 이끈다. "잠을 유발하는 과정에서 뇌의 여러 영역 사이에 복잡한 안무가 형성"되고, 잠에 빠져드는 일은 "신체의 관점에서 볼 때 잘 조화된 일련의 무대에서 뇌가 잠을 유도하는 능동적인 과정"이다.[12] 밤이 지속될 때 사람은 잠을 자면서 흐트러진 생체 리듬을 회복하고, 건강한 심신으로 깨어나 다시 일상으로 복귀한다.

만약 잠을 자지 못한다면 어떤 사태가 벌어질까? 수면 박탈 상태는 인체에 크나큰 문제를 야기한다. 우선 혈압이 상승하고, 신진대사에 문제가 생긴다. 또 수면 부족 상태에서는 탄수화물 섭취에 대한 욕구가 강렬해진다고 한다. 수면 박탈 상태가 지속되면 신체 기능의 전반적인 저하와 함께 집중력이 떨어지고 환각과 환청을 겪는다. 에디슨이 전구를 발명하고, 다양한 인공조명이 나오면서 낮이 연장되는 효과로 밤은 분명히 짧아졌다. 인공조명으로 인해 밤의 유흥들이 번성하고, 그 밖의 중요한 일들도 낮과 마찬가지로 처리할 수 있게 되었다. 에디슨은 잠이 게으름의 증거일 뿐이라고 잠을 폄하했

---

12 크리스토퍼 듀드니, 위의 책, 236쪽.

다. 많은 사람들이 잠을 더 많이 자는 것을 부끄러워한다. 인류가 잠을 줄이고 그 시간을 유흥과 야간작업이나 근무로 돌린 것은 잠자는 시간이 무용하고 비효율적이라는 생각 때문이다. 고용주들은 이렇게 외친다. 월급 받는 노예들이여, 밤에도 깨어 일하라! 더 많이 일하라! 그러면 너희에게 더 많은 과실을 주겠노라! 야간 근무 시간이 늘면서 경제적 활동의 수익성이 커지는 것은 사실이지만, 그 과실은 누구의 몫이 되는가? 노동의 연장, 혹은 노동의 확산으로 생기는 과실을 가장 많이 챙기는 것은 노동자에게 더 많은 일을 하도록 명령하는 고용주들이다.

정말 잠은 무용하고 비효율적인 것일까? 대답은 분명하다. 잠은 무용한 시간도 아니요, 삶의 유의미한 활동을 중지하는 순간도 아니다. 잠은 신체를 피로에 잠기게 하고 죽음으로 이끄는 '하강 소용돌이'에서 구하는 인생의 축복이다. 밤이 되면 사람들은 척추를 침대에 수평으로 눕히고 잠에 빠져든다. 사람은 인생의 3분의 1을 잠을 자며 보낸다. 사람만이 아니라 거의 모든 동물들은 잠이 든다. 말도 자고, 돌고래도 자고, 심지어는 개미들도 잔다. 잠은 모든 생명체에게 영약이다. 수면 시간 동안 뇌하수체에서 분비되는 성장 호르몬이 조직을 회복하고 면역 체계를 강화한다. 실제로 사람은 잠을 자면서 낮에 이런저런 활동을 하느라 인체와 정신에서 소모된 것들을 채운다. 밤은 현존을 그림자와 어둠에 내주면서 대안적 시간으로 온전해지는 때다. 밤은 이성의 영속적 햇빛이 파괴하고 분해한 것에 대응하여 어둠과 고요 속에서 깨지고 조각난 내면의 질서를 봉합하고 흐트러진 생체 리듬을 가지런하게 정렬한다.

밤은 다른 가치의 세계다

밤은 언제 처음 나타났을까? 태양계가 나타난 것은 약 46억 년 전이다. 성간을 떠다니는 가스와 먼지로 이루어진 거대한 성운 속에서 태양이 탄생하고, 태양 주위를 도는 먼지와 가스의 원반에서 지구를 포함한 행성들이 생겨났다. 지구가 지금과 같이 회전 타원체 모양을 갖게 된 것은 약 45억 년 전이다. 그 뒤 200~300만 년 안에 최초의 밤이 생겨났을 것이라고 추정한다. 이것은 점진적으로 이루어져 딱 꼬집어서 이때가 최초의 밤이라고 말하기는 힘들다. 지구 최초의 밤은 지금의 밤보다 길지 않았다. 그때는 달의 인력이 지구에 미치지 않았기 때문이다. 달의 인력은 지구 자전 속도를 100년당 1000분의 2초 늦추는 효과가 있다고 한다. 그러니까 9억 년 전엔 하루가 18시간, 1년은 481일, 밤의 길이는 약 9시간이었다.

무엇보다도 밤은 어둠의 심연이다. 낮에는 빛 때문에 보이지 않던 수많은 별들이 어둠 속에서 나타나 반짝거린다. 우리 머리 위에 떠오른 밤하늘은 깊은 심연이고, 어둠의 심연 속에서 온갖 별들이 향연을 펼친다. 저 밤하늘에 세워진 별의 제국 안에서는 별이 끊임없이 새로 태어나고, 또 늙은 별은 죽어서 사라진다. "어떤 은하보다 밝게 빛나는 퀘이사, 한 숟갈 정도의 원자 무게가 수천 톤의 초고밀도로 이루어진 중성자별, 초신성의 폭발에 의해 생긴 재가 빠르게 회전 운동을 함으로써 엑스선이 전파 망원경의 스피커를 통해 메트로놈처럼 주기적으로 딸깍거리며 방출되는 펄서, 충돌하는 은하, 별들의 흐름을 삼키는 거대한 블랙홀, 어마어마한 수의 적색 거성, 백색 왜성. 그리고 어딘가에는 불가지(不可知)한 고도의 외계 문명이 있는지도 모른다. 이 모든 천체들은 까마득히 멀리 떨어져 있어서, 빛조차 그곳에 이르려면 수백만 년은 걸릴 것이다."[13] 우주의 먼 곳에 있는 별빛이 광속으로 지구에 도착하는 데 몇백 년이 걸린다. 오리온 좌의 리겔은 지구와 900광년 떨어져 있다. 지금 관측하는 리겔 별빛은 중세 시대 스페인이 이슬람 제국의 영토였을 때 출발한 것이다. 퀘이사라는 별은 지구와 150억 광년이나 떨어져 있다. 퀘이사 별빛은 태양계가 생성되기 이전에 만들어진 것이다. 우주에서는 광속이라

---

13   위의 책, 338~339쪽.

도 마치 지렁이가 기어가는 듯 보일 것이다. 지금 당장 밤하늘을 올려다보라. 거기 깜빡이는 별빛들은 태양계가 우주에 나타날 무렵에도 이미 있었다. 그것은 초원과 밀림 속에 온갖 맹수들의 울부짖음이 메아리를 치는 시대의 밤하늘을 뚫고 오던 빛이다. 인류가 수렵과 채집 시대를 끝내고 불을 다루고 도구를 만들어 쓰며 농경 시대로 접어들던 시대를 거쳐 온 빛이다. 인도 작은 왕국의 왕자가 보리수나무 아래서 깨달음을 얻은 뒤 제자들에게 설법을 펼치고, 중동에서 영성이 충만하고 감수성이 뛰어난 청년이 헐벗고 가난한 이웃들에게 이상 세계에 대한 복음을 전파하던 시대의 밤하늘에도 반짝이던 빛이다. 그 별빛들은 한데 어우러져 찬란한 모자이크를 이룬 채 온갖 문명국가의 흥망성쇠를 말없이 지켜보았을 것이다.

어둠이 내리고, 이윽고 밤이 온다. 밤은 우리의 뇌와 뇌의 가장 깊숙한 곳에 있는 시상을 포함하여 우리 신체 전체를 장악하고 지속적인 영향을 미친다. 내재적 광민감성 망막 세포절이라는 세포가 멜라토닌 생성에 영향을 미친다는 사실은 최근의 연구에서 밝혀졌다. 이 세포는 시각과는 전혀 무관하며 단지 빛을 감지해시 시간과 계절을 알아내 그에 따라 일일 생체 리듬을 재설정하는 데 관여한다. 달, 별, 양초, 장작불 따위에서 나오는 빛은 생체 리듬을 교란시키지 않는다. 인공조명, 특히 파란색 파장의 빛은 생체 리듬을 교란시키고 멜라토닌 생성을 가장 강력하게 억제한다. 어둠은 우리 몸의 생체 시계를 작동시켜 멜라토닌 분비를 자극한다. 멜라토닌은 몸과 의식을 진정시키는 효과를 가진 호르몬이다. 멜라토닌의 분비가 활발해지면 우리는 수면으로 미끄러져 들어간다. 이렇듯 밤은 뇌파를 감속시키며 잠으로 이끈다. 잠든 사람이 꿈을 꿀 때 급속한 안구 운동이 일어난다. 이는 꿈이 망막 뒤에서 기묘한 영화를 상영하기 때문이다. 꿈에 대해서는 여러 설이 분분하다. 프로이트는 사람을 잠에 계속 묶어 두려는 뇌의 술책으로 꿈을 이해한다. 또 다른 수면 연구자는 꿈이 문명에 적응하면서 얻은 진화의 결과라고 설명한다. 꿈을 꾸기 직전, 신경 세포 덩어리들이 근육에 대한 제어력을 빼앗아 몸을 마비 상태에 놓이게 만든다. 이를 무긴장증이라고 하는데, 이것은 꿈꾸는 사람이 꿈을 현실로 착각해 행동으로 옮기지 않도록 몸을 침대에 묶어 두기 위한 수단이다.

어둠은 빛이 없는 상태가 아니다. 거꾸로 빛은 어둠의 부재 상태다. 야간 조명들은 어둠이 없는 상태를 초래한다. 밤이 밤인 것은 밤이 품은 흑요석 같은 어둠 때문이다. 어둠은 모든 것을 낳는 어머니다. 우주는 암흑 물질에서 나왔고, 사람은 어머니의 자궁 속 어둠에서 나왔다. 아울러 밤은 잠과 꿈을 위한 소중한 시간이고, 분주한 활동을 멈추고 우주적 사색과 명상으로 이끄는 계기적 시간이다. 문명사회는 어둠이 없는 세상이다. 그 결과 인류는 밤을 잃어버렸다. 밤을 잃었다는 것은 곧 도처에 넘치는 빛 공해로 인해 사람의 심리와 감정, 건강과 영성에 중요한 영향을 미치는 밤이라는 자원을 상실했다는 뜻이다.

땅거미가 지상에 긴 그림자를 드리운다. 이때 서편 하늘은 지는 해로 인해 붉게 물든다. 황혼 무렵은 빨간색과 노란색과 주황색이 한데 어우러진 빛의 향연이 펼쳐지는 때다. 지는 해가 뿜어내는 빛과 구름이 뒤엉키면서 낮에는 볼 수 없는 장관이 펼쳐지는 것이다. 화려한 일몰은 대기 중의 먼지 입자와 밀도로 인해 일어나는 현상이다. 미 해군 관측소는 황혼을 공식적으로 상용박명(civil twilight), 항해박명(nautical twilight), 천문박명(astronomical twilight)으로 부르며 그 각각을 구별한다. 상용박명은 자동차가 헤드라이트를 켜야 할 때, 항해박명은 배의 항해를 도울 별들이 뜰 때, 천문박명은 가장 희미한 별들도 보일 만큼 하늘이 어두워지는 때를 가리킨다. 화려한 일몰이 지난 뒤 지면과 물체들이 아주 긴 검푸른 순간으로 접어들면서 천문박명이 세계를 삼켜 버린다.

낮은 어둠이 부재하는 밤이 아니다. 같은 맥락에서 밤은 빛이 없는 낮이 아니다. 밤은 광학적 사막이다. 달리 보면 밤은 어둡고 신성한 시각이다. 그런 까닭에 밤의 신성에 대한 자각이 없는 사람들은 밤이 불편하다고 투덜거린다. 정말 밤은 아무 가치도 없는가? 결코 아니다! 어둠에 잠긴 밤은 낮과는 다른 가치의 세계다. 밤은 노동과 소비로 묶어 두는 낮의 식민 권력의 착취에서 우리를 해방시킨다. 밤은 어둠으로 견고한 자유와 해방의 영지고, 우리를 우주적 기원으로 연결하는 흥분과 놀라움으로 가득 찬 또 다른 세계다. 밤이 정점을 찍고 난 뒤 돌연 횃대에서 수탉이 운다. 수탉의 우렁찬 소리는 저만치 청회색 새벽이 다가오고 있다는 신호다. 밤은 덧없이 막을 내린다. 밤이 막을 내림과 동시에 우리에게 주어진 유례없는 축복의 시간도 여명 속에서 끝난다.

—— 호모 로쿠시어스
Homo locusius

방은 내면이고 자아

방은 천장과 바닥이 있고 네 벽으로 둘러싸인 공간이다. 사람은 방에서 태어나고 방에서 살다 죽는다. 우리는 방에서 탄생과 죽음 사이의 시간을 보낸다. 방에서 성공, 실패, 슬픔, 애도, 이별, 배신, 불행, 파산 따위를 겪으며 감정을 단련하고 지아를 키운다. 그 실재와 본질성에 비추어 볼 때 방보다 주체의 내면과 자아를 더 적절하게 표상하는 것은 찾기 힘들다. 방이 실존의 물적 토대이자 자아가 출현하는 무대라면, 방을 알고자 하는 것은 삶이 무엇인가를 알려는 철학적 노력의 출발점이고, 방의 탐구는 곧 자아에 대한 탐구라고 할 수 있다.

세상에는 실로 많은 방이 존재한다. 소주택의 좁은 방, 아파트의 규격화된 방, 대저택의 화려한 방……. 우리는 이런저런 방들을 떠돌다가 사라지는 존재들이다. 스무 살 무렵 나는 나만의 방을 참으로 갈망했다. 책을 읽고 글을 쓰려는 청년에게 혼자 쓸 수 있는 독방에 대한 욕망은 그 어떤 욕망보다 컸다. 글쓰기의 욕망과 독방을 향한 욕망은 하나다. 독립적인 자아를 가진 사람이라면 시대를 막론하고 자기만의 방을 원한다. "그러한 욕망은 문명과 시간을 관통한다. 잠, 성, 사랑, 병, 생리 현상뿐 아니라 기도하고 명상하고 읽고 쓰고자 하는 영혼의 욕구도 은둔을 부추긴다."[14] 1970년대 중반 우리 식구는 서울의 가난한 사람들이 모여 사는 벌집 형태의 다가구주택에서 살았다. 우리 식구가 살았던 곳은 집이 아니라 방 두 개였다. 내 부모와 형제자매들 넷이 한 방을 쓰고, 남은 방 하나를 내가 차지했다. 그 방은 책상을 들여놓고 나면 겨우 한 사람이 누울 정도로 작은 방이었다.

"집은 완벽한 삶에 대한 아이디어를 구상할 무대를 제공하고, 다양한 도구를 통한 '총체적인 변신'을 꿈꾸게 한다."[15] 그

---

14 미셸 페로, 『방의 역사』(글항아리, 2013), 이영림·이은주 옮김, 140쪽.
15 빌리 엔·오르바르 뢰프그렌, 위의 책, 신선해 옮김, 271쪽.

러나 내가 살던 그 집은 '총체적 변신'을 꿈꿀 만한 그런 집은 아니었다. 내가 차지한 방은 그저 빈약한 몸 하나를 겨우 눕힐 만큼 좁고 폐쇄된 공간이었다. 나는 그 방에서 인생을 송두리째 뒤바꿀 획기적인 기획은 세우지 못했다. 나는 불확실한 미래 때문에 불안에 떨며 탄식을 하고, 더 많은 시간을 불안을 이기기 위해 책으로 도피했다. 책을 읽는 것은 내면의 불안을 잠재우는 유일한 수단이었다. 자의식이 강한 청년은 작은 방에서 자주 몽상에 빠지고 심심함 속에서 노트 가득 시를 썼다. 청년은 다른 가족의 양보와 희생이 있었기에 독방을 쓸 수 있었다. 돌이켜 보면 매우 이기적인 태도였다.

다가구 속의 작은 방을 떠나서도 나는 무수한 방을 떠돌아다녔다. 나는 날마다 시립 도서관을 찾아가 종일 책을 읽다 돌아오곤 했다. 시립 도서관의 참고 열람실은 숨기 딱 좋은 방이었다. 어깨 너머로 햇빛이 비쳐드는 그 방에서 백수의 자유로움을 지겹도록 누린 청년은 책들을 계통 없이 읽어 댔다. 가난과 싸우는 것보다 책 속으로 숨는 게 더 쉬웠다. 나는 여전히 가난한 살림에서 벗어나지 못했다. 월세나 전세 계약 기간이 끝날 때마다 이삿짐을 싸고 새로운 방을 찾아 떠돌아다녔다. 열 번, 혹은 스무 번도 더 넘게 이사를 다니며 거친 그 방들, 여러 추억과 기억들로 요동치는 그 방들! 그 방들은 이미 저 멀리 사라져 잊힌 지 오래다.

방은 저마다 비밀과 표정이 있다

레프 톨스토이의 장편 소설 『안나 카레니나』는 "행복한 가정은 모두 고만고만하지만 무릇 불행한 가정은 나름나름으로 불행하다."라는 인상적인 첫 문장으로 시작한다. 이 첫 문장은 이 소설이 행복한 가정과 불행한 가정의 이야기를 펼쳐낼 것이라는 암시를 담고 있다. 가정마다 속사정을 갖고 있듯이 방 역시 저마다 다른 속사정을 품고 있다. 방은 사생활이 바글거리고, 그 바탕에는 행복이나 불행의 무늬가 새겨진다. 방은 사생활의 요람이자 비밀이 보장되는 개인 공간이요, 가정생활의 주 무대이다. 우리의 행복이나 불행, 그리고 역사는 방을 떠나서는 있을 수 없다. 어떤 가정은 행복하다는 단 하나의 이유로 행복하지만 어떤 가정은 다양한 불행들로 불행하다.

무수한 방이 있고, 방마다 비밀과 이야기들이 자라난다. 욕망에 사로잡힌 자의 방, 탄식하는 자의 방, 기도하는 자의 방, 연인을 갈망하고 기다리는 자의 방, 순진무구한 아이들이 잠든 방, 고독한 자가 무언가를 쓰고 있는 방, 주인이 없는 텅 빈 방, 누군가를 향한 폭력이 행사되고 있는 방, 누군가가 갇힌 방, 정신적 과민함에 사로잡혀 있는 자의 방, 불면으로 잠 못드는 자의 방, 임종을 앞둔 자가 누워 있는 방……. 그 방들은 저마다의 곡절과 애환을 담고 있다. 누군들 행복한 가정생활을 원하지 않겠는가마는 "고만고만한" 행복한 가정생활보다는 "나름나름"의 불행한 가정생활이 더 흔한 게 사실이다. "고만고만한" 행복한 가정생활은 대개는 단순하다. 반면에 그 "나름나름"의 불행들은 더 풍성한 이야기들을 거느린다. 독일 작가 토마스 만이 세계 문학사상 가장 위대한 사회 소설로 꼽은 『안나 카레니나』에서 불륜과 응징, 얽히고설킨 관계들로 한없이 깊어지는 가정생활의 시시콜콜한 불행 이야기가 행복한 가정생활의 단순함을 덮고 넘치는 것도 그 때문이다.

미셸 페로는 『방의 역사』에서 이렇게 쓴다. "출산에서 임종의 순간에 이르기까지 침실은 존재의 무대이거나, 아니면 적어도 무대 뒤이다. 가면과 옷을 벗고 격정과 슬픔, 쾌락에 자신을 내맡기는 그런 곳 말이다. 우리는 침실에서 인생의 거의 반을 보낸다. 불면과 번민, 무의식과 내세로 넘어가는 창문인 꿈에 사로잡혀 가장 관능적이고 가장 고요하며 가장 적극적으로 야간 활동을 한다."[16] 방은 그저 잠을 자고, 노동으로 지친 몸과 마음의 휴식처만이 아니다. "출산에서 임종에 이르기까지" 이 방에서 사람은 적어도 제 인생의 반을 빚는다. 방이 없다면 인생의 반이 아니라 인생이 통째로 사라진다. 그러

---

16 미셸 페로, 위의 책, 10쪽.

니 사람은 제 인생을 건사하고 부양하기 위해서 필사적으로 방을 구하려고 든다. 지상의 방 한 칸을 향한 욕망이 그 어떤 욕망보다 더 간절한 것도 그런 까닭에서다.

사면이 벽으로 둘러싸인 채로 밀폐된 공간은 안락함과 비밀의 권리를 누릴 수 있는 곳이다. 누구나 독립성과 자기 존중을 희구한다면 방을 가질 권리가 있다. 방이 없다면 삶도 없다. 방은 한 존재를 부양하고, 그리고 남녀가 가족을 이루며 살기 위해서 필요한 공간이다. 때때로 방은 임시 피난처, 수용소, 도피처이기도 하다. 크고 작은 방들과 다양한 형태를 가진 방들에서는 당신이 상상하는 것보다 훨씬 많은 일이 일어난다. 방은 실존적 사건의 현장이고, 비밀이 자라나고 금세 사라지는 공간이다.

이상의 방, 로캉탱의 방

1930년대에 이상은 『날개』에서 작은 방에 유폐된 한 룸펜을 통해 의식의 분열증적 유희를 그려 낸다. 이 방은 종로구 관철동 33번지에 있던 대항권번(大亢券番) 근처의 나가야(長屋)라는 곳이다. 그 지번에 있는 열여덟 가구 중 한 방에서 주인공은 먹고 자고 뒹군다. 이상이 백부의 유산으로 차린 '제비다방'에 인접한 곳 어디쯤일 것이다. 이상은 바로 이곳에 방을 얻어 기생 금홍과 동거를 한다. "방 안의 기온은 내 체온을 위하여 쾌적하였다. 나는 내 방 이상의 서늘한 방도 또 따뜻한 방도 희망하지는 않았다. 이 이상으로 밝거나 이 이상으로 아늑한 방을 원하지 않았다. 내 방은 나 하나를 위하여 요만한 정도를 꾸준히 지키는 것 같은 늘 내 방에 감사였고 나는 또 이런 방을 위하여 이 세상에 태어난 것만 같아서 즐거웠다."[17] 방은 실존을 위한 거점 공간으로 저마다의 삶은 이 방을 중심으로 방사선형으로 뻗어 간다.

이상으로 짐작되는 작중 인물은 아내가 없는 틈을 타서 창문을 통해 들어온 햇빛이 아내의 화장대에 비치된 "가지각색 병들이 아롱이지면서 찬란하게 빛나는 것"을 황홀한 눈빛으로 바라보거나, 돋보기를 갖고 아무 뜻도 없는 놀이에 빠진다. "내 몸과 마음에 옷처럼 잘 맞는 방 속에서 뒹굴면서 축 처져 있는 것은 행복이니 불행이니 하는 그런 세속적인 계산을 떠나 가장 편리하고 안일한, 말하자면 절대적인 상태인 것이다. 나는 이런 상태가 좋았다."[18] 이 묘사에 따르면 방은 심신의 균형을 되찾고 편리함과 안일함을 누리는 개인 공간이요, 안락과 유희를 취하는 장소다. 그렇다. "방은 피난처이고 감옥

---

17 이상, 『날개』(문학과지성사, 2005), 72쪽.
18 위의 책, 72~73쪽.

이며 삶의 겉모습이며 핵심"[19]이다. "옷처럼 잘 맞는 방"이란 심리적 안정을 꾀할 수 있는 장소다. 이상은 방이 심리적 안정을 주는 물적 토대이고, 더 나가서 개인의 은둔과 칩거, 존재와 사건의 현장, 가족이 모여 사는 가정생활의 모태라는 것을 보여 준다. 이런 "절대적인 상태"의 방이 사라진다면 누구나 매우 불행해질 게 뻔하다.

　문학사에서 방을 중요한 소재로 삼은 소설들은 드물지 않다. 방은 많은 것을 감추고, 저마다 다른 사정과 곡절을 키운다. 그 비밀과 불투명성을 품은 다양한 형태의 방은 작가들의 상상력을 자극하는 바가 있다. 사르트르의『구토』에서 주인이 소음이 전혀 없어 마치 시골집처럼 고요한 방을 소개하지만 로캉탱은 그것을 거절한다. 그가 거절한 것은 그 방을 감싼 전원의 고요함이고, 정착이라는 관습이다. 대신에 누구나 스쳐가는 공동(空洞) 같은 호텔 방을 주거 공간으로 선택한다. 그는 호텔 방에서 공사장과 오래된 역, 거리와 옆방의 소음에 귀를 기울인다. 사람들이 거쳐 가는 호텔 방은 날마다 청소를 하고 정돈하면서 누군가 머문 흔적을 말끔히 지운다.

　호텔 방이란 오직 잠자는 기능을 특화한 방이다.『구토』의

19　미셸 페로, 위의 책, 575쪽.

작가인 사르트르 역시 호텔 방을 집보다 더 좋아한다. 사르트르는 1931년에서 1946년까지 무려 15년간 집 없이 호텔 방을 전전하며 살았다. 사르트르가 호텔 방을 선호한 것은 그것이 익명성과 방의 본질에 더 충실했기 때문이다. 누구나 다 그런 것은 아니지만 어떤 사람들은 분명 호텔 방을 집보다 더 좋아한다. "호텔 방에서는 내 과거가 사라지고 본질만 남기 때문에, 나 자신이 무한한 가능성을 지닌 존재로 느껴져 호텔을 좋아한다."[20] 사르트르는 집에 딸린 방의 음습한 비밀, 불투명성, 가정생활에 고착되는 것을 거부한다. 그는 언제든 바꿀 수 있는 호텔 방의 기능성과 함께 과거와의 단절, 그리고 무엇에도 구속되지 않는 무한 자유를 더 누리고 싶은 욕망을 따랐다. 마이클 커닝햄의 『세월』에 나오는 작중 인물에 따르면, 호텔에 가는 것은 "자신의 삶의 명세표를 다 버려 두고 중립의 영역으로, 깨끗한 하얀 방으로, 죽음도 더 이상 그렇게 낯선 것이 아닌 곳"[21]으로 들어가는 것과 같은 것이다. 아마도 사르트르 역시 그랬을 것이다.

---

20 빌리 엔·오르바르 뢰프그렌, 위의 책, 273쪽.

21 마이클 커닝햄, 『세월』(생각의나무, 1999), 정명진 옮김, 206쪽.

방은 감옥이자 서식지

방에서는 간혹 끔찍한 일들이 벌어진다. 카프카의 『변신』에서 보험 회사 영업직 노동자인 그레고르 잠자는 자신의 방에서 어느 날 갑자기 흉칙한 갑충으로 변신한 자신과 마주친다. 물론 이 방은 세상의 수많은 방들과 하나도 다를 바 없는 방이다. 이 평범한 방이 괴물을 가둔 감옥으로 변한 것이다. 가족과 사회에서 배척당한 가련한 주인공은 이 감옥에 갇힌 채 온갖 학대를 당한 끝에 죽음을 맞는다. 카프카에 따르면 방은 가족 학대와 살해가 벌어지는 끔찍한 장소이기도 하다. 곤충으로 변신한 주인공은 가족과 사회로부터 내쳐지는데, 이는 관계의 단절이라는 점에서 죽음이다. 그는 신체 변형의 끔찍한 악몽에 내동댕이쳐진 채 지옥이 되어 버린 현실과 마주친다.

방은 벽을 경계로 안과 밖으로 나뉜다. 닫힌 방의 안쪽에서는 비밀과 수수께끼들, 속삭임들, 말들과 몸짓들이 번식한다. 로맹 가리의 소설 『그로칼랭』은 방에서 비단뱀과 동거하는 한 남자의 이야기를 다룬다. 그는 제 방을 '서식지'라고 부른다. "나를 화나게 하는 일이 하나 있다면 내 서식지를 나쁘게 말하는 것이다. 나는 서식지를 가장 중요하게 생각한다. 가구, 재떨이, 파이프, 모든 물건 하나하나가 변함없는 친구들이다. 나는 매일 저녁, 내 물건이 전에 놓아 둔 그대로 있는 것을 발견한다. 그것은 확실하다. 틀림없이 믿을 수 있어 불안하지 않다. 안락의자, 침대, 의자가 있고, 한가운데 나를 위한 자리가 마련되어 있고, 내가 스위치를 누르면 불이 들어와 모든 것이 환해진다."[22] 작중 인물이 쥐구멍이 아니라고 항변하는 그 방은 비록 좁더라도 종이 다른 두 생물이 공존하는 평화로운 서식지이고, 누구도 모르는 비밀과 고독의 서식지이기도 할 것이다.

한 세기 전만 해도 가난한 농민 가족들이 한 방에서 함께 먹고 자는 일은 아주 흔했다. 식구마다 따로 방을 차지하고 산 것은 오래된 일이 아니라는 뜻이다. 반세기 전만 해도 사람들은 방에서 태어나고 방에서 마지막 숨결을 거두고 죽었다. 바깥 활동이 많은 사람이라도 잠은 집에 돌아와 잔다. 육아, 취사, 휴식, 수면 따위는 방에서 이루어진다. 인류는 방을 거점 공간으로 가정을 이루고 아이들을 낳고 기르며 아이들이 떠난 뒤에는 중년을 보내고 노년을 맞는다. 방은 인생에서 사적 영역을 감당하는 공간이고, 대체로 인생에서 가장 오랜 시간을 보내는 장소다.

---

22   로맹 가리, 『그로칼램』(문학동네, 2010), 이주희 옮김, 107쪽.

인생의 3분의 1은 방에서 지낸다

하루 3분의 1이 수면 시간이라는 것은 인생의 상당한 시간을 침실에서 지낸다는 뜻이다. 침실은 잠자기 위해 몸을 의탁하는 장소이자 기반이다. 규칙적이고 충분한 수면은 심신의 균형 상태를 위해 반드시 필요하다. 누구나 잠을 자는 동안 활동을 그치고 부동 상태에 빠지는데, 잠은 부동 상태라는 점에서 일시적인 죽음이다. 현대에 들어오면서 인류의 수면 시간이 줄었다. 잠과 휴식을 위한 시간이 짧아진 만큼 방에서 지내는 시간도 준다. 어쩌면 우리 불행은 이 작은 변화에서 비롯되었는지도 모른다. 철학자 파스칼은 "인간의 모든 불행은 방에서 휴식을 취하며 지낼 수 없다는 오직 한 가지 사실에서 비롯된다."라고 지적한다. 방의 고요함 속에서 취하는 잠과 휴식들은 근심과 불행에서 오는 압박감을 경감시키겠지만, 바쁜 사람에겐 그마저 허락되지 않는다. 오직 잡다한 업무 속에 내동댕이쳐질 뿐이다.

우리가 잠자고 휴식을 취할 때, 우리는 그 장소를 소유한다. 그것을 하나의 징소, 혹은 하나의 실재로 거머쥔다. 철학자 에마뉘엘 레비나스는 이렇게 말한다. "잠은 기반으로서의 장소와의 관계를 다시 세운다. 우리가 누웠을 때, 자기 위해 방구석에 몸을 웅크렸을 때, 어떤 장소에 우리 스스로를 내버려 두었을 때, 그 장소는 기반으로서 우리의 은신처가 된다."[23] 잠은 존재함의 정지 선언이지만 그것이 존재의 소멸은 아니다. 의식의 활동 정지라는 점에서 잠에 빠질 때 방은 일시적인 관이고 무덤이다. 우리는 잠시 실존의 무대 뒤로 사라진다. 또한 잠은 어떤 가능성에 참여하는 것이다. 레비나스는 그 가능성에 대하여 이렇게 말한다. "휴식의 가능성, 자기 안에 감싸여 있을 수 있는 가능성, 그것은 기반 위에 버려질 수 있는 가능성, 잠잘 수 있는 가능성이다."[24] 잠을 자려고 몸을 뉘인 곳은 저기가 아니라 바로 여기다. 여기는 현존재가 이미 세계를 함축한다는 의미에서, 현존재와 하나가 되는 장소다. 방은 물질 덩어리로서의 몸을 품고, 그 몸과 하나로 포개진다. 우리가 잠들어 있는 동안 의식은 그 장소에 붙박이로 묶이는 것이다.

사라지는 방들

방은 그 내밀성에서 돋보인다. 그 내밀성은 일상의 습관과 규칙들, 나름의 질서로 빽빽해진다. 그런 까닭에 "방은 내면성, 뇌, 기억의 은유이자, 낭만적이며 나아가 상징적인 상상에

---

23 에마뉘엘 레비나스, 위의 책, 116쪽.
24 위의 책, 120쪽.

서 비롯된 위풍당당한 수사다."[25] 방은 존재의 안쪽 깊은 곳의 자아와 무의식에 대한 은유로 빛난다. 우리는 늘 바깥에서 안쪽으로 귀속한다. 방으로 들어서는 순간 우리는 가면을 벗고 외출복을 벗는다. 그때 얼굴을 가린 페르소나라는 가면을 벗고 본연의 '나'로 돌아간다. 세상의 모든 시선에서 차단된 방에서 옷을 다 벗고 실오라기 하나 걸치지 않은 벌거벗은 상태로 돌아간다. 아무 예속도 없는 자유의 몸, 아무 가면도 쓰지 않은 순수한 '나'로 돌아가는 것이다.

방은 기억의 장소다. 기억과 함께 순환하는 운명을 품는 방들! 누군가 살다 떠난 방에 새 입주자가 들어서서 벽지를 바꾸고 새 가구들을 들여놓는다. 방은 새 입주자를 맞으며 새 기억들을 만들고, 새 역사를 적어 간다. 방이 소진 증후군(burnout syndrome)으로 사라지는 법은 없다. 신도시 주거 지역이 만들어질 때 그 자리에 있던 구가옥과 방이 사라진다. 이혼, 실직, 은퇴와 같은 인생의 부정적인 국면이 가족 해체의 원인을 제공한다. 가족 해체는 가족이 살던 집과 방의 상실로 이어진다. '이렇게는 못 살아!' 가족이 뿔뿔이 흩어질 때 방도 증발하고 사라진다. 방은 하찮은 추억으로 가득 찬 공간인데, 방이 사라지면 기억도 소멸한다. 방의 사라짐은 종의 멸종

---

25   미셸 페로, 위의 책, 16쪽.

이나 낙후성으로 인한 도태와는 다른 현상이다. 그것은 주체와 대상의 분리이고, 둘 사이의 가뭇없는 멀어짐이다. 방만 사라지는 것이 아니라 우리도 사라진다. 사라짐은 우리가 알았든 몰랐든, 우리 삶의 일부였다. 유한성과 죽음이 삶의 일부이고 본질인 한에서 사라짐은 불가피한 본질의 한 요소이다. 방들은 사라진다. 우리의 사라짐을 선취하고 예시하면서! 주체 너머로, 흔적들 너머로, 저 영원한 공허 속으로!

—— 호모 에어포트쿠스

Homo airportcus

공항에서

공항은 비행기와 더불어 생겨났으니, 현대적 산물이다. 점점 더 많은 사람들이 비행기를 통한 여행에 나서면서 공항은 보다 친숙한 공간으로 바뀌었다. 작가이자 철학자인 알랭 드 보통은 어느 날 한 회사에서 연락을 받는다. 전화를 건 사람은 작가에게 런던에서 가장 큰 공항의 두 활주로 사이에 자리 잡은 최신 탑승객 허브인 제5 터미널에 주재 작가 한 명을 일주일 동안 초대하기로 결정했다고 통지한다. 그는 공항에 한 주간 상주하며 여행, 일, 여행객의 상호 관계 등에 대해 근접

거리에서 관찰할 기회를 잡은 것이다. 영국의 히스로 공항은 다른 국제공항과 마찬가지로 유리와 강철 구조물로 되어 있다. 높이가 40미터, 길이는 400미터나 되는 어마어마하게 큰 구조물이다. 그 크기가 축구장 네 개가 들어갈 만한 규모라면 짐작을 할 수 있겠는가? 알랭 드 보통은 공항 터미널에 대하여 "우아함과 논리가 지배하는 훌륭하고 흥미로운 피난처"[26] 라고 쓴다. 혼돈과 불규칙성이 가득한 세계에서 터미널은 어떻게 그토록 매혹적인 피난처가 될 수 있었을까? 자, 알랭 드 보통을 따라 현대적 삶이 펼쳐지는 공항 안으로 들어가 보자.

공항은 일상의 가장자리에 있다. 공항이 일상에서 가장 먼 가장자리인 것은 평생 동안 공항을 단 한 번도 가 보지 않은 채 생을 마감하는 사람들이 입증한다. 오지에 사는 많은 사람들은 비행기를 단 한 번도 타 보지 못한 채 생을 끝낸다. 지난 세기보다 훨씬 더 많은 사람들이 항공 여행에 나서고 공항을 제 집 문턱을 넘듯이 드나들지만 공항 너머는 비일상의 영역이다. 공항은 일정한 습관들에 의해 지배되는 일상과 예기치 않은 일들이 빈번하게 일어나는 비일상의 경계에 있다. 공항은 국경을 넘는 문턱이고, 이곳과 저곳을, 이 나라와 저 나라를 가르는 경계이자 사이의 공간이다. 이 공간에서 일상에

---

26 알랭 드 보통, 『공항에서 일주일을』(청미래, 2009), 정영목 옮김, 16쪽.

서는 겪지 못하는 새로운 여흥과 볼거리들이 펼쳐진다.

　공항에 처음 발을 내디딘 순간 사람들은 일상과 비일상의 경계에서 잠시 어리둥절한다. 대부분의 사람에게 일상이란 일정한 습관들의 반복이다. 아침에 침구를 개키고, 청소를 하고, 아침 식사 준비를 한다. 식사 뒤에는 설거지를 하고, 밀린 빨랫감들을 세탁기에 넣는다. 그리고 마트에 나가 반찬거리를 사고, 은행에 들러 공과금을 낸다. 일상에서 물건 정리나 청소, 식사 준비는 날마다 반복하는 일이다. 우리는 일상을 지배하는 습관의 효율성을 거의 잊은 채 살아간다. 과연 습관은 하찮고 아무 가치도 없는 것일까? 그렇지 않다. 습관은 나름대로 중요한 일을 수행한다. 일상의 습관은 무엇보다도 "시간을 순서대로 배열하고 통합함으로써 생활 리듬과 양식을 만들어" 낸다. 그리고 "무수한 기로에서 갈팡질팡하지 않도록, 반복되는 상황에서 다양한 대안을 떠올리느라 골머리를 썩지 않도록" 돕는다.[27] 습관은 효율성이라는 측면에서 놀라운 것이다. 헛된 시간의 소모를 막아 주는 매우 효율적인 장치다. 그러나 공항은 습관의 중력이 미치지 못하는 장소다. 우리가 공항 내부로 들어서는 순간 낯선 열기에 휘말리고 무중력 지대로 진입하는 기분이 드는 것은 이곳이 습관의 지배력이

27　빌리 엔·오르바르 뢰프그렌, 위의 책, 147쪽.

미치지 않는 비습관의 장소이기 때문이다.

한 세기 전 시인 샤를 보들레르는 "열차야, 나를 너와 함께 데려가 다오! 배야, 나를 여기서 몰래 빼내어 다오! 나를 멀리, 멀리 데려가 다오. 이곳의 진흙은 우리 눈물로 만들어졌구나!"라고 썼다. 현대인이라면 열차나 배 대신에 비행기에게 어디 먼 곳, 여기가 아닌 곳으로 데려가 달라고 부탁했을 것이다. 공항 라운지는 나라 밖으로 떠나는 자들과 나라 밖에서 돌아오는 자들로 뒤엉켜 북적인다. 여행객들은 여행의 열기에 사로잡혀 불안과 설렘을 동시에 느끼며 출발 라운지에서 서성인다. 공항의 스크린들은 여러 항공사의 비행기 출발과 도착, 지명과 시각 정보를 시시각각으로 알려 준다. 이 정보들은 점멸하며 빠르게 바뀐다. 파리, 런던, 로마, 베를린, 프랑크푸르트, 모스크바, 이스탄불, 아테네, 뉴욕, 샌프란시스코, 텔아비브, 상트페테르부르크, 아부다비, 홍콩, 베이징, 상하이, 도쿄, 서울…… 등등 출발과 도착 지명, 항공편이 표기되고, 출발과 도착 시각이 표기되는 것이다. 목적지에 대한 더 이상의 세부 정보는 어디에도 없다. 단지 도시명과 도착과 출발 시각 정보만을 알려 준다. 마음만 먹는다면 우리는 매표구에서 티켓을 끊고 몇 시간 뒤 지금 이곳에서 멀리 떨어진 곳에 도착할 수 있다. 공항은 실현되지 않은 여행의 가능성을 향해 활짝 열려 있고, 우리를 먼 곳으로 데려가 주겠다고 약속한다.

공항에서는 누구나 쉽게 "순간마다 우리가 매달리는 다른 삶에 대한 이 모든 약속들"이 불러일으키는 막연한 노스탤지어에 빠져든다.[28] 공항 활주로에서 뜨고 내리는 비행기들이 내는 소음을 차단하는 유리벽, 탑승 수속을 위해 줄을 선 여행객들, 그리고 각각의 도시들을 이어 주는 그곳이 바로 공항이다.

공항은 검색의 심연

공항의 출발 라운지에는 어딘가로 떠나려는 사람들이 모여 있다. 그들이 들뜬 기색을 보이는 것은 여행의 열기에 사로잡혀 있기 때문이다. "출발 라운지의 거대한 공간은 현대 세계 운송의 중심답게 신중하게 사람들을 관찰할 기회, 타자의 바다에서 자신을 잊을 기회, 눈과 귀가 제공하는 무한한 이야기의 단편들을 바탕으로 상상을 펼칠 기회를 예고"[29]한다. 여행의 열기는 "동작과 감정과 물성이 결합한 형태"[30]로 나타난다. 여행의 열기에 들린 자들은 끊임없이 주변을 서성이거나 짐들을 풀러 살펴보고 내내 안절부절 못

---

28 알랭 드 보통, 위의 책, 49쪽.

29 위의 책, 45쪽.

30 빌리 엔·오르바르 뢰프그렌, 위의 책, 110쪽.

하는 행태들을 드러낸다. 그것은 여행이 초래하는 불안과 과도한 긴장감 때문이다.

대개의 공항은 강철과 콘크리트, 그리고 강화 유리로 구성된 거대한 구조물이다. 현대의 온갖 테크놀로지가 집약되고, 전자 장비를 갖춘 곳이다. 모든 공항에서는 눈에 보이지 않는 통제와 감시가 이루어진다. 공항은 항시적으로 위험이 내재된 공간이다. 따라서 공항 시스템은 항시적으로 재앙에 대비하는 형태로 진화한다. 공항을 거쳐가는 승객과 수하물은 잠재적 위험군으로 여겨진다. 공항의 막(膜)을 통해 불순물들은 걸러진다. 구체적으로는 공항의 입국 심사대와 세관이 그 역할을 감당한다. 밀입국자, 테러리스트, 검역을 받지 않은 생물들, 마약류, 총포류, 폭발물이 걸러져야 할 불순물이다.

공항의 게이트를 통과할 때마다 승객과 물품을 검색해서 불순물을 거르거나 차단한다. 탑승 승객의 신체는 보안 검색대를 지날 때 금속 탐지기로 검색당하고, 전신 스캐너로 신체 전체가 영상 분석을 당한다. 공항 이곳저곳에는 감시 카메라가 작동하고 보안 요원들은 특정한 공간에서 24시간 내내 스크린을 들여다보며 승객들의 움직임을 감시한다. 스티븐 스필버그 감독의 2004년 영화 「터미널」은 이런 사정을 잘 보여 준다. 톰 행크스가 주인공 빅토르 나보르스키 역을 맡은 영화다. 그는 미국 여행길에 올랐다가 자신의 고국이 전복되자 졸지에 국적 불명 상태가 되어 미국 입국을 거부당한다. 나보르스키는 미국으로 나갈 수도 없고 고국으로 귀환할 수도 없어 JFK 국제공항에 갇히는 처지가 된다. 그가 움직일 때마다 감시 카메라가 따라서 움직이며 전자음을 낸다. 그의 모든 움직임이 공항의 감시 체계에 감시당하는 것이다. 이 영화는 공항 전체가 첨단 지각 기술의 집약체이고, 일종의 '지각적 기계 (perceptual machine)'라는 사실을 드러낸다. "그곳(공항)에서 신체는 보고 보이고 조사하고 만져지는 과도한 규정의 맹공을 견뎌야 한다.「터미널」에서 보듯 공항은 검색의 심연이다. 그리고 비행기를 타야 하는 신체를 움직이게 하고 살피고 걸러 내는 재귀적이고 (재)생산적인 투시적 관행의 건축학적 매트릭스다."[31] 세계의 공항들은 신체를 포획하고 통제하며 위험군과 비위험군으로 분류하고 배열한다. 2001년 9·11 사태 이후 미국 정부는 테러에 대비해 공항 검색을 강화함으로써 공항을 "검색의 심연"으로 바꾸었다.

공항에는 새벽에 도착한다. 새벽 시간임에도 불구하고 공항은 분주하다. 항공사 직원들은 벌써 창구에 나와 승객들을 맞고, 청소부들은 공항 바닥과 화장실 따위를 청소하느라 바

---

31 크리스토퍼 샤버그, 『인문학, 공항을 읽다』(책읽는귀족, 2015), 이경남 옮김, 194쪽.

쁘며, 쇼핑몰은 문을 열고 손님 맞을 채비를 하고, 스낵바에서는 새벽의 승객들이 자리에 앉아 커피를 마시거나 샌드위치를 먹고 있다. 방금 공항에 도착한 여행객들은 긴 여행으로 심신이 지친 상태다. 그들의 심신은 피로에 절어 있음에도 불구하고 신체의 감각들은 예민하게 깨어 있다. "피로에도 불구하고 감각은 완전히 깨어나 모든 것을 흡수한다. 빛, 도로 표지, 바닥 광택, 피부색, 쇳소리, 광고, 마약을 한 상태이거나, 갓난아기 또는 톨스토이가 된 것처럼 감각이 날카롭다. 갑자기 고향이 다른 어디보다 낯설게 느껴진다. 이제까지 돌아다녔던 다른 땅에 의해서 세세한 모든 것들이 상대화되었기 때문이다."[32]

여행객들은 컨베이어 주변으로 몰려든다. 수하물을 실어 나르는 컨베이어가 빙글빙글 돌아가고, 샘소나이트 여행 가방들이 쏟아져 나온다. 마치 거대한 위가 꾸역꾸역 토해 낸 가방들이 컨베이어 벨트를 타고 줄지어 지나가는 느낌이다. 사람들은 비슷비슷한 여행용 트렁크 속에서 용케도 제 것을 낚아채서 그 자리를 떠난다. 그 앞에서 알랭 드 보통은 돌이킬 수 없을 정도로 깊은 우울감에 빠진다고 고백한다. 그것은 공중의 현실과 지상의 현실 사이의 엄연한 시차 때문이다. 비행

---

32 알랭 드 보통, 위의 책, 173쪽.

기 안에서 저 아래 펼쳐진 해안과 숲을 내려다보던 시간이 가벼운 몽상의 시간이었다면, 컨베이어 벨트 앞에 선 시간은 물질적 현실과 마주쳐야 하는 무거운 시간이다. 그 시차 앞에서 우울감과 현기증을 느끼는 것이다. "수하물 찾는 곳과 비행기라는 대조적인 두 영역은 어떤 본질적인 이중성을 상징한다. 물질과 영혼, 무거움과 가벼움, 몸과 영혼의 이분법이 존재하는 느낌이다."[33] 조금 전까지만 해도 구름 위를 날아가는 비행기에 탑승한 여행객들은 비물질의 영역인 하늘에 있었다. 그런데 수하물을 찾는 곳은 지상이고, 물질계에 속하는 곳이다. 여행객들은 하늘과 땅, 영혼과 물질이라는 이중성 앞에서 자아 분열을 겪으며 경미한 우울감에 빠져든다.

기다림에 대하여

살아 있다는 것은 기다림 그 자체이다. 삶은 온갖 기다림으로 채워져 있다. 기다림의 속살은 기대나 소망의 좌절로 이루어지고, 그래서 그것은 속절없이 불행에 예속된 삶의 안감이다. 공항은 다른 어느 장소보다 기다림을 상습화하는 곳이다. 공항의 검색대에서 차례를 기다리고, 자신이 타고 갈 항공편

---

33 위의 책, 185쪽.

을 기다리고, 터미널 도착 라운지에서 누군가를 기다린다. 공항은 기다림을 공적이고 정치적으로 만든다. 공항에는 다른 어느 장소보다 더 다양한 기다림의 생태학이 바글거린다.

기다림은 무위로 채워져 있다. 무위는 자칫 무기력해 보인다. 기다리는 자들도 무위 때문에 조금은 무기력해 보인다. 하지만 이 무위는 역설적이다. "기다림은 지루함과 불안감과 무기력감을 일으키지만, 바로 그런 감정들을 상쇄할 수 있는 뜻밖의 가능성을 제공하기도 한다."[34] 무위란 하지 않음의 함, 달리 말하면 외면적으로는 움직이지 않는 것이되 그 아래 숨은 움직이는 내면성의 발견이다. 그런 까닭에 무위는 대지가 은폐하고 있는 자연스러운 의지적 자기실현이다. 기다림은 지루하다. 지루함의 실체는 현재에 갇힌 기분이다. 기다림은 기다리는 주체를 지루함에 빠뜨리지만, 그 지루함 때문에 평소 그냥 지나치던 것을, 그리고 습관으로 조직된 일상을 성찰하도록 이끈다.

우리는 매표소에서 기다리고, 고속도로 요금소에서 기다리고, 병원 대기실에서 기다린다. 기다리는 장소들은 데이비드 비셀이 명명한 바에 따르면 '수용 공간'들이다. 이 수용 공간은 "사람을 유치하도록 설계된 공간으로, 신체를 비활성 상

---

34 빌리 엔·오르바르 뢰프그렌, 위의 책, 140쪽.

태로 유도하여 일시적 정체의 형태를 띠게 하는 곳"[35]이다. 우리는 식사 때를 기다리고, 배관공을 기다리고, 인터넷 설치 기사를 기다린다. 임신부는 출산을 기다리고, 감옥에 갇힌 사람은 출소를 기다리고, 누군가는 프로 야구 개막일을 기다린다. 기차역과 공항의 매표소에서 줄서기나 탑승 시각을 기다리는 일, 극장이나 야구 경기장, 그리고 병원 대기실에서 줄서기 따위에서 기다림은 매우 일반화된 일이다. 기다림을 수동적이고 부차적인 행위로 본다면 이것은 다만 부동의 공허한 상태로 여겨질 수도 있다. 하지만 기다림은 매우 역동적인 사건이다. 우리는 기다리는 동안 온갖 사소한 행위들을 하며 이것의 지루함을 이겨 낸다. 우리는 기다림이 초래하는 지루함과 권태에서 벗어나기 위해 제자리에서 폴짝폴짝 뛰기도 하고, 이리저리 몸을 움직이며 서성거리기도 한다. 혹은 휘파람을 불거나 콧노래를 흥얼거리기도 한다. 기다림의 생태는 장소와 상황에 따라 다양한 형태로 번식한다. 그럼에도 기다리는 시간의 본질에 대한 통찰이나 깊이 있는 사유가 이루어지지 않는 것은 그것을 일상의 습관적 행위로 분류해서 그럴 만한 대상으로 여기지 않기 때문이다.

기다림은 기다리는 자를 불안과 조바심에 빠트린다. 기다

---

35   위의 책, 31쪽에서 재인용.

림이 '무의식적인 권력 게임'이라는 것, 기다림에 의해 권력의 서열이 드러난다는 것은 명확하다. 약자는 자발적으로 먼저 와서 기다리고 강자는 늦게 나타난다. 유교적 질서가 완고한 사회에서는 연소한 사람이 손위 사람을 기다리는 것이 일반적 행태이다. 이것은 도덕적 우열과는 무관한 일이다. 단지 관계에 더 중요성을 부과하고 관계에 거는 기대와 열망이 더 큰 사람이 더 오래 기다린다. 항상 서열이 더 낮은 쪽이 더 오래 기다린다. 연애할 때 더 많이 오래 기다리는 쪽이 더 사랑하고, 상대적으로 사랑의 약자다. 더 사랑하는 자가 더 많이 기다린다는 사실은 동서고금을 가리지 않는다. "관계에 대한 갈망에 더 깊이 빠진 쪽이 상대를 더 오래 기꺼이 기다리는 것"[36]이다. 종종 기다림 때문에 갈등이 빚어진다. 오래 기다린 자는 기다리게 한 사람에게 왜 이렇게 사람을 기다리게 만드느냐고 화를 내고 항의한다. 이는 기다리는 것 말고는 아무것도 할 수 없도록 만든 시간에 대한, 그렇게 무용한 행위에 스며든 모멸감에 대한 항의다. 다시 말해 존재 전체가 기다림에 옥죄인 것에 대해 항의하고 불만을 털어놓는 것이다. 기다림이 부정적인 평판을 얻은 것은 이 시간이 헛된 시간이고, 아무 생산도 없는 죽은 시간이라고 여겨지기 때문이다. 기다

---

36   위의 책, 128쪽.

릴 때 일어나는 물리적 동작의 제약이나 신체의 비활성 상태 때문에 이런 오해가 생긴다. 기다리는 시간에도 아주 작지만 긍정적인 사태와 가치의 생산이 이루어진다. "기다리는 시간은 바쁜 삶에서 잠시 벗어나 쉬면서 마음을 가다듬을 기회가 되기도 한다. 시간이 곧 돈인 경제 사회에서 기다림은 일시적인 해방감을 안겨 준다. 그리하여 기다리는 장소는 명상의 공간이 되고 기다리는 행위는 뜻밖의 통찰로 이어진다."[37] 기다리는 시간이 더디고, 공허하고, 무의미한 것만은 아니다. 기다리는 동안 일상의 의무들이 유예되고, 기다리는 주체에게 돌연 자유가 주어진다. 간혹 기다리는 시간의 감미로움이 기다리는 주체의 시공간을 장밋빛으로 물들인다. 설사 기다림이 무산되었을 때조차 주체의 행복감과 즐거움을 누그러뜨리지 못하는 것은 기다림 그 자체가 목적으로 승화해 버리기 때문이다.

다시 공항에서

공항은 익명성이 번성하는 곳이다. 여행객들은 말할 것도 없거니와 공항에 상주하는 사람들조차도 익명의 존재들이

---

37 위의 책, 121~122쪽.

다. 공항에서는 누구나 스쳐 지나갈 뿐이다. 오늘날 공항에서는 아주 번잡한 현대 생활의 소우주가 펼쳐진다. 이 소우주에는 정체를 알 수 없는 한 줄기 불안이 스며 있다. "공항은 언제나 비상 상황에 놓여 있다. 공항의 구조는 한결같이 재앙에 대비한다."[38] 공항은 항시적으로 비상 상황이고, 늘 최악의 재앙에 대비한다. 공항에 떠도는 모호한 불안감 역시 그와 관련이 있을 것이다. 공항의 시스템과 구조는 잠재적 재앙에 대비하는 형태로 구조화한다.

공항은 주거나 취침 같은 일상의 요소가 개입할 여지가 없다. 공항은 고속 도로 휴게소와 마찬가지로 비장소(non-place)이다. 공항은 머물고 삶을 배양하는 실존이 아니라 스쳐 지나가는 장소이고, 첨단 테크놀로지가 구현된 인공 낙원이고, 날마다 다채로운 인간 종들의 공연이 펼쳐지는 무대다. 이 공간적 모호성 안에 자연은 처음부터 배제된다. 공항의 번잡함 속에서 자연을 갈망하는 사람이 있을까? 아주 절박하게 숲과 강물을 그리워하는 사람도 아주 없지는 않겠지만 이 초현대성의 비장소에서 날마다 익명의 사람들이 모여 펼치는 여흥과 볼거리들이 그런 하찮은 갈망 따위는 이내 지워 버린다.

비상한 활력과 흥미진진한 볼거리들이 펼쳐지는 공항 드라

---

38   크리스토퍼 샤버그, 위의 책, 106쪽.

마 중에서 가장 극적인 것은 탑승과 이륙의 순간이다. 모든 것이 이 순간을 위해 집중한다. 그 찰나는 빨리 지나간다. 주의하지 않으면 그 극적인 순간을 놓치기 일쑤다. 탑승과 이륙이 끝나는 순간 공항의 드라마도 끝나고 무대는 서둘러 막을 내린다. 그렇다고 공항이 한가해지는 법은 없다. 공항은 늘 분주하고 번잡함 속에서 다음 승객들을 위한 무대를 마련한다. 비행기 결항이나 수하물 분실 따위는 공항 드라마 중에서 가장 작고 사소한 에피소드에 지나지 않는다. 삶이 무미하고 권태로워질 때 나는 공항 철도를 타고 인천 국제공항으로 간다. 공항에 특별히 볼일이 있는 것은 아니다. 그저 한나절을 빈둥거리며 공항 카페에 앉아 커피를 마시거나 책을 읽는다. 낮은 소음들이 웅웅대는 공항은 이상적인 독서 공간 중의 하나다. 그것마저 지루해질 때 공항 내부를 어슬렁거리거나, 여행객들과 무심히 자기 일에 몰두하는 공항 근무자들을 관찰한다. 공항 자체가 매우 흥미진진한 하나의 텍스트다. 한나절을 공항에서 보내고 공항 내부의 레스토랑에서 근사한 저녁 식사까지 한 뒤 집으로 돌아온다. 아아, 공항에 오기를 잘했다. 공항은 고갈된 삶에 열정과 의지라는 불꽃을 일으킨다. 공항을 다녀온 뒤 목구멍까지 차올랐던 여행 욕구도 어느덧 잠잠해지는 것이다.

—— 호모 호텔리언스

Homo hoteliens

일상, 그 밋밋한 것

밤이 물러나고 새벽이 다가온다. 곧 어제와 변함없는 아침 풍경이 펼쳐진다. 해가 공중으로 솟고 박새와 굴뚝새, 붉은머리오목눈이와 곤줄박이들이 집 가까이에 와서 영롱하게 울어댄다. 사물들은 어제의 자리를 지키고 있고 알람 시계가 요란하게 울리머 딘잠을 깨운다. 마침내 우리는 교감 신경계와 더불어 일어난다. 아침에 깨어난다는 것은 우리가 간밤의 꿈과 죽음의 포획에서 벗어났다는 뜻이다. 밤의 주름마다 은닉되었던 시간들이 주르륵 쏟아지며 새날과 함께 하루가 시작되는 것이다. 밤새 봉인된 정적들마저 부주의하게 찢겨 펼쳐진다. 온갖 소리와 냄새, 그림자가 왈칵 쏟아져 정적을 가로지른다. 속으로는 잉걸불이나 업화의 불구덩이를 품었을지 모르지만 일상의 표면은 밋밋하고 평탄한 하루를 펼칠 조짐이 역력하다.

일상에는 '축제의 광란'이나 '엄청난 스펙터클'이 없다. 오늘은 어제와 큰 차이 없이 반복되는 하루다. 일상의 지평은 동일한 것의 영원한 회귀가 일어나는 자리다. 복어의 치명적인 독으로 인해 신체에 마비가 일어나지도 않고, 사교(邪敎)나 다단계 판매 조직에 빠져 가산을 탕진한 동생도 없고, 몽유병으로 사고를 치는 사촌 형제도 존재하지 않는다. 일상은 일과 정념과 여가와 이동을 품을 뿐이다! 이런 것들은 너무 밋밋해서 사건으로 비화되지 않는다. 일상의 안도 일상이고, 일상의 바깥도 일상이다. 무위가 번성하는 일상에서 저기는 뒤로 물러선 채 흐릿해지고 지금 여기만이 선명하게 두드러진다. 멀리 있는 것들이 먼 '거리'를 품은 채 먼 곳에서 꿋꿋할 때 일상의 현재화가 전면적으로 펼쳐진다. 하루는 목전의 필요와 일들로 짜인 채 흘러간다. 하루, 한 주, 한 달, 한 해…… 세월은 그렇게 매듭을 만들며 흘러가지만, 소소한 사건들로 직조된 일상은 고요하고 안온하다.

한 소설을 읽다가 이런 대목에 눈길이 머문다. 누군가 "이 육체 속에서 우리는 무얼 한단 말인가."라고 말하자, 작중 화자는 "그 안에서 여행을 하는 게 아닐까요?"라고 말한다. 그다음 이렇게 덧붙인다. "육체 말입니다. 여행 가방 같은 게 아닐까요? 우리를 실어 나르는 가방 말입니다."[39] 육체가 우리를 실어 나르는 여행 가방이라니! 이런 번득이는 문장은 시적 직관이 없다면 나올 수 없었을 테다. 타부키가 말하듯 여행은 육체 속에서 이루어진다. 우리는 이 '여행 가방'과 함께 삶이라는 긴 여행에 나선다. 우리는 익숙한 불행과 권태를 벗어나 더 나은 삶을 살려고 떠난다. 만일 그렇지 않다면 고생스러운 여행에 나설 이유가 없다. 여행이 낯익은 불행을 피해 낯선 불행을 만나는 일이라 하더라도 우리는 기어코 떠나려 할 것이다. 여행은 우리 혈관에 자유를 수혈하고, 결국은 자기 자신으로 살아가는 데 필요한 자아를 키우는 일이기 때문이다.

여기만 아니라면 그 어디라도!

여행은 내면에서 자기 바깥으로 나가는 여정으로 이루어진다. 여행 중 만나는 도시들, 그곳이 프라하든 시드니든 아테네든 이스탄불이든 이국의 도시들은 거울이 되어 내 내면을

---

39 안토니오 타부키, 『인도 야상곡』(문학동네, 2015), 박상진 옮김, 42쪽.

비춰 준다. 그런 면에서 여행은 내면에서 또 다른 자기 내면으로 떠나는 여정이다.

사는 동안 나는 셀 수도 없이 많은 도시를 여행했다. 마치 도시의 탐색자라도 된 듯 도시의 옛 골목을 헤매고 다니고, 옛 취락지들과 고성들을, 역사 유적지를, 박물관과 미술관들을 발품을 팔며 꼼꼼하게 둘러본다. 도쿄, 교토, 나라, 고베, 오사카, 상하이, 베이징, 난징, 항저우, 쑤저우, 구이린, 시안, 우이산, 홍콩, 마카오, 방콕, 파리, 런던, 로마, 베네치아, 피렌체, 밀라노, 베를린, 프랑크푸르트, 뮌헨, 하이델베르크, 암스테르담, 벨기에, 빈, 코펜하겐, 스톡홀름, 프라하, 부다페스트, 뉴욕, 로스앤젤레스, 샌프란시스코, 피닉스, 올랜도, 멕시코시티, 과달라하라, 아바나, 아테네, 이스탄불, 크레타, 산토리니, 시드니…… 이들 도시에서 머무는 동안 대부분 호텔 방을 숙소로 썼다. 넓고 쾌적한 방도 있고, 좁고 누추한 곳에 덩그러니 침대 하나만 놓인 방도 있었다. 다양한 호텔 방을 경험하는 것 역시 여행의 색다른 즐거움이다.

밋밋한 일상은 '영웅적 순교'나 '죽음의 비장함'을 품지 않는다. 일상은 그저 사건 없는 밋밋한 삶을 품는다. 사건이 없는 일상의 이 안온함이야말로 일상의 향기로운 정수다. 그러나 안온한 그것을 뒤집으면 그 이면에 지루함과 권태의 무늬가 점점이 박힌 안감이 나온다. 이 변화 없음에 진절머리가 날

때, 사람들은 작은 일탈과 무해한 모반을 꿈꾼다. 날 떠나게 해다오. 아아, 여기가 아니라면 어디라도! 우리는 여기가 아닌 저기, 현재가 아닌 다른 시간을 원한다. 우리는 불쑥 일상을 박차고 저 먼 곳으로 발을 들이미는 것이다.

호텔 방 안, 그 여과기의 구멍

여행지에서 머무는 호텔 방은 낯선 공간이다. 호텔 방은 오직 숙박 기능만을 갖춘 공간이다. 방, 거울, 침대, 가구들, 욕조를 갖춘 이 단순하고 기능적인 방은 대체로 조용하다. 그렇다고 '전원의 고요함'이 깃들어 있는 곳은 아니다. 아주 시끄럽지는 않지만 옆방의 투숙객들이 내는 소음들이 그대로 전달되는 곳이다.

프런트에서 키를 받아 승강기로 올라가 객실 방문을 여는 순간 태고와도 같은 낯선 정적이 우리를 맞는다. 호텔 객실은 낮은 조도와 방음으로 비현실적인 적막에 감싸인 공간이다. 이 정적은 단단하게 응고된 고독이다. 이 낯선 공간에 들어서면서 뇌의 위치 인지 세포는 재빠르게 이 방과 관련된 감각 정보들을 그러모은다. 뇌의 통합적 감각이 그러모은 정보를 분석하면 호텔 방에 대한 첫인상이 만들어진다. 이 구석 저 구석의 냄새를 맡아 보고, 여기저기를 둘러본다. 조명 스위치를 눌러 등을 켜고, 버튼을 눌러 온도를 조절한다. 에어컨이 가동하면서 찬바람이 공기를 쾌적하게 냉각시킨다. 빈 옷장을 열어 보고, 욕실에 비치된 소모품들을 둘러보고, 텔레비전 리모컨을 눌러 켠다. 텔레비전 소음으로 방에는 온기가 돌며, 익명의 사람들이 거쳐 간 방은 긴 잠에서 깨어난 듯 아연 활기를 띤다. "이 방은 빈 공간이고 여과기의 구멍이고 인간미가 없는 공동이다."[40] 수많은 알 수 없는 익명의 투숙객들이 이곳을 거쳐 지나갔을 테다.

　호텔 방에 들어서는 사람은 과거에 어떤 사람이 그곳에서 묵었는지, 어떤 일이 있었는지를 모른다. 과거의 시간과 현재의 시간은 단절되어 있다. 투숙객이 체크아웃 하고 나가면 투숙객이 남긴 일체의 흔적들은 재빨리 지워진다. 침대 시트는 새것으로 교체되고, 욕실과 화장실은 세심하게 청소된다. 고급스러운 도기로 된 욕실의 세면기와 욕조는 지나치게 반짝거린다. 변기 시트에는 새 띠가 둘러지고, 새 두루마리 휴지가 걸린다. 누군가가 쓴 수건은 수거되고 새 수건이 걸린다. 투숙객이 빠져나가자마자 청소를 마치고 하얀 방으로 다시 태어난다. 하지만 객실의 어느 구석에는 끝내 지우지 못한 누군가의 흔적들이 미세하게 남아 있다. 시트에 남은 희미한 얼룩,

---

40　미셸 페로, 위의 책, 394쪽.

담뱃재로 인한 카펫의 작은 구멍들, 에나멜 칠이 벗겨진 스탠드의 기둥…… 이것들은 누군가의 숨결, 누군가의 괴로움, 누군가의 피로, 누군가의 불면을 증언한다.

에드워드 호퍼의 그림들

나는 도시인의 고독과 공허를 즐겨 그린 미국의 화가 에드워드 호퍼의 화집을 즐겨 본다. 무리와 떨어져 휴식을 취하는 사람들을 등장시킨 「호텔 방」, 「철로 변 호텔」, 「웨스턴 모텔」, 「호텔 창가」, 「아침 햇빛」 같은 호퍼의 그림들은 호텔 방에 대한 사소한 편애를 엿보게 한다. 호텔 방들은 벽과 커튼으로 인해 내밀함과 수면과 휴식의 필수 조건인 정적을 유지한다. 호퍼가 그리는 인물들은 호텔 방 안에 배치된 기물과 같이 정태적이다. 「호텔 방」은 창문이 닫힌 채로 외부의 빛과 풍경을 차단한 닫힌 공간이다. 한 여인이 속옷 바람으로 침대 가에 걸터앉아 책을 읽고 있다. 침대 아래쪽에 여행 가방이 놓여 있고, 조용한 투숙객은 무릎에 올려놓은 책에 집중한다. 이 여행에 동행은 없는 듯하다. 혼자 여행을 떠나와서 마치 할 일이 그것밖에 없다는 듯 책에 열중하는 모습이다. 호텔은 누구에게나 열린 세속화된 피신처이지만 닫힌 창문은 이 여인의 삶이 외부에 대해 단절되어 있다는 암시를 준다. 「철로 변 호텔」에는 중년 부부의 모습이 보인다. 아내는 소파에서 책을 읽고, 흰 셔츠에 조끼를 걸친 남편은 선 채로 손에 담배를 들고 바깥 풍경을 내다보고 있다. 환한 빛이 일렁이는 창밖 풍경은 아주 자명하다. 호텔 방 안은 푸른빛이 섞인 회색의 그늘이 드리워져 있다. 부부는 자기의 일에 무심히 몰입한 채 고적한 모습이다. 화면은 크게 이등분되어 있다. 왼쪽은 거울이 걸린 그늘이 드리워진 실내 벽이고, 오른쪽은 창문이라는 프레임 속에서 빛으로 드러난 바깥 풍경을 그대로 노출한다. 안과 밖은 뚜렷한 명암의 대조로 그 차이가 확실하게 드러난다. 거울은 이 방이 무의식의 표상이라는 암시를 담고 있다.「웨스턴 모텔」은 커다란 창으로 대담하게 화면을 구획하고 있다. 그 앞으로 팔뚝을 노출한 자줏빛 원피스를 입은 여인이 몸을 비스듬히 돌려 정면을 응시하고 있다. 창밖으로는 하늘과 평평한 언덕이 보인다. 여인은 기쁨과 활력에 넘치는 모습은 아니지만 의기소침해 보이지도 않는다. 호퍼의 호텔 방 안 그림들에서 성과 죽음의 칙칙함은 배제된다. 반면에 이 투숙객들을 둘러싸고 있는 엷은 우수와 침묵, 일시 정지된 사소한 즐거움과 청결하게 관리되는 일상의 고독을 만난다.

　사람은 장소와 공간을 떠나서는 살 수가 없다. 우리 생애 기억의 큰 부분을 차지하는 것은 장소와 공간에 대한 기억이다. 시간과 장소에 대한 기억은 삶의 지속성을 이루는 중요한 성분들이다. 그 기억이 없다면 자아를 감지하는 일도 없을뿐더러 일과 실행은 무산되어 흩어진다. 다시 말해 순간들의 연쇄는 공회전을 하고 모든 시작은 불가능성으로 돌아간다. 구원의 순간은 비켜 간다. 호텔 방은 끊임없이 주인이 바뀐다. 이 방에서는 삶의 기억이 만들어지지 않는다. 기억이 형성되고 고착되는 데에는 어느 정도의 시간이 필요하다. "기억은 여러 부분으로 이루어진 지속적인 과정"이고, 현실의 맥락에서 만들어지는 자아를 인식하는 기초적 조건이다. 장소와 공간에 대한 기억들은 "주로 해마와 (뇌의 공포 중추인) 편도체를 포함하는 해마 근처 영역"에서 형성되는데, 바로 '해마 복합체(hippocampal complex)'다.[41] 기억이 지속되는 가운데 자아의 이미지가 빚어지는 까닭에 기억이 없다면 자아도 생길 리가 없다.

호텔 방은 하얀 방이다

호텔 방은 삶과 죽음 사이에서 초연한 상태로 놓인 순백의 공간이다. 이곳에서 누군가 스스로 목숨을 끊는다 해도 이상

---

41 에스더 스턴버그, 『공간이 마음을 살린다』(더퀘스트, 2003), 서영조 옮김, 217쪽.

한 일이 아니다. 호텔 방은 새하얀 방이다. 아무 기억과 연루되지 않는다는 점에서 그렇다. 우리는 신생아나 다름없이 백지의 기억을 갖고 그 방의 하룻밤 주인이 되는 것이다. "기억이 형성되는 데에도 특정한 속도가 있다. 기억이 형성되는 첫 단계는 1000분의 몇 초에서 몇 분 사이에 걸쳐 매우 빠르게 일어난다. 그러나 기억이 완전히 굳어서 오랫동안 지속되려면 며칠, 또는 몇 주 동안 그 기억이 되풀이되어야 하고, 신경세포들이 단백질을 생성해서 새로운 연결을 만들어 내야 한다."[42] 기억은 찰나에서 형성되지만 그것이 '장기 기억'으로 고착되려면 며칠이나 몇 주간의 시간이 필요하다. 간혹 장기 투숙객들이 없는 것은 아니지만 호텔 방은 여행자들이 임시로 짧게 머물다 떠나는 경유지다. 호텔 투숙자들은 고작 하루나 이틀 정도만 머무는 탓에 호텔 방의 기억은 장기 기억으로 고착되지 못한 채 곧 사라진다.

호텔 방의 중심에 침대가 있다는 사실은 호텔 방에 드는 일이 하룻밤의 수면과 휴식에 관련되어 있음을 암시한다. 침대는 거기에 몸을 뉘는 사람의 머리와 등과 엉덩이를, 그 무게를 받쳐 주는 존재의 받침대다. 그것은 하나의 기반이고 하나의 조건이 되어 버린 장소, 여기저기를 떠도는 주체에게 제공되

---

42   위의 책, 218쪽.

는 은신처다. "(침대가) 내 무게를 받치고 지탱하면서, 내 밑에서 움직이지도, 드러나지도 않은 상태로 있음으로써 희미해지고 존재감이 사라진다. 단지 나를 받치는 기능만이 남아 있을 뿐, 일반적인 사물과 다른 것이 된다."[43] 침대는 사물일까? 침대는 틀림없는 사물이겠지만 우리가 침대에 몸을 뉘고 머무는 동안 그것은 우리 몸과 하나로 합체한다. 침대가 신체로 바뀌며 우리 실존 깊은 곳으로 들어온다. 침대가 주체의 발판, 심리적 환경, 의식이 출현하는 기반으로 바뀌는 것이다. 침대는 단지 우리 수면과 관련되는 것을 넘어서 실존을 빚는 데 관여한다. 침대는 떠도는 자의 꿈을 낳고 기르는 인큐베이터, 우리의 운명을 싣고 우주를 유영하는 우주선이다.

낯선 호텔로 들어서는 순간 나는 그 누구의 것도 아닌 낯선 죽음과 대면하는 듯한 느낌을 받는다. 누군가 이곳을 거쳐 갔을 테지만, 나는 그가 누구인지 모른다. 익명의 누군가와는 아무런 연결점도 없다. 호텔은 장소를 매개로 익명의 점 사이를 연결하지 않는다. 호텔은 그저 무심하고 무한한 열림과 닫힘을 반복할 따름이다. 호텔에는 언제나 처음 시작하는 삶이 있다. 이곳에는 긴 꿈과 짧은 꿈이 혼재하지만 온전한 삶

---

43   로제폴 드루아, 『사물들과 함께 하는 51가지 철학 체험』(이숲, 2014), 이나무 옮김, 82쪽.

의 시간이 흐른다고 말할 수는 없다. 호텔은 누구에게도 온전한 삶을 허락하지 않는다. 호텔에는 차갑고 비정한 시간, 임시적인 시간, 소멸 직전에 놓인 파편의 시간들만 흩어져 있다. 호텔은 누군가에게는 사막이고 다른 누군가에게는 오아시스다. 누군가에게는 긴 항해 끝에 도착한 정박지이고 다른 누군가에게는 또다시 어디론가 출항하는 배다.

자본주의는 잉여를 생산한다

—— 호모 라피엔스
Homo rapiens

월요일 아침

월요일 아침, 여느 주일과 마찬가지로 평이하게 시작한다. 침대 머리맡의 알람 시계가 빨리 일어나라고 자지러지게 비명을 지를 때 신호에 반응하는 몸은 무겁다. 근육과 골수에 쌓인 피로감이라니! 무겁고 어두운 잠에서 깨어나 일어나야 하지만 우리는 침대 안에서 뭉그적대며 게으름을 부린다. 편의점 입구에 노란 아침 햇빛이 떨어지고, 우체국과 은행과 빵집이 제 시각에 맞춰 문을 연다. 월요일 아침 고속 도로로 진입하는 차량들이 길게 늘어서며 교통 지체가 시작한다. 잿빛 하늘에서 빗방울들이 후두두 떨어진다. 파인 도로 군데군데 괸 흙탕물 위로 빗방울이 떨어지고 습도도 높다. 거실도 눅눅해 건조대에 널린 빨래들은 더디 마른다. 빨래가 더디 마르는 것은 불행한 일이다. 낯익은 불행이 문밖에 와 있다. 아, 그 불행을 묵묵하게 견디는 자가 실은 그 불행의 제조자다! 빨래 마르기를 기다리며 거실 소파에서 책을 읽을 때, 거실의 시간 역시 책 읽는 시간으로 바뀐다. 거실에는 고요라는 커다란 새가 날개를 접고 내려앉는다.

소파, 작은 탁자, 화분 몇 개, 텔레비전, 오디오 기기, 스피커, 벽시계 따위가 정적에 빠진 거실의 물건들이다. 나는 소파에 몸을 의탁하고, 탁자 위에 찻잔과 방금 읽다 만 책, 그리고 과일을 올려놓는다. 나는 오전에 오디오 기기로 음악을 듣거나 리모컨으로 텔레비전을 켜고 뉴스를 시청한다. 거실 안의 이 익숙한 물건들이 내 삶에 관여하고 나를 돕는 조력자들이다. 이 낯익은 거실과 사물들이 저마다 시간을 뿜어낸다. "물건들은 어떤 식으로든 우리를 강제하지 않으면서, 물질세계에 대한 최소한의 경의, 시간 속의 개방성을 암시한다."[44] 물건들은 우리의 필요에 따라 부림을 받는다. 우리는 물건들과

---

44 로버트 그루딘, 『당신의 시간을 위한 철학』(경당, 2015), 오숙은 옮김, 145쪽.

함께 물질세계의 삶을 일궈 나가지만, 물건이 우리를 강제하는 경우는 거의 없다. 산다는 것은 곧 물질세계를 향한 존재의 (시간 속의) 개방이다. 물건들이 그 쓰임을 빌려줄 때, 우리는 그 물건들을 향해서 존재를 개방한다.

거실은 물건들에게 자리를 내주는 공간이면서 그 공간에 놓인 물건들과 사람에게는 시간적 감각을 형성하고 존재의 리듬을 낳는다. 사물들은 저마다 제 시간으로 내 삶에 관여한다. 일상이란 공간과 공간을 지배하는 시간이 겹쳐져서 만드는 삶의 받침대다. 젖은 빨래가 천천히 마른다. 시간이 내 몸을 관통하며 지나간다. 이것은 무심함과 고요로 직조된 시간이다. 이 시간은 비산되고, 방향 없이 휩쓸려 가고, 어느 찰나 덧없이 무(無) 속으로 사라지는 것이 아니라 주체를 향해 모이며 그 중심에서 응집한다. 시간이 난비하지 않고 중심점으로 응집할 때 주체는 내면 깊은 데서 평화로움을 느낀다. 시간의 난비 속에서는 우리 마음은 고요한 상태로 집중할 수가 없다. 삶은 받침대 없이 흩어져 산산조각 나 사라진다. 삶은 방향 없이 이리저리 내닫는다. 이때 주체가 의미의 존재라는 실감도 미약해진다. 하지만 받침대 위에 가지런히 정렬된 시간 속에서는 홀연 존재의 응시가 이루어진다. 내면과 자아가 확장되고 있다는 느낌도 한결 또렷해진다. 그것은 왜일까? "우리에게 드리워진 어떤 제한도 없이, 우리 존재를 찔러대는 어떤 가시도 없이, 시간의 호젓한 만에서 자신이 확장됨을 느끼기 때문일 것이다. 그 안에서 우리는 더 크고 더 게으르고 더 웅대하다."[45] 나는 좀 더 오래 거실에 머무른다. 삶을 열망하며 자신에게 집중하며 고요히 머무는 거실은 시간의 호젓한 만이다. 시간의 흐름은 느릿해지고 그 느린 흐름 속에서 만물은 정렬한다. 이 정렬 속에 조화가 깃든다. 이 일상의 호젓한 만으로 시간은 밀물같이 밀려왔다가 썰물같이 빠져나가기를 반복한다. 이 여백의 시간을 애써 의미로 환원하려고 시도하지 않는다. 그저 오고 가는 도(道)를 따를 뿐이다. 정오가 지나면 시간은 급격하게 오후로 미끄러진다. 이 미끄러짐은 곧 존재의 미끄러짐이다. 비가 더 와도 좋겠다는 생각을 한다. 좋은 음악이 있다면 더욱 좋으리라.

자본주의는 잉여를 생산한다

2015년 7월 중순, 교황이 "자본주의는 악마의 배설물이다."라고 한 말씀이 머릿속에서 쉬이 지워지지 않는다. 인류가 만든 배설물이 지구를 덮어 간다. 이 배설물이 일으킨 죽음의 규모는 실로 대단하다. 수많은 생물종들이 이 배설물의

---

45 위의 책, 142쪽.

독성에 의해 지구 위에서 사라지고 있다. 일찍이 노자는 "천지는 어질지 않다.(天地不仁.)"라고 했다. 천지자연은 어질지도 악하지도 않다. 천지는 만물을 편애하거나 미워하지 않고 그저 추구(芻狗)와 같이 여긴다. '추구'는 '짚으로 만든 개'다. 우리는 자본주의의 제단에 바치는 짚으로 만든 개다. 추구는 제사가 끝나면 가차 없이 버려진다. 우리는 고요 속에서 시간을 관조하고 그러쥐었던 삶에서 밀려 나와 배설물이 되어 버린 채 아등바등 산다. 불가피하게 우리 삶에 배설물이 뒤섞이고 곰팡이균의 일생보다 더 나은 의미를 찾기 어렵다. 차라리 삶 자체가 배설물이다. 더 정확하게 말하자면 인류의 개인 자아가 아니라 집단 자아가 이 배설물에 오염된 것으로 보인다. 자본주의의 궤멸은 이미 징후적이다. 중산층의 몰락과 카지노화하는 자본주의가 그 유력한 징후들이다. 이 자본주의는 모든 걸 도박으로 만든다. 교황은 이 배설물이 결국은 모든 종교까지 삼켜 버린다는 사실을 알았을까? 배금주의에 속속들이 물든 기성 종교들에서 악취가 진동하는 것은 그 때문이다. 한 철학자는 우리에게 남은 유일한 진짜 종교는 하나뿐이라고 말한다. "미래에 대한 얕은 신념"[46]이 그것이다. 도박판

---

46   존 그레이, 『하찮은 인간, 호모 라피엔스』(이후, 2010), 김승진 옮김, 206쪽.

으로 변질된 이 카지노 자본주의 사회에서 미래는 불확실하다. 그것이 우리에게 무엇을 줄지는 아무도 모른다. 심지어는 미래가 안 올지도 모른다. 장기적인 관점을 가져라? 미래를 위해 오늘의 행복을 유예하라는 속삭임은 사기꾼의 감언이설에 지나지 않는다. 우리 모두는 어느 틈엔가 이 카지노 자본주의 사회 한복판으로 내몰린 상태다. 도박판의 세계에서는 어떤 안전도 보장되지 않는다. 누군가가 어느 날 갑자기 파산을 하거나 몰락한다 하더라도 이상한 일이 아니다. 어쨌건 죽지 않고 살아남는 것이 중요하다.

자본주의는 재화이건 인간이건 잉여를 토대로 한다. 재화와 시간을 끊임없이 빨아들이고, 끊임없이 잉여를 생산한다. 필요가 있기 때문에 생산하는 것이 아니라 먼저 생산을 하고 수요를 창출한다. 잉여를 위한 잉여의 생산은 또 다른 잉여를 낳으려고 매진한다. 어디에나 과잉은 차고 넘친다. 철학자 존 그레이는 이런 점을 날카롭게 꿰어 보고 "과잉이라는 유령이 오늘날의 경제를 떠돌고 있다."[47]라고 쓴다. '과잉이라는 유령'이 나타난 것은 이미 오래되었다. 이 유령에 저항자들이 없었던 것은 아니다. 1960년대 히피들은 일하지 않고 마리화나와 연애, 록 음악에 취한 채 빈둥거림으로써 이 과잉의 유령

47　위의 책, 208쪽.

에 저항했다. 1968년 혁명 당시 파리의 한 벽에 나타난 "절대로 일하지 말라"라는 낙서도 마찬가지다. 혁명의 열기에 동참한 젊은이들은 그것이 과잉에 대한 저항의 유력한 방식이라는 사실을 깨닫는다. 그들은 금지를 금지하라고 외쳤다. 맘껏 사랑할 수 있는 자유, 일하지 않을 수 있는 자유를 누리려고 했다. 자유로운 사랑은 과잉의 노동에 대한 사보타주의 한 방식이다. 자본주의가 채택한 잉여의 생산은 죄악의 생산이다. 어디에나 물건들이 차고 넘쳐 나는데, 이는 결과적으로 지구를 쓰레기 더미로 만든다. 이는 지구 생물들의 터전을 뭉개고 생명들을 약탈하는 짓이다. 하지만 그 잉여 생산을 멈추는 순간 자본주의는 끝난다. 그러니 자본주의 스스로는 작동을 멈출 수가 없다.

속도를 섬기고 효율성을 신앙으로 삼는 자본주의는 풍요를 생산한다고 말하지만 이는 거짓말이다. 자본주의는 욕구를 생산하고, 그 욕구가 만드는 낭비를 장려한다. 필요 이상으로 물건을 만들었으니, 시장에서 소비해야 한다. 소비가 위축된다면 자본주의는 금세 위기에 직면한다. 더 많이 사고 더 많이 써라! 이것이 자본주의가 내리는 명령이다. 소비 천국을 선전하는 자본주의 세계에서는 실제와 당위의 거리가 점점 벌어진다. 나중에는 그 간격이 좋은 삶을 낳을 수 있는 여러 조건을 삼켜 버린다. 자본주의는 포획된 자들을 과잉의 욕구

속에서 허우적거리게 하다가 죽음으로 몰아간다. 이 욕구가 우리의 것이라는 생각은 착시에서 빚어진 오류다. 우리는 이 타락한 자본주의 세계에서 이 과잉을 삼키는 욕망 기계, 소비 기계, 정보 처리 기계일 따름이다.

자본주의는 생산성과 효율성을 새로운 신으로 섬긴다. 그 렇다면 이 '생산성'이 자본주의 경제를 움직이는 진짜 동력일까? 자본주의 경제 체제는 오랫동안 생산성을 숭배하고 그것을 높이기 위해 애를 써 왔다. 하지만 이제는 생산성이 경제를 움직이는 동력의 지위를 잃기 시작했다. 새롭게 그 지위를 차지한 것은 우리를 지루함에서 구원하는 '재미'를 주는 산업이다. 놀라워라, 작금의 자본주의 경제를 움직이는 동력은 지루함을 몰아내는 오락 산업이다. 왜 오락일까? 분명 과거에 비해 우리는 더 많은 오락을 필요로 한다. 더 자주 번아웃에 빠지기 때문이다. 잉여 생산에 내몰린 사람들은 대부분 과로 상태다. 주체 내부에 축적된 과로를 지워 내려면 반드시 휴식과 오락이 필요하다. 늘 같은 것에 쉽게 질려 버리는 사람들은 계속 색다른 욕구를 만들어 내야 한다. 과로와 권태와 무기력으로 허덕이는 사람들을 번쩍 깨울 만한 색다른 물건을 공급해야 한다. 색다른 물건이 색다른 욕구를 창조한다. 시장은 기업들에게 내부 조직을 '혁신'하라고 압박하며, 좀 더 '색다른 물건'을 만들어 내라고 명령한다. 그래야만 자본주의가 망하지 않고 유지될 수 있으니까.

중산층은 자본주의가 감당할 수 없는 사치다

많은 사람들이 자기 자신과 가족의 삶을 희생하면서까지 하루 대부분을 일하는 데 바친다. 직장인에게는 자신의 일정에 대한 통제권이 없다. 그 통제권은 그를 고용한 기업이 거머쥐고 있다. 자신의 일정에 대한 통제권이 없으니 여가와 놀이를 위한 시간은 꿈도 꾸지 못한다. 그들은 사랑하고 놀 시간 없이 오로지 업무, 프로젝트, 출장, 잔업 등을 위한 노동 기계로 살아간다. 직장에 나가고 집으로 돌아오는 시간, 법정 근로 시간을 초과하는 잔업에 들이는 시간, 가사 노동 시간을 더하면 남는 건 빠듯한 수면 시간이다. 피로한 몸을 뉘는 순간 그들은 혼수상태와 같은 잠 속으로 미끄러져 들어간다. 잠은 노동으로 방전된 자신을 위한 휴식과 충전의 시간이다. 이마저도 충분치 않다. "반드시 취해야 할 이 휴식조차도 기상 알람으로 대뜸 중단된다. 귀청이 떨어질 듯한 알람 소리는 그 옛날 프롤레타리아들에게 고삐를 바짝 조이라고 명령하던 사이렌 소리 같다."[49] 천둥 같은 알람 소리가 단잠을 깨운다. 우리를 일터로 내모는 것은 고용주들의 고함이 아니라 알람 시계이다. 불행은 그렇게 일하면서도 빚과 가난에서 벗어나지 못한다는 데 있다. 주택 담보 대출이나 제 소득을 넘는 신용 카드 사용액을 메꾸지 못해 연체를 하고, 그것을 갚으라는 압박을 받는다. 자본주의는 모든 걸 도박화한다. "저축은 도박이고, 미래를 위한 경력 관리나 연금은 판돈이 큰 도박이다."[49] 카지노 자본주의 세계에서는 1퍼센트의 부자와 99퍼센트의 빈곤 계층으로 나뉜다. 한때의 중산층이 속수무책으로 무너지며 빈곤 계층으로 전락하는 것은 세계적인 현상이다. 미국과 서 유럽에서 중산층은 이미 망했다. 일본도 마찬가지다. 한국에 서 중산층은 실체 없는 정치가들의 워딩이거나 미디어 용어로 잔존할 뿐이다. "중산층은 자본주의가 더 이상 감당할 수 없는 사치다."[50] 1퍼센트를 제외하고 나머지 99퍼센트는 빈곤층이다. 중산층이 몰락하며 사라지는 현상은 자본주의의 궤멸 징후 중 하나다.

'휘게', 지금 이 순간

지구상에서 중산층이 잔존하는 것은 스웨덴, 노르웨이, 핀

---

48 프리데리크 시프테, 『우리는 매일 슬픔 한 조각을 삼킨다』(문학동네, 2014), 이세진 옮김, 24쪽

49 존 그레이, 위의 책, 206쪽.

50 위의 책.

란드, 덴마크와 같은 북유럽 국가들뿐이다. 그들이 특별한 능력을 가졌기 때문이 아니다. 그들은 '진보의 신화' 따위에 홀리지 않은 것으로 보인다. 양과 규모보다는 삶의 질을 추구하고, 그보다는 실질적인 삶에서의 평화와 조화를 더 높은 가치로 여기고 그것에 충실한 삶을 살았다. "덴마크는 노동 시간이 길지 않은데도 생산성이 높은 나라로서 생산성 순위가 미국 바로 다음이다. 실업률은 낮은 편이고 삶의 질은 세계 최고 수준이다."[51] 삶의 질이 높다는 것은 일과 삶이 균형을 이루고 있다는 뜻이다. 많은 덴마크 사람들이 삶의 가속도를 늦추고 제 생체 리듬에 맞춰 단순하게 살아간다. 하루 일정에 대한 통제권을 남에게 주지 않고 스스로 거머쥔다. 많은 나라에서 사람들은 '저녁이 있는 삶'을 잃어버린 채 살지만 덴마크 사람들은 집중해서 일하고 더 많은 저녁 시간을 가족과 함께 보낸다. 그들은 '저녁이 있는 삶'의 시간을 신성불가침의 것으로 만들고 온전하게 누린다. "덴마크 사람들에게 오후 5시부터 8시까지의 시간은 신성불가침에 가까운 가족의 시간이다."[52] 덴마크에서 상점들은 오후 7시가 넘으면 문을 닫고, 일요일에는 문을 열지 않는다. '저녁이 있는 삶'은 사회 공동체

---

51 브릿지 슐트, 『타임 푸어』(더퀘스트, 2015), 안진이 옮김, 348쪽.
52 위의 책, 340쪽.

의 합의로 만들어 낸 것이다. 그들은 단순한 방식으로 삶을 꾸리면서 '지금 이 순간'에 집중한다. 지금 이 순간에 몰입하는 것, 덴마크 사람들은 이것을 휘게(hygge)라고 부른다. 가족과 함께 지낼 때는 그것에 충실하고, 차를 마실 때는 진짜로 차를 즐긴다. 행복은 멀리 있지 않다. 지금 이 순간을 뒤로 유예하지 않고 온전하게 누리는 게 행복이다.

왜 우리는 이런 방식들을 잃어버리게 되었을까? '타임 푸어'로 전락한 탓이다. 타임 푸어는 항상 시간이 부족하고 시간에 쫓기는 탓에 나만의 여가 시간이나 놀이 시간은 상상도 하지 못한다. 자본주의와 첨단 기술은 끊임없이 생산성의 속도를 더 높인다. 이 시스템에 말려들어 가면 누구나 타임 푸어로 전락한다. 과로는 타임 푸어의 삶에 따라붙는 일종의 옵션이다. 이때 삶은 마치 "달리는 기차에 매달려 있기"와 같이 위태롭다. 초당 1400만 비트 정도로 정보를 처리하는 이 가속도의 세계 속에서 과도한 일에 쫓기고 마음은 탈진한다. 이 속도는 우리 생체 리듬을 초과한 것이다. 당장 심장과 간, 뇌와 신장 등에 과부하가 걸릴 게 분명하다. 이것에 맞서려면 삶의 방식을 과감하게 바꿔야 한다.

인생에서 일하고 사랑하고 놀 시간의 균형이 깨지면 문제가 생긴다. 행복이란 거창한 것이 아니다. 좋아하는 꽃 한 묶음, 음반, 책 한 권을 사는 따위의 작은 사치를 주저하지 마라.

평범한 날들에 겪는 사소한 일들에서 만들어지는 아늑한 감정의 총체가 곧 행복인 것을! 물질을 따르고 규모를 키우는 삶의 압력들에 저항하라. 대부분의 사람들이 이 길을 따라가다 막다른 골목과 마주친다. 돈, 권력, 지위, 물질만을 따르고 그것에 몰입하는 것은 낡은 인생의 방식이다. 자본주의가 끊임없이 재생산하는 과잉에서 벗어나지 못하면 우리는 불행의 덫에서 헤어날 길이 없다. 지금의 삶의 방식이 공허함에 대한 좋은 대안이 아니라면 과감하게 작별하라. 모든 형태의 두려움, 걱정, 속박에서 벗어나라. 이것들은 영혼만을 갉아먹을 뿐 아무 도움도 되지 않는다. 내면의 목소리에 귀를 기울이고 지금 이 순간의 삶을 향유하라. 지금 이 순간의 삶이야말로 진짜 삶이다. 삶의 하중을 더 무겁게 만드는 과잉에의 유혹에서 벗어나라. 적게 벌고 적게 쓰라. '미니멀 라이프', 즉 단순한 방식을 따르라. 느긋하게 살면서 사유하고 성찰하라.

인간은
무엇일까

2

인
간
을
얕
보
지
마
!

─── 호모 필로소피쿠스
Homo philosophicus

'선동'하는 철학자

일본의 '젊은 니체'로 꼽히는 사사키 아타루의 책을 진심으로 좋아한다. 그에게는 새로운 시각, 놀라운 통찰이 있다. 『잘라라, 기도하는 그 손을』에서 시작해 『야전과 영원』까지 국내에 나온 아타루 책들을 두루 섭렵했다. 아타루는 니체에서 푸코, 라캉, 르장드르, 들뢰즈를 잇는 철학의 계보와 지식, 그 해석의 특이점은 물론이거니와 방대한 철학 지식을 바탕으로 방송, 강연, 대담, 소설에 이르기까지 다재다능한 재능을 보여 주고 있다. 현재 일본에서 대중의 열광적 지지를 끌어

내는 유일한 철학자인 그의 지적 관심은 당면한 정치 사회의 현안에서 음악과 미술, 파울 첼란의 시에 이르기까지 넓게 퍼져 있다. 그는 사상, 비평, 학문, 지식을 아우르며 약동하는 사유의 모험을 보여 준다. 삶의 잔혹함과 지리멸렬함을 통찰하는 예지가 번뜩이고, 사유는 에두르지 않고 핵심으로 직격하는데, 그것은 생동하다 못해 '선동적'이다. 그의 문장들은 '그리스적 명랑성'과 지독한 비관주의자의 우울이 뒤섞인 채 독특한 리듬을 구현하는데, 그 지점에서 내 독서욕이 자극을 받았을 것이다. 나는 아타루의 철학적 원점을 보려고 그 책들을 좇아간다. 하찮은 인간 종의 부정할 수 없는 조건들을 향한 깊은 통찰, 문제 제기의 도발성, 관습과 필요의 지배에서 엇나가는 메커니즘, 동시대를 뛰어넘는 통시적 시점, 대의제와 당위들에 엇박자 놓기, 하지만 그 중심을 벗어나지 않는 것, 철학 중심으로의 회심이라는 측면에서 나는 그를 철학의 새로운 사도(使徒)로 여긴다.

번역과 그로데스크한 그림과 가상 현실에 대하여

『춤춰라 우리의 밤을 그리고 이 세계에 오는 아침을 맞이하라』에는 여섯 편의 글이 실려 있다. 먼저 「어머니의 혀를 거역하고, 다시—번역·낭만주의·횔덜린」은 '번역의 문제'를 두고 독일 낭만주의와 횔덜린의 예를 들면서 번역에 얽힌 오해와 이해를 폭넓게 다룬 강연이다. 아타루는 '번역'은 뜨거운 감자와 같은 주제임을 "번역이란 저자의 머리를 접시에 담아내 놓는 짓이며, 죽은 자에 대한 모독"[1]이라는 나보코프의 말을 인용하며 넌지시 드러낸다. 어느 나라에나 외부에서 들어온 불순물(외국어)이 섞이지 않은 순수한 모국어를 옹호하는 순혈주의자들이 있는 법이다. '번역 대국'이라는 일본에도 '순수한 일본어'에 집착하는 사람이 있는 모양이지만, 이런 생각은 언어에 대한 무지를 드러낸다. 언어는 살아 있는 것, 즉 생물이다. 모든 생물은 고립된 채 독야청청할 수가 없다. 자기를 둘러싼 세계와 교섭하며 그 영향의 자장 안에서만 제 생명을 꾸릴 수가 있다. 마찬가지로 모든 언어는 고유하고 독창적인 상태로만 있을 수 없고, 외부적인 것이 유입되어 섞이고 스미며 새로운 생명을 얻는다. 외부적인 것이 섞여 든다고 순수성이 오염되었다는 생각은 단견에 지나지 않는다. 한 번도 번역된 적이 없는 언어를 '처녀'라고 말한 독일 낭만주의 철학자 폰 헤르더의 생각이 멍청하고 상스러운 발상이라는 아타루의 신랄한 비판에 전적으로 동의한다. 언어는 "반드시 타

---

1   사사키 아타루, 『춤춰라 우리의 밤 그리고 이 세계에 오는 아침을 맞이하라』(여문책, 2016), 김소운 옮김, 41쪽.

인이 되는 시련, 번역이라는 시련, 타인에게 상처 입는 시련"[2] 을 통해 확장성을 획득하는 법이다. 외부적인 것의 유입에 의해 착종하고 교란되며, 상처 나고 정련되는 게 언어의 숙명이다. 현대 일본어라는 것, 다시 말해 "어머니의 혀(모어)"도 번역어와 조어의 영향을 피할 수 없고, 그런 까닭에 번역에 내재된 "혼효주의, 복수성, 다문화주의, 타인성의 존중"[3]을 통해 끊임없이 새로 성립되는 언어다. 야나부 아키라의『번역어 성립 사정』에 세세하게 나오지만, 오늘날 일본에서 널리 쓰이는 사회, 개인, 근대, 미, 연애, 존재, 자연, 권리, 자유, 철학, 이성, 의식, 사고는 물론이거니와 신경, 선(腺), 수소, 탄소, 질소, 황산, 염산, 중력, 원심력, 지식, 관찰, 분류, 연역, 추상, 정의, 귀납, 현상, 명제 등등 같이 무궁무진한 어휘들이 일본 메이지 시대 번역자들에 의해 새로 태어난 번역어, 조어(造語)이다. 이런 번역어와 조어가 없었다면 일본어는 얼마나 빈곤했을 것인가! 그런 맥락에서 "어머니의 혀는 번역되고 제조된 것"이고, "이토록 교란하고, 이중 삼중으로 번역에 번역을 거듭한 탓에 우리 어머니의 혀는 기묘한 생김새를 띠고 지금 여기"[4] 에 있는 것이다. 현대 일본어는 더도 아니고 덜도 아닌 번역어

---

2 위의 책, 56쪽.
3 위의 책, 64쪽.
4 위의 책, 88쪽.

라는 것이다!

　「이 정온(靜穩)한 도착(倒錯)에 이르기까지—프랜시스 베이컨을 둘러싸고」는 베이컨의 회화를 다룬다. 부정형의 표현주의적인 '입-신체' 그림들에 대한 철학적 의미를 중심으로 펼쳐지는 짧은 대담이다. 베이컨은 신체를 기괴하게 일그러지고 뭉개지고 비틀린 살덩어리로 표현한다. 가죽이 벗겨진 채 죽은 짐승의 시뻘건 고기로 그려 낸 '신체들'은 매우 그로테스크하다. 아타루는 베이컨의 "깨물고, 씹고, 빨고, 핥고, 물어뜯어서 피범벅이 된 듯한 그의 작품 속 신체들", 특히 시뻘건 살덩어리로 뭉개진 "입과 입술" 그림들을 "성스러운 이성을, 오욕을, 일체의 것을 태연히 포용하는, 이른바 구강적"인 것으로 보았다. 입이란 무엇인가. 입은 "호흡, 미각, 씹기, 공격, 성" 기관이고, "충동을 느끼는 대로, 감각을 구현하는 신체"이다. 아타루는 베이컨이 신체를 왜곡한 게 아니라 "먹고 트림하고, 게우고, 욕지거리하고, 맛난 술을 마시고, 애무하고 노래"하는, 의도나 가공 없이 있는 그대로 표현한 것으로 본다.[5] 베이컨은 현대 철학자들이 주목한 '문제적 화가'다. 질 들뢰즈는 아예 『감각의 논리』라는 책을 써냈는데, 저 유명한 앙토냉 아르토에게서 '기관 없는 신체'의 개념을 빌려 와 베이컨

5　위의 책, 146~147쪽.

의 회화들을 철학적으로 조명한다. 아타루는 들뢰즈의 베이컨에 대한 철학이 '미온적'이라고 비판하지만, 아타루의 견해 자체가 들뢰즈의 것에서 크게 벗어나 있지 않다는 판단이 든다.

「신비에서 기적으로—소설가 세이코의 고난」은 내게는 생소한 일본 작가에 대한 일종의 작가론이다. 아타루는 이토 세이코라는 작가가 쓴 『노 라이프 킹』을 중심에 두고 『빈털터리 남자의 휴가』와 『해체사 외전』을 거쳐 『상상 라디오』에 이르기까지 작가론의 측면에서 그 의미를 파헤치고 따진다. 『노 라이프 킹』은 가정용 게임기의 롤플레잉 게임이자 주인공 이름이다. '노 라이프 킹'은 게임, 소문이고 유언비어이면서 동시에 행동을 유발하고 현실화하며, '노 라이프 킹'을 공격하는 저주의 총칭이다. 이렇듯 '노 라이프 킹'은 중의적인 의미를 내포한다. 아타루는 이 '무기왕(無機王)'의 서사가 게임 속의 현실을, 사이버 공간의 유언비어가 난무하는 미래의 세계를 그린 게 아니라지만, 내 생각엔 진짜 현실과 가상 현실, 혹은 모조 현실 사이의 경계를 지우는 서사의 세계를 탐색한 것으로 짐작된다. "눈 딱 감고 돌아보니 번화가의 일직선으로 난 길에 자갈이 주르륵 배열되어 있다. 세계는 반전했다. 노 라이프 킹이었다."[6] 말들의 세계, 세상을 떠도는 소문과 유언

---

6 위의 책, 180쪽.

비어들이 '현실'로 변한다. 가상의 것이 현실을 침범하고 현실을 움직이며 구원이자 파멸이 될 수 있다는 것이 '노 라이프 킹'의 세계다. 이토 세이코의 이 작품들은 국내에 소개된 적이 없고, 나는 그것들을 읽어 본 적이 없다. 내가 읽어 보지 않은 소설들에 대해 말하는 아타루의 글은 내 의식에 어떤 의미의 결절점을 맺지 못한 채 표면에서 미끄러져 나간다.

인간을 얕보지 마!

무엇보다도 이 책에서 눈길을 끈 것은 「상처 속에서 상처로서 보라, 상처를」과 「춤춰라 우리의 밤을 그리고 이 세계에 오는 아침을 맞이하라」라는 글이다. 아타루는 줄기차게 "용납되지 않는, 일어나서는 안 될 일이니 일어나지 않는다."[7]라는 믿음의 허구성을 까발려 폭로한다. 그는 늘 사람들에게 "봐라, 이것들을!"이라고 말한다. 우리는 언제라도 쓰나미로 익사한 자, 원폭으로 몸이 가루가 되고 방사능에 쬐어 살이 녹고 뭉개져 죽는 자, 가스실에서 쓰러진 자, 대학살의 현장에서 찢겨 죽는 자가 될 수 있기 때문이다. 그는 이것들을 잊지 말라고 말한다. 잊지 않는 것은 상처를 직시하는 것이다. "다들

---

7   위의 책, 138쪽.

지치고, 상처 받고, 초조하고, 곤혹스러워서 내면 깊숙이 피로가 자리하고 있습니다. 이 사실을 직시해야만 합니다."[8] 수치스럽고 치욕이 될지라도 그것을 부정, 회피, 억압하는 것은 진정한 해결책이 아니다. 상처와 트라우마를 직시하는 일이야말로 거기서 벗어나고 치유하는 첫 단계다.

우리는 미증유의 사태에서 살아서 돌아온 자들이다. 전쟁과 분쟁에서, 재난과 재해에서, 인종 청소와 유혈 테러에서 살아서 돌아온 자들은 트라우마를 안고 살아간다. 우리가 일상에 복귀하려고 안간힘을 다할 때 그 안간힘의 한 방편은 망각에 매달리는 것이다. 학대당하고 고통을 당한 나쁜 기억들을 애써 떨쳐 내려는 몸짓은 본능적이다. 나쁜 기억을 떨쳐 내려는 것은 그것에서 멀리 도망가려는 무의식의 충동이다. 아타루는 이렇게 말한다. "심적 외상을 입었다고 자각하기는 매우 어렵지만 자각해야만 합니다. 그런 노력이야말로 꼭 필요합니다. 산산조각 나서 가루가 된 유리를 분무한 듯이 이미지에 은색 가루가 흩뿌려져 있습니다. 눈으로, 코로, 입으로 들어가서 무심결에 찔끔찔끔 피가 배어 나오듯이 우리도 재앙과 그 화상의 단편에 상처를 입습니다."[9] 트라우마에서 도망가

---

8   위의 책, 136쪽.

9   위의 책, 130쪽.

지 말고 그것을 자각하라. 그게 아타루의 권유다. 심적 외상의 무서움은 그것을 자각하지 못할 때 타인의 트라우마나 타인의 상처에 무신경해지기 때문이다. 그것은 "잔혹한 질병"이다. 오직 자신의 트라우마를 자각하는 사람만이 남의 트라우마에 대해서 관대해지는 법이다.

「상처 속에서 상처로서 보라, 상처를」에서는 '사진'과 '이미지'들에 대해 언급한다.[10] 아타루가 선각으로 추종하는 철학자들, 즉 베르그송, 들뢰즈, 가타리와 같은 이들은 시간의 지속과 운동과 무관한 "사진 나부랭이"를 중요하게 취급하지는 않는다. 그렇다면 아타루는 왜 사진에 대해 말하는가? 사진은 "개체의 포착"을 가능케 하는 현대적 기술의 산물이지만, 아타루는 "외상 후 스트레스 증후군인 플래시백 현상"에 대해 말하려고 롤랑 바르트의 『밝은 방』을, 조르주 디디위베르만의 이미지 정치학과 아도르노의 저 유명한 "아우슈비츠 이후 서정시를 쓰는 것은 야만이다."라는 명제까지 끌어들인다. 사진은 정지된 피사체를 찍고 정지 화면을 산출하는 것으

---

10 아타루는 사진에 관해 쓴 수전 손택과 롤랑 바르트의 책을 언급한다. 두 사람은 각각 『사진에 대하여』와 『밝은 방』을 쓰는데, 아타루는 수전 손택의 책을 "혼란스럽고 시답잖은" 것으로, 상대적으로 롤랑 바르트의 책을 뛰어난 것으로 판단한다. 두 권의 책을 통해 의미 깊은 독서 경험을 한 바 있는 나는 아타루의 판단에 동의할 수 없다.

로 인식되지만, 아타루는 이 관습적 이해를 전면 부정한다. 사진에는 "시간의 착종"이 있고, 그 안에는 "사실로서의 과거", "불확실한 미지의 미래", 그리고 현재에 일어나는 모종의 사건들이 한데 뒤엉킨다. 그것은 시간이 흘러도 변함없이 선명하고, 사람들은 사진을 통해 과거의 시간, 과거의 경험을 추체험한다. 이 되풀이가 가능한 것은 사진이 기억의 항구화이며, 이미 있었던 일과 사람의 부활이기 때문이다. 그래서 거의 모든 사고, 전쟁, 재해 들을 사진으로 기록하고 사람들은 사진을 통해 기억을 반복적으로 불러내는 것이다.

유대인 600만 명을 죽음으로 내몬 나치 독일의 만행, 수십만 명의 인명 살상을 낳은 히로시마와 나가사키의 원자 폭탄 투하, 일본군의 난징 대학살, 크메르 루주, 체르노빌과 후쿠시마의 원전 사고와 방사능 피해 따위는 용납되거나 일어나서는 안 될 일이다.[11] 그럼에도 그런 재난과 비극이 현실에서 버젓이 일어난다. 이 세계에 사는 일의 이상함과 의문, 그리고 곤혹스러움을 불러오는 이런 반문명적 비극들은 되풀이하며 진중한 이들의 의식에 압인을 찍으며 기억과 망각 사이에 자

---

11 사사키 아타루는 여기에 덧붙여 "아프칸, 이란, 문화 대혁명, 폴 포트, 유고슬라비아 내전, 알바니아 내전, 르완다, 수단, 기타 등등"에 대해 언급한다. 인류는 정치 분쟁, 종교 분쟁, 인종 분쟁에서 촉발된 수많은 내전들을 겪으며 서로를 죽이는 일을 서슴지 않았다.

리 잡는다. 재난과 비극은 삶을 서서히 무너뜨리고, 기억과 망각 사이에서 '기억 투쟁'을 벌인다. 아타루가 "상처 속에서 상처로서 보라, 상처를"이라고 말하는 것은 그게 우리를 무력 속에 빠뜨리고 삶을 붕괴시키는 사태들에 대응하는 창조적인 방식이기 때문이다. 이 명민한 철학자에게도 동일본 대지진이 나무속의 옹이같이 원체험으로 자리 잡은 것은 돌발적인 충동이 아니다. 그의 철학적 사유는 이 자연 재난을 기점으로 확연하게 갈라진다. 이 재난은 나치의 아우슈비츠에 견줄 만한 비극적 사건이다. 아타루는 사유가 불가능한 지점으로 소환되어 이 표상 불가능한 것에 대해 사유하도록 내면의 명령을 받는다. 왜냐하면 재난에서 살아남았기 때문이다. 그에게는 살아남은 자로서 말해야 할 의무가 부과된다. 재난 경험 이후에도 그는 좌절하거나 절망하지 않는다. "플루토늄 반감기가 2만 4000년이라고? 웃기시네. 인류가 음악을 고안한 지 7만 년이 넘었어. 까짓 7만 년 기다리지 뭐. 노래하면서. 연주하면서. 춤추면서. 인간을 얕보지 마."[12]

---

12 위의 책, 139쪽.

노래하고, 춤춰라!

아타루는 무엇을 선동하는가? 그는 재난과 재해, 인간의 추악한 욕망과 그것이 만든 범죄들의 밑바닥을 파고든다. 그는 동일본 지진과 쓰나미, 원전 파괴에 따른 재난 이후 심리적 외상을 입고 집단적 무력에 감염된 일본인의 마음을 자극하고 "치열한 무력"을 선동한다. 이 선동은 고정된 것, 굳은 것, 위축된 것, 죽은 것을 깨우고 그것을 극복하라는 부추김이다. 그는 신명을 지펴 몸을 흔들어 춤을 추게 한다. 어떤 사람은 춤추는 걸 좋아하고 어떤 사람은 심드렁해하지만, 아타루는 죽어 가는 우리에게 "날쌘 발놀림으로 유쾌하고 신명나게 춤추는 괴물"[13]이 되라고 독려한다.

책의 표제어이자 주제인 '춤'에 주목하자. 아타루는 클럽 영업의 규제와 관련하여 전위 음악가 존 케이지와 아프리카 원시 부족, 그리고 일본 헌법까지 끌어들이고 담론의 폭을 춤과 정치, 춤과 종교 쪽으로 넓혀 간다. 세상은 온갖 소리로 가득 차 있고, 그 소리에 대한 반응으로 몸은 어떤 몸짓을 드러낸다. 리듬을 타는 모든 신체 동작이 다 춤이라면 걷고, 우물 물을 길어 나르고, 농사짓고, 사냥을 하고, 아기를 어르고 돌

---

13 위의 책, 7쪽.

보는 등 사람의 모든 동작에는 다 춤이 들어 있다. 인간은 한 시도 쉬지 않고 춤을 추고 있는 셈이다. 춤은 살아 있는 자의 일상인 셈이다. 사람은 왜 춤을 추는가? 살아 있기 때문이다. 춤은 그만큼 자연스러운 본성의 발로이다. 춤은 살아 있음의 기쁨을 표현하는 일이고, 원시 사회에서는 태양을, 빛을 맞기 위한 제의였다.

오늘날은 '클럽'에서 춤을 춘다. 클럽이란 "폐쇄된 공간" 이다. 여기에서 추는 춤은 사방이 벽으로 둘러싸인 채 격리된 춤이다. 이런 춤은 자연스러움과 창조성이 결여된다. 따라서 종교적 열정, 해방감, 민중 봉기의 촉매에까지 이르지 못한다. 오로지 자발적으로 추는 춤, 일찍이 장자가 「양생주」 편에서 말한 "상림(桑林)의 무악(舞樂)"에 맡긴 춤만이 우리를 자유로 이끈다. 삶이 고달플수록 춤추고 노래하라! 춤은 우리를 음악의 몸으로 살게 하고, 리듬과 운명을 무아지경 속에서 하나로 통합한다. 더 나아가 춤은 평범한 악에 저항하고 견디며, 재난과 재해로 인해 고갈된 우리 마음을 기쁨으로 적시는 일이다. 춤은 본성적인 것의 발로일 뿐만 아니라 더러는 저항 운동의 한 방식으로 돌출한다. 춤은 민중 봉기의 불씨이기도 했던 것이다. 춤은 '체육'이 아니고, 더더구나 '범죄의 온상'도 아니며, '생활 그 자체', 생명의 율동이다.

아타루는 한 시대를 이끈 댄서이자 위대한 가수인 마이클 잭슨의 얘기를 잇는데, 그의 춤에서 아프리칸 아메리칸의 방대한 춤의 역사가 완성되는 것을 본다. 이 댄서의 위대함은 춤을 추면서 보여 준 '제동력', 즉 멈춤에서 표출한다. 춤은 동작, 운동, 율동의 그침 없는 연결이다. 그런데 마이클 잭슨은 "불가능한 정지 동작을 펼침으로써 춤이라는 폭발적인 운동의 존재를 역설적으로 증명해" 보인다.[14] 춤은 우리의 삶이 한순간의 정지도 없는 역동임을, 인간은 정지 자체가 불가능함을 보여 주는 것이다. 아타루는 마이클 잭슨에게서 그 불가능성을 거슬러 오르는 '멈춤'을 본다. 춤은 찰나일지언정 균형과 조화를 되찾는 동작이고 율동이다. 대지진과 전쟁 등으로 입은 상처와 피로, 그리고 마음 깊은 곳까지 뿌리를 내리는 무기력과 절망을 넘어서서 새로운 삶의 역동으로 나아가기 원한다면 춤춰라! 춤은 인간이 시련과 수난을 넘어서 살아남는 방도이자 권태와 치욕을 넘어서는 원동력이었다. 춤추는 사람들은 제 몸을 율동의 신체로 바꾸고, 어떤 황홀경으로 나아간다. 그렇다면 춤은 섹스와 비슷한 그 무엇이 아닐까. 그런 까닭에 춤은 종종 '음란한 것'으로 오해된다. 그렇다고 문명국가에서 법으로 춤을 금지한다고? 그건 안 될 일이다. 아타루는 일본의 역사서인 『고사기』와 『일본서기』까지 들먹이며,

14 위의 책, 110쪽.

한밤중에 반라로 춤을 췄던 일본의 전통을 환기시킨다. 춤을 금지한 일본 법의 부당함과 가소로움을 말하기 위해서 말이다. 춤춰라, 살기 위해! 그리고 태양을, 아침을 불러들이기 위해! 춤추며 신들과 함께 웃어라!

질
병

―――― 호모 시크니스쿠스
Homo sicknesscus

인간은 병과 함께 살아간다

어려서 큰 병은 아니지만 잦은 병치레를 했는데, 이는 몸이 약했던 탓이다. 약에 취해 잠들던 낮과 밤의 기억들은 오롯하다. 질병이란 신체의 함량 미달, 상궤에서 벗어남, 취약점들의 우연한 노출이다. 나는 의기소침해지고 기운이 빠진 채 비관주의에도 빠졌지만 병이 항상 최악인 것은 아니었다. 식구들은 다 나가고 집은 텅 비었다. 빈집엔 고요가 끓어넘쳤다. 공중에서는 제비가 날고 환한 햇빛이 넘치는 마당에는 모란과 작약이 꽃을 피우고 서 있다. 나는 홑청 이불을 덮고 혼자 누워 있다. 천천히 흘러가는 시간의 정밀(靜謐)이 손에 만져질 듯 생생하다. 밖에서 돌아온 젊은 어머니가 차가운 손으로 고 적하게 한나절을 견딘 내 뜨거운 이마를 짚을 때 나는 사랑받 고 있다는 느낌으로 안도했다. 가벼운 병들은 어떤 몰아경의 체험이고, 병에서 회복할 때마다 몸과 마음이 부쩍 자라 있곤 했다. 병이 차츰 나아지며 회복기로 접어들 때 마음에 가득 차던 기쁨은 크나큰 희열이었다.

인생에서 질병은 희귀한 사례가 아니다. 인류가 지구에 출 현한 이래 질병은 항상 인류와 함께 해 온 삶의 일부였다. 이것 은 영양의 과잉이거나 결핍의 문제다. 사람의 몸은 세포 60조 개로 된 우주이고, 세포 하나하나는 '축소된 소우주'다. 몸 안 에 기생하는 미생물 30~40조 개로 이루어진 또 다른 소우주 다. 어떤 원인으로 신체가 본디 가진 조화와 균형이 깨질 때 문 제가 생긴다. 질병은 신체 안에 기생하는 바이러스의 이상 증 식과 유독 물질의 증가로 인한 것이다. 많은 질병들은 몸 안의 바이러스들이 일으킨 사태다! 이브 파칼레는 이렇게 말한다. "바이러스는 살아 있는 세포에 들러붙어 그 세포의 DNA를 장악하고 숙주의 유전 기계를 자기를 위해 사용한다."[15] 자연

---

15 이브 파칼레,『신은 아무것도 쓰지 않았다』(해나무, 2012), 이세진 옮 김, 381쪽.

은 병든 생물들을 불가피하게 도태시킨다. 그게 자연 선택이다. 건강이란 자연 상태에서 벗어난 것을 본디 모습으로 되돌리는 것이다. 즉 깨진 조화와 균형을 되찾아 생명의 평형을 유지하는 게 건강이다.

구체적으로 말하자면 질병이란 과잉과 결핍 때문에 일어난 신진대사의 교란이고, 순환계의 불통이며, 이 교란과 불통으로 발생한 유전적인 것이 겪는 형질 변화다. 한스게오르크 가다머가 말했듯이 건강이 "삶의 리듬이고, 평형 상태가 스스로 균형을 잡아 가는 지속"이라면, 건강한 사람은 삶의 리듬과 평형 상태 안에서 활력의 과잉을 드러낸다. 반대로 질병은 그 리듬과 평형 상태가 깨진 상태를 이른다. 동양 의학에서 사람의 몸은 우주의 축약이다. 천지 만물은 살아 있는 그대로 몸의 생리적 구조와 조응하며 약동한다. 천지의 몸과 나의 몸은 기를 매개로 소통하며 조화에 이를 때 온전하다. 기의 소통이 원활하지 않거나 조화가 깨질 때 몸의 간·심·비·폐·신 안의 풍·한·열·습·조·화의 평형이 무너지며 조절 능력을 잃는다. 이때 면역력이 떨어지며 나쁜 바이러스들이 활개를 치는데, 이에 대한 신체적 반응으로 나타나는 것이 질병이다.

'암'이라는 질병의 본질에는 나쁜 세포 변이가 있다. 변이란 세포가 정상으로 작동할 수 없는 상태를 이른다. 그 변화는 대개 돌이킬 수 없는 것들이다. 암은 흩뿌려지고, 통제할

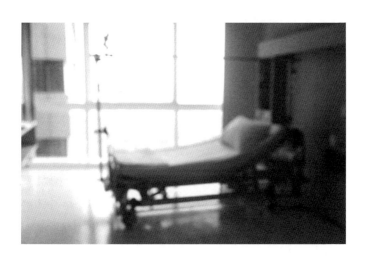

수 없는 이상 증식으로 덩어리지고 커 나간다. 암이 주는 두려움은 통제할 수 없는 변이의 공포다. 몸은 이 세포 변이를 통제할 수 없으며 변이된 세포는 영양분을 탈취하며 제멋대로 도주선을 타고 몸 구석구석으로 달아난다. 따라서 질병이란 변화된 몸이고, 통제할 수 없는 몸이다. 이 모든 것의 시작은 마음과 마음이 만드는 욕망에서 비롯한다. 질병은 건강을 해칠 뿐만 아니라 삶의 질을 현저히 떨어뜨린다. 질병 때문에 삶의 의욕이 줄고, 크고 작은 꿈들은 꺾인다. 병들 대부분은 심신 상관적(psychosomatic) 질병이다. 마음과 면역 체계 사이에는 긴밀한 양방향 소통 체계가 있기에 마음은 몸의 면역 체계에 지속적으로 영향을 미친다. 부정적 사고, 해로운 감정 패턴, 우울증, 불면 따위는 면역 기능을 떨어뜨리고 몸에 나쁜 영향을 미친다. 그 반대로 긍정적 사고, 사랑과 신뢰에 대한 확신, 밝은 웃음, 편안한 숙면은 몸의 면역력을 높이고 치유 효과를 키운다.

질병은 자기 성찰의 경험이다

질병은 '몸'을 발견하는 계기적 경험이다. 아픈 사람들은 제 몸을 의식하고 유심히 돌아본다. 몸을 반쯤 돌리고 자신을 돌아보는 도마뱀같이. 철학자 니체는 그런 도마뱀을 두고

"겸손한 동물"이라고 말한다. 철학의 눈으로 보자면, 질병은 우리를 겸손으로 이끄는 경험이다. 한 시인은 병을 "삶 안에서 쌓이고 쌓인 독(毒)이 터지는 것"이라고 말하고 병에서 회복하는 자의 기쁨을 노래한다.

> 참 신기해요, 눈물 날 지경이죠
> 사람이 숨쉬고 있다는 것이,
> 그래서 죽지 않게 마련이라는 것이,
> 저 창밖에 활보하는 사람들,
> 금싸라기를 들이쉬고 내쉬면서.
> 저것은 분명 걷는 게 아니에요.
> 모두 발길마다 날개가 돋쳐서
> 훨훨 날고 있는 것이지요
>
> — 박희진, 「회복기」[16]

또 다른 시인은 이렇게 썼다.

> 어딜 가서 까맣게 소식을 끊고 지내다가도
> 내가 오래 시달리던 일손을 떼고 마악 안도의 숨을 돌리려

---

16 『꿈꾸는 빛바다』(고려원, 1986).

고 할 때면

그때 자네는 어김없이 나를 찾아오네.

자네는 언제나 우울한 방문객

어두운 음계(音階)를 밟으며 불길한 그림자를 이끌고 오지만

자네는 나의 오랜 친구이기에 나는 자네를

잊어버리고 있었던 그 동안을 뉘우치게 되네.

자네는 나에게 휴식을 권하고 생(生)의 외경(畏敬)을 가르

치네.

그러나 자네가 내 귀에 속삭이는 것은 마냥 허무

나는 지그시 눈을 감고, 자네의

그 나직하고 무거운 음성을 듣는 것이 더없이 흐뭇하네.

내 뜨거운 이마를 짚어 주는 자네의 손은 내 손보다 뜨겁네.

자네 여윈 이마의 주름살은 내 이마보다도 눈물겨웁네.

나는 자네에게서 젊은 날의 초췌한 내 모습을 보고

좀 더 성실하게, 성실하게 하던

그 날의 메아리를 듣는 것일세.

생에의 집착과 미련은 없어도 이 생은 그지없이 아름답고

지옥의 형벌이야 있다손 치더라도

죽는 것 그다지 두렵지 않노라면

자네는 몹시 화를 내었지.

자네는 나의 정다운 벗, 그리고 내가 공경하는 친구

자네는 무슨 일을 해도 나는 노하지 않네.

그렇지만 자네는 좀 이상한 성밀세.

언짢은 표정이나 서운한 말, 뜻이 서로 맞지 않을 때는

자네는 몇 날 몇 달을 쉬지 않고 나를 설복(說服)하려 들다

가도

내가 가슴을 헤치고 자네에게 경도(傾倒)하면

그때사 자네는 나를 뿌리치고 떠나가네.

잘 가게 이 친구

생각 내키거든 언제든지 찾아 주게나.

차를 끓여 마시며 우린 다시 인생을 얘기해 보세그려.

　　　　　　　　　　　　　　　　　— 조지훈, 「병(病)에게」[17]

시인은 병을 내치지 않을 뿐만 아니라 병을 "우울한 방문

---

17 《사상계》(1968).

객”으로 여기고 환대한다. 병을 내치지 않고 포용한 것은 그것이 불행만은 아니기 때문이다. 병은 우리가 휴식이 필요할 때 찾아와서 “휴식을 권하고 생의 외경을 가르치”는 정다운 벗, 공경하는 친구다. 돌아보면 나는 아플 때마다 인간적 소란에서 벗어나 내면의 고요와 평화를 누렸다. 그 고요로 인해 나를 온전하게 돌아볼 수 있었다. 그런 점에서 질병은 뜻밖에도 숭고한 멜랑콜리를 경험하게 한다. 히포크라테스는 멜랑콜리를 ‘성스러운 질병’이라고 여겼다고 알려진다. 아픈 게 가치 있다고 말할 수는 없지만 그게 자기 성찰의 의미 있는 경험이 아니라고 할 수도 없다. 사람은 누구나 아플 때 자기 몸을, 자기 인생을, 깊은 주의력을 갖고 돌아보게 된다.

니체는 평생을 병과 함께한 사람이다. 머리끝에서 발바닥까지 아프지 않은 데가 없었다. 오죽하면 제 인생이 “질병과 회복의 역사”라고 썼을까. 니체는 허약함을 예찬하지는 않지만 질병은 관대하게 받아들이는 편이었다. “병이란 건강에 이르려는 서툰 시도”이고, “병 자체는 삶의 자극제가 될 수 있다. 단지 우리는 이러한 자극을 이겨 낼 정도로 충분히 건강해야만 한다!”라고 썼다. 그는 평생 질병의 고통에 짓눌리면서도 굴복하지 않았다. 그런 질긴 경험을 거쳤기에 질병을 철학의 대상으로 삼을 수 있었다. 니체는 자신을 환자이자 의사라고 여겼다. “의사여, 그대 자신부터 고치도록 하라. 그래야만 그대의 환자에게도 도움이 된다. 스스로를 치유하는 것을 눈으로 직접 보게 하는 것이야말로 그 환자에게 최상의 도움이 되기 때문이다. ……참으로, 대지는 이제 치유의 장소가 되어야 한다!"[18]

건강한 사람은 아프기 전까지 자신을 잊고 산다. 병에 걸린 뒤 비로소 자신을 돌아보고 자아를 되찾는다. 니체는 "그때 그는 거기서 얼마나 놀라운 것을 발견하는가! 미지의 전율!"이라고 말한다. 한 번도 아파 본 적이 없다면 자신에 대한 놀라운 '발견'도, "미지의 전율"도 없다. 질병은 극복한 뒤에 돌아보면 아름답고 소중한 기억 자산이다. 모든 것은 한순간에 지나가고, 지나간 것은 소중해지는 것이다. 어른이 된 지금도 나는 지칠 때 깨끗한 이불을 덮고 혼자 고요하게 누워 있고 싶어진다. 질병이 있기에 건강은 지켜야만 하는 가치로 오롯하다. 건강이 도약과 운동으로 이루어진 것이라면 질병은 그것의 멈춤, 즉 휴지기(休止期)다. 우리는 '건강'이라는 부두에 정박하지 않고 멀리 떠나는 여행자다. 우리는 그 여행을 통해 치유의 기적을 겪으면서 새로운 건강, 새로운 영혼, 새로운 삶을 얻는다. 우리는 아픈 자이고 동시에 자기를 치유하는 의사

---

18 프리드리히 니체, 『차라투스트라는 이렇게 말했다』(민음사, 2004), 장희창 옮김, 134~135쪽.

다. 또한 질병은 더 풍요로운 삶을 위한 훌륭한 자극제이기도 하다. 따라서 아픈 사람만이 자신의 건강을 돌아보고, 질병을 겪은 자만이 더 심오한 영혼에 이르는 법이다.

부
자
로
산
다
는
것

─── 호모 이코노미쿠스
Homo economicus

돈에 울고 웃는 한국 사회

지난 반세기 동안 한국 사회는 모든 면에서 놀라울 정도로
많이 변했다. 경제 규모는 믿을 수 없을 만큼 커지고, 도시들
은 외곽으로 확장하며, 산과 들을 허물고 밀어서 대단위 아파
트 단지들이 들어섰다. '재벌' 기업들은 글로벌 기업으로 도약
하고, 개인들은 서구 선진국 수준의 소비를 하기에 이른다. 일
인당 GNP는 같은 기간 동안 엇비슷한 경제 규모를 가진 나라
들을 제치고 비약적인 성장을 이룬 결과, '빈곤 국가'라는 딱
지를 떼며 선진 국가로 들어섰다. 세계인의 축제라는 하계 올

림픽을 치르고 일본과 함께 월드컵을 치렀다. 우리는 미친 사람처럼 밤낮없이 일에 매달리고, 기업들은 파블로 네루다의 표현처럼 "자본의 치즈에 빌붙은 벌레들" 같이 붕붕대며 성장에 매달렸다. 우리 사회는 일, 생산, 실적, 효율을 강조하고 최고의 가치를 부여했다. 그동안 도덕적 해이와 집단적 아노미를 겪기도 했다. 성장 광풍에 휘말려 'IMF'라는 국가 부도 위기를 맞았지만, 세계화와 신자유주의라는 변화 속에서도 민주화와 경제 발전을 동시에 이루었다.

오늘날 신자유주의로부터 탄생한 다국적 자본이라는 유령이 국경을 자유자재로 넘나들며 돈 되는 것을 다 집어삼킨다. "연기금, 뮤추얼펀드, 헤지펀드, 그리고 무엇보다도 행동주의 헤지펀드"들이 새로운 투자 수단을 찾아 떠도는 유령이다. 이들은 "'인내하는 자본' 대신 열광적인 '수익률 사냥'을 기본적인 전략"으로 삼는다.[19] 기업 이익은 더 커지지만 이것이 노동자의 몫으로 분배되지 않고 기업가와 주주의 몫으로 흘러간다. 기업이 파산하는 경우 그 손실은 소액 주주와 노동자의 몫으로 남는다. 이런 분배의 비대칭적인 관계 속에서 양질의 일자리는 줄고, 세상은 더 팍팍한 나쁜 세상으로 변한다. 개별자의 작은 삶은 그 거대한 변화의 압력 아래에 짓눌려 있다.

---

19 폴 로버트, 『근시사회』(민음사, 2016), 김선영 옮김, 128~129쪽.

세상의 변화와 상관없이 여전히 생산과 효율성이 섬기는 신은 '돈'이다. 이 사회에서 돈보다 더 중요한 가치는 없으니, 돈벌이가 안 되는 것은 가차 없이 내쳐진다. 그동안 무한 경쟁에 내몰리고, 승자 독식 사회에서 죽을 만큼 일했지만, 과연 우리는 행복한가? 지금은 우리 자신을 정직하게 돌아볼 때다. 어떤가? 천민자본주의의 시장 경제 속에서 돈을 섬기고 서로에게 '부자 되세요!'라고 축복하면서, 다른 한편으로 탐욕으로 말미암아 좀비같이 기괴한 몰골로 나날을 살고 있지는 않은가? 나라 경제 규모는 커졌지만 빈부의 양극화, 청년 실업, 신용 불량자의 양산, 소상공인과 자영업자의 몰락, 저출산 문제가 그 그늘에서 독버섯처럼 자라난다.

우리는 부(富)를 선망한다. 부의 핵심 요소는 돈이다. 많은 이들이 돈에 울고 웃는다. 돈이 인간관계와 우리의 운명을 쥐고 흔들며, 인생 행로를 이렇게 저렇게 바꾸는 강한 권력이라는 사실을 부인하지 못한다. 돈으로 행복을 살 수 없을지 모르지만, 돈은 비참해지는 것을 막는 최소한의 보험이 될 수는 있다. 하지만 부자가 되는 건 쉬운 일이 아니다. 그건 소수에게만 허락되는 행운이다. 부자가 천국에 드는 일이 낙타가 바늘귀를 통과하기보다 어렵다고 하지만 거꾸로 부자 되기 또한 낙타가 바늘귀를 통과하는 것만큼이나 어렵다.

무엇이 '부'인가

무엇이 '부'인가? 먼저 물어야 한다. 부자란 우선 많은 재화를 가진 사람이다. 물질적 삶의 기초를 이루는 자본, 토지, 집, 차, 재산권 따위를 재화라고 한다. 재화는 갈망하는 것을 사들여 쓰고 누리는 권한을 키운다. 재화가 많은 사람은 갈망하는 것을 소유하고 다양한 권한을 누릴 수 있다. 인간의 기본적인 욕구 충족은 말할 것도 없거니와 신체의 안전과 아름다움의 향유, 심미적 취향의 만족, 자기표현의 기쁨을 누릴수 있다. 돈이 많다면 사회적 기회의 폭은 넓어지고 더 많은 자유를 누릴 수가 있다. 돈이 모든 가치를 압도하는 화폐 기반 사회에서 돈은 막강한 권한을 갖는다. 이 권한이 주는 매력 때문에 사람들은 한사코 돈을 거머쥐고 부자 반열에 들어서려는 것이다.

돈 많은 부자들이 더 많은 행복을 누린다는 기대가 아주 터무니없는 것은 아니다. 부자들은 더 좋은 집에서 유기농 식품을 먹고, 명품을 소비하며, 더 많은 문화적 기회를 누린다. 그들은 돈을 써서 호사스럽게 사는 반면 가난에 쪼들리는 사람들은 불행과 비참의 굴레에서 허덕인다. 만성적 가계 적자를 면하지 못하는 사람은 부채를 짊어지고 허덕일 가능성이 높다. 부자가 더 쾌적하고 편안한 삶을 누리는 데 반해 이들은 비위생적인 환경 속에서 최저 생계비를 벌기 위해 더 험하고 고된 노동에 내몰린다. 이들의 삶은 누추하고 볼품없으며 고달프다. 그러니 누구나 가난에서 벗어나기를 바라고, 부자가 되기를 갈망한다.

경주 최 부잣집은 17세기 경주에 터를 잡은 파시조(派始祖) 최진립에서 시작해 300년 12대를 이어 오며 만석 재산을 대물림한 가문이다. 1대 부자 최국선은 신해년(1671년)에 큰 흉년이 들자 "사람들이 굶어 죽는 판에 나 혼자 재물을 지켜 무엇 하겠느냐."라며 곳간을 열어 굶주리는 이웃들에게 식량을 베푼다. 그 후손은 나라가 위기에 빠질 때 일어서서 싸우고, 일제 강점기에는 독립운동 자금을 댔다. 탐욕과 사치를 금하며, 재산을 이웃과 나누는 일을 주저하지 않은 최씨 가문의 피에는 노블레스 오블리주 정신이 녹아 흐른다. 그들은 부의 권한을 누리기만 하지 않고 그 사회적 책임을 다하는 일에 게으르지 않았다. 과거를 보되 진사 이상은 하지 마라, 재산은 만석 이상을 모으지 마라, 과객을 후하게 대접하라, 흉년기에는 재산을 늘리지 마라, 사방 백 리 안에 굶어 죽는 사람이 없게 하라, 며느리들은 혼인한 뒤 세 해까지 무명옷을 입어라 등등의 지침을, 최씨 가문 사람들은 금과옥조로 지키며 살아온다. 그 후손은 중용을 지키며, 욕심내지 않고 의로움에 굳셈을 보탠다. 이런 후손의 처신은 분명 존경받을 만하다. 이들

은 부를 개인의 안녕과 사치를 누리는 데 쓰지 않고, 더 살 만한 세상을 만드는 일에 썼기에 이웃의 존경을 받았다.

돈을 가졌다고 다 행복한 것은 아니고, 부자가 다 존경을 받지도 않는다. 행복은 돈과는 거의 상관이 없다. 아무리 많은 재화를 쌓았더라도 중병에 걸린다면 무슨 소용이 있을 것인가? 물론 돈 욕심 자체가 나쁜 것은 아니다. 돈은 생계 수단이요, 자기실현의 도구이다. 그러나 할 일과 해서는 안 될 일의 분별없이 돈에 매달리는 자세는 볼썽사납고 추하다. 그렇게 몰이성적이고 반윤리적인 수단으로 돈을 모았다면 존경받을 수가 없다. 삿된 탐욕과 제 잇속만을 추구한 결과가 아니라 땀 흘려 수고하고 정직한 방식으로 일군 부만이 존중받을 가치가 있다. 부를 일구고 유지하는 데에도 지키고 따라야 할 법도가 있다. 경주 최 부잣집의 사례는 부자가 재화를 어떻게 써야 공동체에서 존경받을 수 있는지를 잘 보여 준다.

적게 벌고 자족하며 사는 사람도 있다. 이들은 최소한도로 소유하여 삶을 꾸리며, 소유에 대한 욕망을 내려놓는다. 어떤 이들은 돈보다 예술, 지식, 경험, 가족, 종교, 우정을 더 가치 있는 것으로 여긴다. 돈이 악과 타락의 근원이라고 말하는 이도 있고, 거꾸로 돈이 최고의 가치고 돈이 없는 것이야말로 악의 근원이라고 말하는 이도 있다. 이렇듯 돈을 대하는 태도는 극단적으로 엇갈린다. 쇼펜하우어라는 철학자는 "돈은 추상적인 행복이다. 현실에서 더 이상 구체적인 행복을 누리지 못하게 된 사람들이 돈에 모든 것을 바친다."라고 꼬집지만, 보데릭이란 사람은 "돈으로 행복을 살 수 없다고 말하는 사람은 행복을 어디에서 파는지 모르는 사람일 뿐이다."라고 비판한다. 과연 누구의 말이 옳은가? 볼테르가 한마디 거드는데, 귀담아 들을 필요가 있다. "돈으로 행복을 살 수는 없지만 돈이 불행의 종류를 결정하는 것은 분명하다."

부자를 공연히 미워해서는 안 될 일이다. 그 부가 정당한 소득에 의한 것이라면 더더군다나 그렇다. 부는 그것을 어떻게 쓰느냐에 따라 가치가 달라진다. 혼자 움켜쥐고 있는 돈과 부가 사회를 이롭게 만드는 일은 없다. 경제적 약자들과 소외된 이웃을 위해 베풀 때 부는 윤리적인 힘으로 작동하며 공동체를 더 나은 방향으로 바꾼다. 그게 부를 가진 자의 사회적 의무다. 부자가 된 것은 개인의 노력과 성실함뿐만 아니라 특별히 운이 따랐거나 공동체가 기여하는 바가 있었을 테다. 돈은 공공재다. 수중에 들어온 돈은 잠시 머물다가 달아난다. 그것을 움켜쥐고 영원히 제것으로 만들 양 안달하는 것은 어리석은 짓이다. 지혜로운 자들은 부를 사유화하지 말라고, 돈을 쓰되 윤리적인 방식으로 쓰라고 말한다. 그래야만 돈이 기쁨을 일구고 지속 가능한 행복을 빚는 도구가 될 수 있기 때문이다.

카
지
노
에
서
돈
을
딴
다
고
?

—— 호모 오렉시스
Homo orexis

욕망을 반복하는 인간

사람은 자기가 좋아하는 것을 반복한다. 행위를 통해 얻은
흥분과 기쁨으로 자잘한 근심과 걱정을 덮어 버리는 것이다.
그런데 재미를 붙여 되풀이하다 보면 중독에 이른다. 사람들
은 알코올, 담배, 마약, 섹스, 도박, 쇼핑, 성형, 일 따위에 중독
된다. 중독이란 뼛속 깊이 새겨진 '벽(癖)'이고 '습(習)'이다.
조선의 선비 박제가는 "벽이 없으면 쓸모없는 사람일 뿐이
다."라고 말한다. 더러는 벽을 가진 사람만이 능히 전문적인
기예를 얻는 경우가 있기 때문에 벽이나 습이 다 나쁘다고 볼

수 있는 건 아니다. 하지만 벽과 습의 특징은 되풀이에 있다. 중독된 사람은 그것에 해악이 있더라도 끊임없이 자기가 좋아하는 것을 반복한다.

가장 흔한 중독 현상 중 하나가 도박이다. 우리 주변에는 화투, 카드, 카지노, 경마, 복권, 스포츠 토토 따위 사행성 놀이에 빠져 헤어나지 못하는 사람이 많다. 한 통계에 따르면 한 해 동안 우리나라에서 이런 사행성 놀이에 쓴 돈이 15조 8817억 원이란다. 이 액수는 우리나라 1년의 국방 예산과 맞먹는다. 이는 도박이 얼마나 널리 성행하는지를 알려 주는 지표다. 도박의 무서움은 중독성 때문이다. 한번 중독되면 쉽게 빠져나오지 못하는 것이다. 해외 인터넷 도박이나 스포츠 도박에 빠져 돈과 명예를 단박에 잃는 대중 스타들의 뉴스는 늘 우리를 안타깝게 만든다.

대문호인 도스토예프스키나 『슬픔이여 안녕』으로 베스트셀러 작가 반열에 오르며 신드롬을 일으켰던 작가 프랑수아즈 사강도 도박에 중독되어 허우적거렸고, 미국 작가 에드거 앨런 포 역시 한때 도박과 술에 빠져 무절제한 생활을 했다. 도스토예프스키는 우연히 들른 한 카지노에서 5000프랑이란 거금을 딴다. 불과 닷새 만에 거금을 몽땅 날린 뒤, 끼니도 챙기지 못한 채 호텔방에서 차로 주린 배를 채우며 『죄와 벌』을 구상했다는 얘기는 널리 알려져 있다. 그는 도박을 불합리하고 비이성적인 고난에서 벗어나는 도전의 형식으로 받아들이면서 도박에도 나름의 법칙이 있어 이성을 잃지 않고 법칙대로 돈을 걸면 딸 수 있다고 믿었다. 그래서 4년 반 동안 외국을 떠돌아다니며 도박과 집필을 병행하는데 결국은 도박으로 큰 빚을 짊어진다. 아내의 조력으로 겨우 도박 중독에서 벗어나지만 도박으로 진 큰 빚은 죽을 즈음이 되어서야 겨우 청산한다.

사람들은 왜 도박에 빠질까? 물론 권태와 지루함을 날려버리는 강력한 자극과 흥분을 유발하는 재미 때문일 것이다. 도박의 중독성은 특정한 행위에 더 강력한 쾌감을 얻게끔 우리 뇌가 반응하기 때문에 일어나는 현상이다. 도박 중독은 우연의 행운으로 거머쥔 승리의 기억을 각인시켜 그것을 되풀이하도록 이끄는 일종의 뇌 질환이다. 가산과 명예를 다 잃고도 도박 중독에서 빠져나오는 것이 힘들다. 도박의 본질은 덧없는 욕망에 투신하는 일이다. 그것은 실패가 지연된 축제이며, 끝내 자기 피를 뽑아 탐욕스러운 확률의 신에게 뿌리는 제의(祭儀)일 뿐이다. 한번에, 단박에 끝나는 도박은 없다. 모든 도박은 한없이 되풀이되면서 끝을 지연시킨다. 끝내는 도박의 주체를 고갈시켜 무너뜨린다. 도박은 돈에 들러붙은 추잡한 욕망과 관련된다는 점에서 세속화에 투신하는 일이다.

환상을 품고 카지노를 찾는 사람들

미국 문화를 진부한 형식으로 실현된 유토피아라고 성찰한 장 보드리야르는 『아메리카』에서 카지노 도박으로 유명한 도시 라스베이거스에 대해 이렇게 말한다. "도박의 강렬성은 도시의 끝에 있는 사막의 현전에 의해 배가된다. 홀에 있는 에어컨의 조절된 시원함이 바깥의 복사열에 대항한다. 태양 빛의 폭력에 대한 모든 인공 빛들의 도전. 사면팔방에 햇빛이 쬐이는 도박의 밤. 사막 한가운데 있는 홀들의 인광 반짝이는 어둠. 도박 그 자체는 비인간적이고 교화되지 않았으며 입문의례적인 사막 형식이고, 가치의 자연 경제에 대한 도전이며, 교환의 끝자락에 위치한 광기다."[20] 바깥 기온이 아무리 올라가도 카지노 내부는 에어컨의 냉기로 차가운 쾌적함을 유지한다. 밤이 오고 사방이 아무리 어두워져도 카지노 내부는 온갖 인공조명으로 24시간 내내 환하다. 카지노로 불야성을 이루는 라스베이거스는 사막 한가운데 서 있는 도시다. 이 점이 매우 상징적이라는 생각이 든다. 부의 즉각성을 좇는 무리들이 이 사막 한가운데 있는 환영의 성으로 몰려든다. 마치 여름철 불빛을 보고 몰려드는 밤의 부나방같이! 그 결과

---

20 장 보드리야르, 『아메리카』(산책자, 2009), 주은우 옮김, 227쪽.

는 돈과 시간, 그리고 생체 에너지의 고갈과 탕진이다. 그럼에도 불구하고 가벼운 흥분과 무거운 광기에 사로잡혀 이 환영의 성으로 몰리는 인파가 줄어들지는 않는다.

장 보드리야르는 도박이 비인간적이고 교화되지 않는 욕망과 관련된다고 단언한다. 사람들은 도박이 돈을 향한 징그러운 탐욕과 광기와 무분별을 요구한다고 이해한다. 하지만 이것은 도박에 대한 단선적인 이해에 지나지 않는다. 카지노 도박은, 은유로 말하자면, 냉정한 희망의 여신을 향한 가엾은 구애이고, 현실적으로 말하자면, 우연의 행운에 돈을 걸고, 전적인 불가능성에 자신을 내던지는 일이다. 그것이 고갈과 파멸의 길이라 하더라도 거기서 빠져나오지 못하는 것은 뇌에 각인된 강렬한 '승리의 기억' 때문이다. 프랑수아즈 사강은 한때 도박에 빠져 오후 내내 혹은 일주일 내내 카지노에 머물렀던 경험이 있는 사람이다. "연속된 불운을 겪은 어느 아름다운 밤, 도스토예프스키적이고 비극적인 밤, 나는 오 년 동안 카지노 출입을 하지 않기로 결심했다. 그러나 그것은 오 년간의 악몽이었다고 즉시 말할 수 있다. 어떤 레코드 소리도, 어떤 트럼펫 소리도 우리의 머릿속에서 울리는 플라스틱 칩 소리를 덮지 못했다."[21] 프랑수아즈 사강이 카지노 출입을 안

---

21 프랑수아즈 사강, 『고통과 환희의 순간들』(소담출판사, 2009), 최정

하기로 결심한 것은 자발적인 것이었다. 하지만 그 오 년 동안 겪은 고통은 악몽이었다고 고백한다. 고통은 금지된 것의 유혹에 대해 치르는 비용이다. 카지노에 가장 흔한 것은 무엇일까? 그것은 사람과 돈이다. 큰돈을 거머쥘 수도 있다는 환상을 품고 카지노를 찾는 사람들! 평소에 인색한 사람도 카지노에서는 무엇에 홀린 듯 돈을 물 쓰듯 한다. 카지노는 "사물들이 자신들의 그림자를 잃어버리는 곳. 돈이 그 가치를 잃어버리는 곳"[22]이기 때문이다.

도박의 환상에서 벗어나라!

도박의 역사는 인류 역사만큼이나 길고 길다. 도박은 강렬한 자극과 몰입감으로 일상에서 느끼지 못한 '쾌(快)'를 좇는 행위다. 사람들은 생명을 옥죄는 억압이나 여러 강박과 괴로움에서 벗어나기 위해 쾌를 좇는다. 쾌는 억압과 스트레스에 대한 일종의 보상이다. 그러나 도박을 통한 쾌의 추구는 사람을 누추함에 빠뜨리고 병증 상태로 몰아간다. 도박은 가산을 탕진하고 가정을 풍비박산시키며, 뇌를 병들어 쪼그라들게

옮김, 51쪽.
22 장 보드리야르, 위의 책, 228쪽.

한다. 삶이 버겁거나 지루하다고 도박을 도피처로 삼는 것은 어리석다. 도박의 자극과 흥분에 빠지는 것으로 문제가 해결되지는 않는다. 도박의 본질은 바닥이 없는, 그래서 영원히 채울 수 없는 '욕(欲)'이다. 이것은 욕망이고, 욕구를 함의한다. 마음이건 물질적인 것이건 내 안에 텅 빈 부분은 아무리 해도 채워지지 않는다. 사람은 호모 오렉시스(Homo orexis), 즉 '욕망하는 존재'다. 욕망은 삶을 만들고 이끄는 동력이다. 욕망이 지나치면 탐욕으로 변질된다. 인생의 많은 문제들이 탐욕에서 파생한다.

도박은 자만심과 의기양양함을 얻으려는 헛된 기도다. 시도할수록 행위의 강렬함은 더 커진다. 그것이 무서운 이유는 파산과 죽음 직전까지 가도록 끝나지 않는다는 점 때문이다. 도박에서 큰돈을 딸 수 있다는 꿈은 항상 실패로 끝나는 환상이다. 도박에 긍정적인 카타르시스 효과가 없는 것은 아니지만 도박의 대가로 치르는 비용은 평생을 갚아야 할 만큼 막대하다. 도박 중독은 스스로의 힘으로는 치유가 불가능한 질병이라고 한다. 카지노의 블랙잭이나 바카라 같은 도박에 과도하게 몰입해 있는 사람은 치유되어야 할 환자인 것이다. 환상에서 깨어나 현실을 직시해야 한다. 햇볕을 쬐며 걷기, 사과한 알의 달콤함 같은 소박한 즐거움으로 당신의 주의와 관심을 돌려 보라. 예술의 황홀경에 심취하고, 취미 활동으로 보람을 일구어 보라. 어떤 경우에도 도박으로 행복을 살 수는 없다. 도박 중독은 한때의 쾌락을 좇는 것이며 쾌락을 위해 너무도 큰 비용을 치르는 병적 습관이다. 도박 말고도 우리를 즐겁게 만드는 일은 많다. 한 번밖에 없는 인생을 나쁜 습관에 매여 망쳐 버리는 것만큼 어리석은 일이 있을까?

—— 호모 사피엔스
Homo sapiens

생각하는 동물의 출현

인간은 생각하는 동물이다. 현생 인류는 생각을 하는 존재로 진화한 최종 결과물이다. 털 없는 이 포유류는 맹수들과 경쟁하며 먹잇감을 확보하는 일에 제 신명을 다 바쳤다. 이 생존 경쟁에서 승리한 인류는 여유와 자유를 거머쥔다. '생각'이란 뇌의 기억망이 감각의 입력으로 자극 받으면서 일어나는 의식의 파장이다. 인류는 생각을 시작하면서 고차 의식을 가진 존재로 진화했다. 그러자 놀라운 기적이 일어났다. 불, 바퀴, 종이, 전기, 자동차, 책, 인터넷, 인공 지능 따위는 모두 창조적 생각이 거둔 결실들이다. 쓸모없는 것들에 몰입하며 더 큰 즐거움과 재미를 깨달은 것은 또 다른 눈부신 진화의 산물이다. 놀이와 예술이 그것이다. 시, 음악, 춤, 그림, 골프, 축구, 바둑 따위는 먹고사는 일과 무관하다. 어쨌든 생각은 자신을 이해하고 세상이 어떻게 돌아가는가를 아는 수단이다. 사람들은 정형화되지 않은 놀이에 몰입하고 독창적인 예술 활동을 펼치면서 더 깊은 사색에 잠긴다. 이렇게 지구에 생각하는 동물, 즉 호모 사피엔스가 출현한다.

생각을 생각하라

사람은 생각하며 산다. 단 한순간도 생각 없이는 살 수 없다. 이 생각이란 무엇인가? 생각은 뇌의 기억망이라는 준거틀에 의해 새로운 감각 정보들을 분별하고 해석하는 행위, 즉 비교하고, 유축하고, 연역하는 일체를 가리킨다. 우리는 생각을 통해 낡은 관습적 이해에서 벗어나며 고차 의식의 존재로 나아간다. 반복적인 회사 업무, 가사 노동, 의례적인 의사소통을 할 때는 머리를 쓰지 않는다. 단지 몸에 각인된 무의식적 습관에 따라간다. 익숙함에서 벗어나면서, 혹은 관습들을 그대로 따르지 않고 의심하면서 생각을 시작한다. 익숙하고 당연한 일에 '왜?'라는 질문을 던질 때 사람은 자동화된 인습에서 벗어난다. 생각함은 익숙함에 대한 저항이고, 이것의 본질은 항상 다르게 생각함이다. 늘 가는 길을 가는 게 아닌 새로운 길을 가는 것, 이를테면 지도를 버리고 길 찾기, 모든 가능성들에 열려 있기, 한 번도 해 보지 않은 새로운 방법으로 시도하기, 그게 생각함이다. 물론 인터넷을 켜고 검색을 할 때도 생각이 작용하지만 인터넷 검색은 이미 있는 매뉴얼을 따라간다는 점에서 전제가 없는 사색의 몰입에 견줘 소극적인 방식이다. 그런 소극적인 방식으로는 창조의 불꽃을 일으키지 못한다. 사색은 더 능동적으로 창조의 역동성 속으로 자신을 밀어 넣는 일이다. 사색 능력을 향상시킨 자가 항상 더 많이 몰입하는 법이다.

   바쁜 삶에서 사색하는 삶으로

   불확실한 시대일수록 더 많이 생각해야 한다. 생각은 지적인 자극에서 일어나는 사고의 역동이다. 생각함의 동력은 지적인 자극에서 나온다. 이런 자극을 사람들은 다양한 문화 활동들, 즉 독서, 연극이나 영화 보기, 그림이나 음악 즐기기, 박물관 가기, 낯선 나라들을 여행하기 등에서 얻는다. 목전의 욕망과 생물학적 필요를 채우기 위한 활동들, 돈벌이만을 좇는 삶은 사색에 몰입하는 것을 지체시키고 방해한다. 일과 노

동을 목적으로 삼는 사람들의 최대 관심사는 오로지 생산과 성과로만 제한된다. 쉴 틈도 없이 일하는 삶, 노동으로만 채워진 삶에는 한가로움이 깃들 여지가 없다. 한가로움은 사색하는 삶을 위한 필요조건이다. 늘 쫓기며 사는 현대인의 쳇바퀴 같은 삶에는 사색의 오롯함이 깃들 여지가 없다. 그들은 자기만의 여유로운 시간을 거머쥐지 못한다. 왜 그렇게 됐는지조차 모른 채 쫓겨 사는 것이다. 시간에 쫓긴다는 것은 "예측 불가능성과 통제권 박탈의 결과"[23]다. 결국 시간에 쫓겨 삶의 주도권을 내가 아니라 다른 누군가에게 넘겨준다는 뜻이다. 제 삶의 시간을 제 마음대로 쓸 수 없다면 그것은 노예로 전락하는 것이다.

속도를 줄여라

오늘날 사람들은 바빠서 가족과 함께할 수 있는 시간도 못 내고, 바빠서 책을 읽을 시간도 없고, 바빠서 여행은 꿈도 꾸지 못한다. 한가로운 사람은 이상하고, 분주하고 활동적으로 사는 사람이 정상으로 보인다. 하지만 정작 이 바쁨을 자발적으로 선택했다는 사람은 드물다. 다들 자기가 선택하지

---

23   브릿지 슐트, 『타임 푸어』(더퀘스트, 2015), 안진이 옮김, 379쪽.

않았는데 바쁘게 살아가는 것이다. 한 사회학자는 이것을 '선택하지 않은 선택(nonchoice choice)'이라고 말한다. 시간에 내쫓기며 사는 삶의 문제는 무엇인가? 우리가 일에 내몰리며 바쁘게 사는 것은 다른 무엇인가를 위한 시간을 잃어버린다는 뜻이다. 우리는 지금 이 찰나의 기쁨들, 사랑하는 사람과 웃고 떠들며 함께하는 저녁들, 강가를 서성이며 사색할 시간의 호젓함, 평생 열망하던 것들을 위한 기회를 잃는다. 미친 듯이 흘러가는 시간들이 이 모든 가치 있는 기회를 앗아 가도록 방치한다는 것은 얼마나 어리석은가? 우리 인생은 단 한 번뿐이다. 그런데 일에 정신없고, 피곤하고, 빡빡하고, 허덕이느라 이것을 뜻 없이 흘려보낸다면 죽을 때 얼마나 후회할까?

지나치게 바쁘게 사느라 사색하는 능력을 잃는 순간 인간은 "일하는 동물(animal laborans)로 전락"[24]한다. 생각함은 오로지 속도의 늦춤 속에서만 가능하고, 사색의 지속에서 창조의 열매들이 맺는다. 분명한 것은 사색적 삶이 지속성과 한가로움의 선물이라는 점이다. "노동의 시간, 더 정확히 말해 노동으로서의 시간은 지속성이 없다. 반면 긴 것, 느린 것은 소모와 소비의 손아귀에서 벗어나며, 지속성을 확립한다. 사

---

24   한병철, 『시간의 향기』(문학과지성사, 2013), 김태환 옮김, 148쪽.

색적 삶은 지속성의 실천이다."[25] 사색 속에서 위대한 질문들을 발명하라. 그리고 지적인 모험에 뛰어들라.

지금 이 순간에 집중하라

인터넷 검색과 링크의 시대에는 눈과 손이 바쁘게 움직이며 필요한 정보들을 얻어 낸다. 인터넷으로 검색하고 링크에 연결되는 것은 가장 효율적으로 필요한 정보를 획득하는 수단이긴 하지만 이것만으로 우리 삶은 충분하지 않다. 인터넷 검색과 링크에는 도무지 머뭇거림, 느긋함, 수줍음, 기다림 등이 깃들 사색적 머무름이 없다. 손쉽게 얻은 정보는 빠르게 소비되고 버려진다. 정보의 생산과 소비가 광속으로 일어나는 사회로 접어들며 잃어버린 것은 느림과 한가로움을 기반으로 하는 사색하는 삶이다.

무의미한 바쁨과 허둥지둥 하는 삶의 방식에서 벗어나야 온전한 삶을 살 수가 있다. 삶을 추동하는 가속도를 늦춰야 지금 이 순간에 집중할 수 있기 때문이다. 40대에 접어들며 나는 아무 연고도 없는 시골로 왔다. 시골의 한가로움에 머물며, 책을 집중해서 읽고 들길을 걸으며 오래 산책하고 싶었기 때문이다.

---

25   위의 책, 150~151쪽.

나를 돌아보는 자기 성찰의 시간이 간절했다. 2000년 여름, 나는 시골로 왔다. 『도덕경』과 『장자』에 빠져 지내며, 더 많은 시집과 철학책들을 읽었다. 나는 봄마다 시장 한 귀퉁이에 들어서는 나무 시장에서 유실수를 사다 심고, 모란과 작약이 꽃 피는 봄날을 기쁨으로 충만한 채 보냈다. 생활이 단순해질수록 사유는 풍부해진다. 그래서 나는 시골에 내려와 생활을 극단적으로 단순화하고, 독서와 산책과 명상의 시간을 늘렸다. 사색은 나와 세계가 하나로 합일되어 몰입하는 기회다. 사람은 몰입할 때 창의적인 통찰의 기회를 붙잡는다. 나는 오랫동안 잃었던 생체 리듬을 되찾고, 지금 이 순간에 집중할 수 있었다. 그 결과로 나는 생각하는 인간, 호모 사피엔스의 후예로서 명예와 위엄을 되찾을 수 있었다.

─── 호모 로퀜스
Homo loquens

인간, 말로 빚은 존재

사람은 태어나고, 일하다가, 죽는다. 그게 사람이다. 이 정의에 한 가지 요소가 빠졌다. 사람이 말의 존재라는 점이다. 사람은 말을 씀으로써 비로소 사람이다. 인간은 더도 덜도 아닌 말로 빚어진 존재이다. 말이 없다면 사람은 저를 하나의 의미 있는 존재로 빚어낼 수 없을 것이다. 말로 제 존재를 빚지 못한다면 우리는 동물의 일원이라는 한계에 갇혀 버렸을 테다. 동물들도 제각각 소리를 내고 음성 언어적 신호로 의사소통을 하지만 동물이 내는 소리를 '말'이라고 하지는 못한다.

그것은 짧은 신호, 울부짖음에 가깝다. 반면 사람은 긴 문장으로 이루어진 말을 한다. 사람이 주고받는 말들은 긴 말들이고, 많은 말들이 중복문으로 이루어진다. 사람이 발화하는 긴 말들은 너른 면적으로 움직이며 사물에게로 다가가는데, 이는 인간 정신의 구조를 반영한 것이다. "긴 문장, 부속절이 딸린 중복문에서 인간은 멀리 돌아서 사물에게로 가닿는다. 인간은 중복문을 이용해 마치 올가미로 둘러싸듯이 사물을 둘러싸고, 회귀하는 중복문의 만곡을 통해 자신에게로 끌어당긴다. 중복문에서 멀리 집어던짐과 봉쇄, 멀고 가까움, 낯선 것에 대한 개방과 원래의 자신에게로의 귀환, 이런 성질들이 감탄스러운 경지로 공존한다."[26] 말은 무엇인가를 분별하고 지시하기 위한 것이 아니라 태초에 이미 사람 안에 있는 하나의 전체였다. 새들이 제 종족의 말을 배워서 소리와 리듬이 조화된 합창에 참여하는 것이 아니다. 새들의 지저귐은 본성이고, 새 떼의 합창은 자연 그 자체다. 새들은 지저귐으로 제 존재성을 증명한다. 그것만으로 충분하다. 새에게는 복잡한 사고가 없기 때문이다. 사람의 말은 본디 그러한 것, 타고 난 내면 형질의 발현이다. 사람의 긴 말은 복잡한 정신과 사유에 대한 대응이고, 그것의 생리적 특징들, 심장 박동, 들숨과 날

---

26 막스 피카르트, 『인간과 말』(봄날의책, 2013), 배수아 옮김, 128쪽.

숨, 피의 순환, 발성 기관들에서 나온 소리를 기원으로 삼는다. 단조롭던 음성 언어에 음조와 기억이 더해지고 다듬어지면서 그것은 훨씬 세련되고 풍부해졌을 것이다. 원시 인류의 말이 으르렁거리는 말, 즉 자연과 본능에서 나온 소리라면, 지금 인류의 말은 정교하게 다듬어진 인공어이자 문명어일 테다.

말은 소리로써 음악이고, 논리적 상징이며, 대상을 지시하는 기호다. 말은 인류의 역사 경험과 갖가지 생활 경험이 그 안쪽에 착색되면서 부족의 심상, 상상력, 고뇌, 기쁨, 꿈들에 대응하는 부족 언어로 자라난다. 막스 피카르트는 이렇게 말한다. "인간 안에는 언어가 하나의 전체로서 깃들어 있다. 전체성은 말 속에 있는 신의 흔적에 해당한다. 인간이 말을 하기 이전에, 말은 이미 인간 안에 들어 있다. 말은 인간 안에 침묵하는 전체 언어로서 들어 있다."[27] '예쁘다!'라는 말은 그 말 이전에 이미 우리 안에 심미적 감각의 형태로, 언어 이전의 형태로 있었다. 그 감각에 소릿값이 주어졌을 때, 그것은 '예쁘다!'라는 소리로 세상에 처음 나왔을 것이다. 말은 사람 속에 오롯한 침묵하는 전체 언어, 즉 이성에 앞서는 본성의 내재성으로 말미암아 사람의 운명으로 귀속한다.

---

27 위의 책, 113쪽.

모국어는 몸의 언어다

누구에게나 말 중의 말은 모국어일 테다. 입을 열면 자연스럽게 나오는 말, 배우지 않고 쓸 수 있는 쉬운 말, 모국어는 태(胎)의 언어, 어머니의 언어, 나를 기른 대지의 언어이다. 동시에 고향의 언어, 향촌의 언어, 고토(故土)의 언어다. 이때 고향은 지리적 장소가 아니라 오래된 정주(定住), 관습과 풍속이 배태되는 곳, 혈족과 자연과 이웃들이 한데 엉겨 삶의 바탕을 이루는 시공이다. 고향은 우리의 실존을 꿰뚫어 그것이 본디 있어야 할 당위적 자리임을 인격과 감각의 바탕에 되새긴다. 모국어와 고향은 하나의 태에서 나온 탓에 서로 닮는다. 그렇기 때문에 그것이 만들어진 장소의 토양과 기후, 강물과 바람의 속도, 진흙과 초목들이 뒤섞인 냄새, 초여름 밤의 온도와 습기, 한겨울 밤의 냉기가 진동한다. 모국어는 아버지의 아버지의 말들, 증조할아버지의 증조할아버지의 말들, 엄마와 형제의 말들, 삼촌과 이모의 말들, 늘 만나고 헤어지는 이웃의 말들이다. 모국어는 "사물들의 무대, 상상력의 극장, 믿음의 모든 곳"[28]이다. 우리는 모국어라는 환경 안에서 생명을 부여받고 삶을 꾸리며 자연스럽게 모국어를 쓰는 인간으로 길러

---

28 메리 올리버, 『휘파람 부는 사람』(마음산책, 2015), 민승남 옮김, 117쪽.

지는 것이다. 모국어는 피와 살이 된 것, 들숨과 날숨이 된 언어, 영혼을 타오르게 하는 불, 영원한 빵이다. 사람은 누구나 모국어 환경에서 태어나고 자라면서 모국어 사용자로 거듭 태어난다. 이 말은 모국어 환경 속에서 감정, 정념, 생각을 인지하고, 자아의 태동을 겪는다는 뜻이다. 고향을 떠난 자들에게 모국어는 영원한 결핍의 언어, 원초적 갈망의 언어, 언젠가 돌아가야 할 자기 근원의 언어다. 고향에 대한 그리움은 실은 모국어에 대한 그리움일 것이다.

가와바타 야스나리의 일본어, 샤를 보들레르의 프랑스어, 니코스 카잔차키스의 그리스어, 도스토예프스키의 러시아어, 파울 첼란의 독일어, 페데리코 가르시아 로르카의 스페인어가 그렇듯이 한국어는 김소월과 윤동주와 이육사와 김수영과 김춘수의 모국어다. 이상의 「오감도」 연작시들은 모국어에 저항하면서 탈주를 기도했으나 결국은 한계에 부닥친다. 나는 한반도에서 태어나 한국어를 모국어로 익히고 그 언어로 시를 써 온 사람이다. 나는 분명 한국어 사용자이다. 하지만 그것의 외연은 크고 넓어서 '나'라는 고착을 넘어선다. 모든 모국어가 그렇듯이 한국어는 머리의 언어가 아니라 몸의 언어다. 세계와 세계 사이에서 틈으로 존재하는 몸! 세계를 벌려 틈을 만들고, 그 틈으로 도래하는 몸! 몸이란 세계가 접혀 들어간 부분이다. 몸은 사유와 말들의 봉인된 덮개다. 그 몸 안에서 모국어는 우글우글 들끓는데, 사실 모국어란 몸의 존재론적 증명인 것이다. 지난 40년 동안 내가 쓴 시들이 모국어의 향연이었다는 사실에 자긍심을 느낀다. "시란 불운과 불행이 불러내는 기적이 아닌가! 기적을 위해서는 기다림이란 초기 투자가 필요하다. 내 핏속에 굶주린 새 떼가 되어 흩어지는 문장들. 한 줄로 압축할 수 없는 것들의 난감함으로 배[腹]를 밀며 여기까지 왔다."[29] 내 모국어는 거대한 우주적 침묵에 뿌리를 내리고 종유석처럼 자라다가 존재 바깥으로 뻗쳐나온다. 내 고통들은 오래되었고, 그 근원에서 슬픔과 노래가 모국어를 통해 터져 나온다.

프란츠 카프카는 체코의 프라하에서 유대인 상인의 장남으로 태어난 사람이다. 프라하의 한 대학에서 독문학과 법학을 전공하고, 프라하의 왕립 노동자 재해 보험 공사에서 법률가로 일했다. 한 직장에서 14년간 일하며 밤에 집에 돌아와서는 독일어로 소설을 썼다. 1916년에서 1917년에 걸친 겨울, 카프카의 여동생 오틀라는 오빠를 위해 프라하의 한 골목에 작은 방을 얻는다. 카프카는 밤에서 새벽으로 이어지는 시간 동안 이 작은 방에서 「시골의사」와 같은 단편을 썼다. 카프카에게 독일어는 진정한 모국어가 아니라 이방의 언어, 자기 소

---

29   장석주, 「자서」, 『몽해항로』(민음사, 2010), 8쪽.

외를 일으키는 외국어였을 테다. 그는 모국어에서 배제되고 소외된 자다. 그의 문학이 탐구하는 주제가 인간 실존의 소외, 비극, 미망, 악몽인 것은 우연만은 아니다.

밤에 흠뻑 잠겨. 이따금 골똘히 생각하기 위하여 고개를 떨어뜨리듯 그렇게 흠뻑 밤에 잠겨 있음. 사방에는 사람들이 잠자고 있다. 그들이 집안에서, 탄탄한 침대 속에서, 탄탄한 지붕 아래서, 요 위에서 몸을 쭉 뻗거나 오그린 채, 홑청 속에서, 이불 밑에서 잠자고 있다는 조그만 연극 놀음, 순진무구한 자기기만. 사실 그들은 언젠가 그때처럼 그리고 후일 황야에서처럼 함께 있는 것이다. 벌판의 막사, 헤아릴 수 없는 수효의 사람들, 하나의 큰 무리, 한 민족이 차가운 하늘 밑 차가운 땅에 내던져져 있는 것이다. 이전에 서 있었던 곳에서 이마는 팔에 박고 얼굴은 땅바닥을 향한 채 조용히 숨쉬며. 그런데 내가 깨어 있구나, 파수꾼이구나, 바로 옆에 있는 사람을 찾자고 곁의 섶 나뭇더미에서 꺼낸 불타는 장작을 휘두르는구나. 왜 너는 깨어 있는가? 한 사람은 깨어 있어야 한다고 한다. 한 사람은 있어야 한다.

— 프란츠 카프카, 「밤에」 전문[30]

30 전영애, 『시인의 집』(문학동네, 2015), 151~153쪽에서 재인용.

카프카, 불면의 밤을 건너는 나그네. 그에게 독일어는 고독이라는 강을 건너 주는 나룻배요, 닫힌 세계의 문을 여는 열쇠일 테다. 그에게는 인간 실존을 위한 격전의 무기였던 독일어가 불가피하게 의사(疑似) 모국어다. 23세 청년은 밤에서 새벽으로 이어지는 시간에 밤의 파수꾼이 되어 깨어 있다. 이 깨어 있음은 독일어와 함께하는 깨어 있음이다. 그는 자기 정체성 안에서 이질적인 요소로 서걱거리는 독일어를 끌어안고 싸운다. 제 인격과 감각에서 소외된 언어는 내전을 통하지 않고는 쓸 수 없는 언어다. 그는 이중의 싸움을 벌여야만 했는데, 독일어와 실존이라는 두 가지가 그 싸움의 상대다. 따라서 그의 내면은 항상 병영 없는 내전이 치러지는 자리였다. 카프카에게 독일어는 미완의 기획으로서만 완전하다. 하지만 카프카의 언어는 궁극적으로 시의 언어이고, 시의 언어는 모국어의 정수다. 시의 말은 원초적 언어이다. 그것은 침묵과 세상의 저잣거리를 떠도는 말 사이에서 나온다. 그것은 세계의 본질을 해명하는 데 기여한다. "시는 세계 자체이며, 가장 근원적인 세계다."[31] 시는 그 자체가 세계이며, 세계에 뿌리를 내린 근원적인 그 무엇이다. 시의 말은 순수하고 완벽한 방식으로 세계의 현재성을, 현존의 생생함을 전달한다.

---

31 막스 피카르트, 위의 책, 218쪽.

우리 시인 중에서 모국어 지향을 가장 충실하게 보여 준 시인은 단연코 백석이다. 백석의 시에 자주 나오는 평안도의 토속 음식, 집, 민속, 동식물을 지시하는 박물적인 언어들을 보라. 맛과 냄새, 소리와 색에 잇대인 감각 언어들, 좋다, 무섭다, 쓸쓸하다, 서럽다 등 다정한 감정 형용사들은 모국어의 은성한 향연이다. 백석의 시어는 어머니의 말이자 고향의 말이다. 나아가 이 북방 언어의 기원을 거슬러 올라가면 고조선의 언어, 고구려의 언어와 만난다. 백석의 시에 나오는 흥안령과 음산, 아무르와 숭가리 같은 지명은 이 고대 국가들이 번성했던 넓은 북방 지역을 가리킨다. 백석이 스스로 북방 유목 민족의 후예임을 자각했으리라고 충분히 짐작해 볼 수 있다. 백석은 북방 방언을 제 시에 끌어들임으로써 그것을 또렷하게 드러냈다. 백석의 시는 시 자체로도 높은 성취를 이루지만, 모국어가 숙명으로 체현한 생명의 살뜰함과 정념의 애틋함을 잘 살려 쓴 탓에 더 긴 생명력을 얻는다.

닭이 두 홰나 울었는데
안방 큰방은 홰즛하니 당등을 하고
인간들은 모두 웅성웅성 깨여 있어서들
오가리며 석박대를 썰고
생강에 파에 청각에 마눌을 다지고

시래기를 삶는 훈훈한 방안에는
양염 내음새가 싱싱도 하다

밖에는 어데서 물새가 우는데
토방에언 햇콩두부가 고요히 숨이 들어갔다
— 백석, 「추야일경(秋夜一景)」[32]

　백석의 시는 이미 많이 유실된 모국어의 원형을 엿볼 수 있
게 한다. 허나 이 모국어는 너무나 낯설어서 이걸 정확한 뜻을
짚어 가며 제대로 읽어 낼 사람은 드물 것이다. 요즘 도시 젊
은이라면 홰줏하니, 당등, 석박대, 시래기, 내음새, 토방, 햇콩
두부…… 따위의 말들은 낯설기만 할 테다. 과연 '마가리'라
는 어휘가 '오막살이'를 뜻한 북관(北關) 방언이라는 사실을
아는 사람이 몇이나 될까. 도시에서 나고 자란 20세기 후반
한국인이라면 아궁이와 연결된 고래를 내고 구들장을 덮어
만든 방바닥의 '구들'이 뭔지, 시골집에서 살아 본 경험이 전
무할 테니 '아르굴'이나 '아룻간'이 뭔지 모르는 경우가 다반
사일 테다. 이 어휘들은 모국어는 모국어이되 중세 한국어와

32　『정본 백석 시집』(문학동네, 2007), 고형진 엮음, 91쪽.

마찬가지로 움츠러들고 더러는 숨이 끊어져 숭고한 보편성에서 멀어진 낯선 언어이다. 백석은 제 시에서 평안도 정주 사람답게 서울 표준어와는 여러 면으로 다른 음운적 특징을 가진 평안 방언들을 거침없이 썼다.

아마도 보통의 독자라면 백석 시들에 예사로 나오는 "가이없이, 강쟁변, 게사니, 고아내다, 고조곤히, 곱새, 구덕살이, 길동, 김치가재미, 깽제미, 끼애리, 나주볕, 나줏손, 날기, 내임, 녕, 농마루, 눈숡, 느꾸다, 니빠디, 니차떡, 달은치, 달재, 당즈깨, 당추, 당콩, 덜거기, 돌능와집, 돌우래, 뒝치, 떠고다, 마가리, 마가을, 마누래, 말랭이, 먼바루, 모롱고지, 무리, 문주, 물팩치기, 바리깨, 반디, 방등, 벌기, 보해, 분틀, 상사말, 새꾼, 새하다, 마니, 올코, 이스라치, 자갯돌, 잠방둥에, 재밤, 재통, 조박, 조아질, 즘퍼리, 지게굳다, 집난이, 차랍, 큰마니, 텅납새, 토리개, 트근하다, 학실, 항약, 헤다, 화디, 후치"[33] 따위의 어휘들에 놀라고 눈이 휘둥그레질 것이다. 백석 시의 많은 어휘들은 평북 지방의 옛말, 즉 한반도 북방의 방언들이다. 백석 생전에 이 평안도 방언들은 생활 언어로 널리 통용되고, 모국어의 범주 속에서 생각과 뜻과 감정과 마음을 드러내는 유력한 음성 기호들이었을 것이다. 하지만 분단의 오랜 고착화와 세

---

33 위의 책, 316쪽.

월의 격절에 따른 이질화로 말미암아 지금은 자연스럽게 퇴출되고 망각한 모국어의 한 범주다. 남북, 월북 작가들의 해금 이후 백석 시가 자유롭게 읽히기 시작하자 이 모국어의 보고(寶庫), 모국어의 놀라운 신천지, 모국어의 미덥고 정다운 대장간은 고스란히 우리의 몫이 되었다. 백석이 우리 모국어의 뿌리 중 하나인 북방의 언어로 시를 쓴 시인이라는 사실은 한반도인에게는 뜻밖의 선물이고 축복이다!

우리는 추억 속에서 산다

—— 호모 노스텔지어스
Homo nostalgias

미각으로 추억하는 인간

추억의 큰 부분은 미각과 관련되어 있다. 먹는 것은 미각, 촉각, 시각, 청각이 다 참여하는 육체의 일이다. 음식이 입안에 꽉 찰 때 식감은 오감을 자극하는 바가 있다. 음식의 풍미를 즐기다 보면 절로 미소가 떠오른다. 사람은 왜 뭔가를 먹는가? 배고프니까, 먹는다. 살아야 하니까, 먹는다. 사람은 먹어야만 사는 존재인 것이다. 살과 피로 된 존재이니까. 그러나 먹는 것은 항상 그 이상이다. 장앙텔므 브리야사바랭은 "동물은 배를 채우지만 사람은 먹는다. 오직 지적인 인간만이 먹는 법을 안다."라고 했다. 주린 배를 채우는 것은 동물의 일이고, 사람은 먹는 것에서 더 많은 의미를 찾아낸다. 분명한 것은 먹는 것이 육체의 일이면서 영혼의 일이라는 점이다.

나는 밥과 김치, 미역국과 된장찌개를 좋아한다. 그 밖에도 김, 계란 반숙, 잡채, 국수, 동치미, 동지 팥죽, 호박수프, 청어 구이, 생선초밥, 복어지리, 민어회, 굴전, 안심스테이크, 삼겹살찜, 함흥냉면, 콩국수, 스키야키, 두부 탕수, 김치찌개…… 따위를 좋아한다. 더러는 스파게티나 피자, 탕수육과 자장면도 가리지 않고 먹는다. 뭐, 내 입맛이 그다지 특별하다고 할 수 없다. 다른 사람들이 좋아하는 음식을 나 역시 좋아할 따름이다. 음식 중에서 으뜸은 어머니가 끓여 주신 늦가을의 청국장이다.

입동 뒤 저문 들에서 배추 잎들이 시들고 식물들의 광합성 성과는 현저하게 낮아지네. 남도 강물들은 낮은 곳으로 휘어지고 관동 하늘엔 미성년의 자잘한 별들이 자욱하네. 상강 이후 초경과 함께 대퇴골이 견고해지는 조카딸들의 피부는 얇아지고 혈관은 투명해지네. 울어라, 밤의 여치들이여. 곧 너희들의 시대는 가고 가을은 장엄하게 거덜 나리라! 가협 마을에서 소규모 영농인으로 변신한 노모여, 알궁둥이로 시든 풀밭에 뒹구는 누런 호박들을 거두고 수수를 털어 볕에 말려 겨울

채비는 끝내셨는가. 늦가을 저녁 부엌에서 구운 간고등어와 한 상에 올린 청국장은 왜 혀끝에서 아득해지는가. 청국장엔 왜 '청'이 들어가는가. 조락의 계절에 더욱 헐렁해진 모근들. 산림욕장을 다녀오며 병자호란 때의 청나라 군사들은 과연 청국장을 먹었는가를 골똘하게 생각하네. 여뀌는 왜 여뀌가 되고 청국장은 왜 청국장이 되는가. 이 나라 상고시대에도 청국장을 먹었는가. 늦가을 저녁 부엌에서 청국장을 뜨신 당신, 당신은 늦가을의 풍운아인가. 아니면 늦가을이 당신의 풍운아인가. 입동 이후 북쪽 마을엔 첫눈이 내리는가. 천신만고 끝에 물은 살얼음으로 변하고 첫눈은 오시는가. 이윽고 눈보라가 블라디보스토크에서 연달린 산과 산을 성큼성큼 달려와 미시령 천지간까지를 하얗게 장악하는가. 오, 청국장은 청국장을 모르고 사랑은 사랑을 몰라라. 눈보라 치는 새벽에는 밀항한 남자가 되어 편지를 쓰리라. 곱은 손을 녹이며 두고 온 처자에게 편지를 쓸 가슴이라도 되리라.

― 「늦가을 저녁부엌―주역시편·11」[34]

모과나무에 매달린 열매들이 노랗게 익고, 은행나무의 황금빛 잎들이 바람에 우수수 떨어진다. 서리가 내리고, 산간 지

---

34 장석주, 『오랫동안』(문예중앙, 2012), 64~65쪽.

방에는 초빙(初氷)이 얼 때, 나는 벌써 입맛을 다시며 설레는 것이다. 청국장 때문이다. 어머니는 해마다 삶은 콩을 띄워 청국장을 만드셨다. 삶은 콩은 지푸라기의 곰팡이균으로 발효되어 청국장이 된다. 청국장은 고약한 냄새를 풍긴다. 그 고약한 냄새를 퍼뜨리는 청국장이 그토록 감칠맛 나는 음식으로 변한다는 게 신기하다. 추위가 몰려오는 늦가을 무렵, 하얀 두부를 넣어 보글보글 끓인 청국장과 고등어조림과 아삭아삭한 김장 김치가 한 상에 올라온 어머니의 밥상은 보약이다. 청국장 맛은 깊고 고소하며 두부의 식감은 부드럽다. 그것들이 입안에 들어왔을 때 혀는 부르르 떨린다. 진미의 천국이 따로 없다! 청국장을 한 숟갈씩 입안으로 넣어 밥과 함께 저작하고 목구멍으로 넘길 때 나는 내 삶이 비로소 온전한 것이라고 느낀다. 내겐 편작이나 화타가 필요 없다. 청국장만 한 명의가 없다. 독한 감기를 앓다가도 청국장과 밥 한 그릇을 비우면 거뜬히 일어날 것만 같다. 이제 더는 어머니의 청국장을 먹을 수가 없다. 어머니가 세상을 뜬 뒤 어머니를 잃은 슬픔도 컸지만, 다시는 어머니의 청국장을 먹지 못한다는 사실도 비통했다.

많은 사람들이 지나간 시절의 따뜻했던 기억에서 위안을 받는다. 힘들건, 슬프건 간에 지나간 기억은 오늘의 나를 살찌우고 키운 자양분이다. 사람들은 이 자양분을 '추억'이라는

이름으로 호명한다. 왜 우리는 추억을 환기시키는 '복고'에 그 토록 열중하는가? 영화「국제시장」이 그렇고,「쎄시봉」열풍이 그렇고, 드라마「응답하라」시리즈가 그렇다. 추억이 무엇이길래, 우리는 왜 자꾸 응답하라고 추억을 보채는가?

추억, 잊을 수 없는 불가능한 꿈

추억은 자잘한 기억이다. 자잘한 기억들은 자잘한 것이기에 아름다움으로 승화한다. 삶에 움푹 파인 자리를 남기는 큰 사건, 즉 전쟁이나 화산 폭발, 지진 같은 재난은 추억이 아니라 상처다. 상처는 비통하지만 추억은 아련하고 애틋하다. 추억의 8할은 어린 시절의 일들이고, 고향 산천과 인물들의 기억으로 이루어진다. 고향은 아늑한 정주의 옛집이고, 사라져 버려 더 아련해진 옛날의 시공간이다. 사람은 고향을 자기 정체성이 형성되는 '의미 창고'로 삼는다. 고향의 추억이 한 점도 없는 사람이라면 반드시 불쌍할 테다. 다행스럽게도 나는 시골에서 어린 시절을 보냈다. 내 추억의 오래된 것들은 당연히 시골 생활과 연관된다. 여름날 모기를 쫓느라 피운 마른 쑥이 타는 매캐한 연기 속에서 먹던 수제비 같은 것들, 담벼락 밑 벌집을 건드렸다가 벌에 쏘이고 벌겋게 부푼 상처의 욱신거림에 울다가 먹은 삶은 옥수수의 맛, 벌 쏘인 상처에 바른

날된장의 생생한 냄새, 그런 추억들이 내 안에 각인되어 노스탤지어를 분비해 낸다. 노스탤지어는 자아의 바깥, 저 너머의 기억이다. 우리가 살아 낸 것이지만 이미 멀어져서 회귀가 불가능한 지점으로 밀려난 '진정한' 경험들이다. 그런 경험은 돌아갈 수 없는 저 너머로 밀려 간다. "그러한 경험은 현재의 살아 낸 경험이라는 지평 너머, 고풍스러운 것, 목가적인 것, 이국적인 것, 그 밖의 허구의 영역으로 표현되는 저 너머에 놓이기 때문이다."[35] 이를테면 어린 시절의 경험들은 거머쥘 수 없다는 점에서 불가능한 꿈으로 아련해진다. 한마디로 노스탤지어는 몸의 기억에서 대상의 기억으로 대체된 것, "자아의 바깥에 있으므로 의미가 과잉된 동시에 결핍된 기억"[36]이 만드는 환상통이다.

　지나간 시절의 어떤 장소, 사건, 음식, 인물은 영영 잊을 수가 없다. 어떤 여름날의 아침 마당에서 파닥거리는 의문의 물고기 몇 마리, 어린 시절 열병을 앓고 난 뒤 회복기에 먹은 복숭아의 달콤함, 중학교 시절 이웃집 소녀에게 건넸던 첫 연애편지, 한때 열광하던 우표 수집, 외할머니가 청둥호박으로 끓인 '풀떼죽', 우연히 잡지에 투고한 시가 처음으로 활자화되

35　수잔 스튜어트, 『갈망에 대하여』(산처럼, 2015), 박경선 옮김, 279쪽.
36　위의 글.

었을 때, 울긋불긋한 깃발이 나부끼고 대낮에도 촛불이 켜진 가운데 그림자를 드리운 낯선 기물들로 으스스하고 기이한 느낌을 자아내던 무당집, 종일 굶은 채 책을 파고들던 시립 도서관 참고 열람실의 서창으로 지는 해를 바라보던 때, '르네상스'라는 음악 감상실에서 나를 음악의 황홀경에 빠뜨렸던 「파가니니 바이올린 협주곡」, 기어코 좋아하게 된 바흐의 「무반주 바이올린 파르티타」 중에서 샤콘, 돈 매클레인의 「빈센트」라는 노래, 빌리 조엘의 모든 노래, 아무 조건 없이 선뜻 도움을 베푼 선배, 나를 끌어안은 누군가의 팔, 큰집 제삿날 모인 이름도 얼굴도 기억나지 않는 먼 친척들, 내가 사랑했으나 이제는 내 옆에 없는 사람들…… 이것들을 잊을 수 없는 건 이 작은 조각들 하나하나가 내 삶이기 때문이다. 삶은 이런 기억의 집적 위에 세워진다.

고향이 아름다운 기억으로 보존되는 것은 그곳이 실존의 의미 있는 경험들을 겪은 곳이고, 무의식에서 가장 친애하는 부모와 형제들, 자연의 풍광들이 고스란히 보존된 곳이기 때문이다. 그 원초적 장소 경험으로 인해 고향은 고요한 빛과 향기로운 정서를 드러낸다. 한번 떠난 고향은 결핍이고 부재로써 마음에 새겨지고, 무의식의 기억으로만 남는다. 이 망각 기억이 우연한 계기로 복원되는데, 이 복원되는 기억들이 고통과 수난을 담담하게 받아들이게 하는 힘이다. 그래서 실향민은 연어들이 모천(母川)으로 회귀하듯 고향으로 돌아갈 꿈을 꾼다. 고향이 없는 자는 돌아가 머리 누일 곳이 있는 자보다 견뎌야 할 불행이 더 큰 법이다.

감정은 기억이라는 자양분을 빨아들여 풍요로워진다. 기억이란 뇌에 저장된 과거 경험일 뿐이다. 전문가들은 기억이 부호화, 응고화, 인출이라는 세 단계를 거치고, 이것들이 절차 기억, 지각 기억, 의미 기억, 일화적 기억 등으로 나뉘어 뇌의 '문서실'에 보관된다고 말한다. 기억은 감정을 담당하는 뇌의 대뇌 변연계의 두 곳, 즉 해마와 편도체에 저장된다. 뇌의 해마(hippocampus)는 바다 동물인 해마 형상과 닮아 있어서 생긴 명칭이다. 해마는 뇌의 중앙 측두엽에 있다. 우리가 겪은 경험들을 처리하는 해마는 감각적 인상들을 하나의 다발로 묶어 저장한다. 해마가 없다면 기억은 생성되지 않는다. 편도체(amygdala)는 우리가 겪은 것들을 감각적으로 평가하는 역할을 한다. 해마와 편도체는 문서실의 서랍처럼 기억들을 간수한다. 우리는 기억의 연속성이라는 토대 위에서 저마다 삶을 만들어 간다. 기억의 연속성이 없다면 삶을 이어 가는 것은 불가능하다. 따라서 기억을 잃은 사람은 삶의 모든 것을 잃는다. 치매 환자는 기억이 끊긴 자리에서는 최소한도의 삶도 꾸릴 수 없음을 끔찍한 방식으로 보여 준다.

미국 남북전쟁 때 건장한 병사들이 시름시름 앓다 죽는

다. 그 원인은 향수병 때문이었다. 전쟁이 계속되면서 병사들이 제 고향으로 돌아갈 날들도 멀어진다. 유독 농촌 출신 병사들이 향수병에 잘 걸렸다. 그들의 자서전적 기억에 남은 어린 시절 전원의 아름다움은 과장되고 보잘것없는 고향조차 이상향으로 탈바꿈되었다. 낙원으로의 복귀가 좌절되자 병사들은 심각한 심리적 타격을 입었다. 결국 그것이 목숨까지 앗아갔던 것이다. 내 어린 시절의 슬픈 감정이 노스탤지어(nostalgia), 즉 향수병 때문이라는 걸 나중에야 알았다. 호메로스는 『오디세이아』에서 오디세우스의 긴 방랑을 그린다. 오디세우스는 스무 해를 객지에서 떠돌다가 천신만고 끝에 고향 이타카로 돌아온다. 노스탤지어는 이 오디세우스의 돌아옴과 관련해서 생긴 단어다. 그리스어로 귀환을 뜻하는 nostos와 고통을 뜻하는 algos가 합성된 이 단어가 머금은 본질은 귀환에 따른 지옥 같은 고통이다.

노스탤지어의 힘

먼 곳을 동경하고, 늘 어디론가 떠나고 싶어 하는 것은 혹시 사라진 이상향을 향한 그리움 때문일까? 멜랑콜리한 감정이 바탕이 되는 노스탤지어가 메마른 가슴을 적시면서 고향이라는 낙원을 꿈꾸게 하는 건 아닐까? 먼 곳에 대한 동경은 거머쥘 수 없는 과거를 향한 사무침과 한통속이다. 노스탤지어는 잃어버린 것을 향한 가없는 구애요, 이미 현실에서 사라진 부재의 장소에 가닿으려는 불가능한 꿈에서 깊어지는 마음의 병이다. 수잔 스튜어트는 이렇게 쓴다. "노스탤지어는 모든 반복이 진짜가 아님을 슬퍼하고, 반복을 통해 동일성에 도달할 가능성을 부인하는 반복이다."[37] 정신과 의사라면 향수병을 멜랑콜리아의 하나로 분류하고 우울증이라고 진단할 테다. 이 질병은 생활의 활력을 앗아 가고 심신 상실과 죽음에 이르게 할 만큼 위험하다.

실향자에게 고향은 매혹적이고, 부재의 이상향으로 빛난다. 고향을 회상하는 것으로도 위안과 힘을 얻는다. 고향은 정신의 닻과 같아서 세계에 대한 신뢰와 안정감을 갖게 한다. 향수를 불러일으키는 기억들은 대체로 달콤하고, 험한 세상의 강을 건너는 다리가 되어 준다. 비록 회귀가 불가능하더라도 고향은 불확실한 상황에서 겪는 불안과 동요를 경감시키며 우리를 안정시키는 심리적 지지대 역할을 한다. 그 이유는 무엇일까? "우리는 입증된 것과 알고 있는 것에 대해 기대고 싶어 하기 때문이다. 이를 통해 복잡성을 줄이고 불확실성을 감소시키며 정신적인 긴장을 누그러뜨리고 실망의 위험성

---

37 위의 책, 60쪽.

을 낮추기 때문이다."[38] 나는 오랜 세월 고향을 그리워했지만 고향을 찾지는 않았다. 스물몇 해 전 어머니를 모시고 고향을 찾았다. 한데 살던 집은 돼지우리로 바뀌고, 예전에 알던 사람은 단 한 명도 남아 있지 않았다. 타향보다 더 낯설게 변한 고향에서 어머니와 나는 내심 크게 당황했다. 해거름에 잠긴 고향 마을을 등지고 돌아 나오며 내가 진짜로 오갈 데 없는 실향민이 되었다는 쓰디쓴 실감과 더불어 고향을 그리움으로만 품었더라면 더 좋았을 것이라고 후회를 곱씹었다.

나는 청년기를 서울에서 보냈다. 서울은 고향 상실자들이 밀려들어 와 모여드는 곳, 즉 이향(離鄕)과 실향(失鄕)의 시공간이다. 서울은 이질적이고 복잡한 도시적 특성이 집약된 공간이지만 그것이 고향을 잃은 슬픔의 보상이 되지는 못했다. 오히려 그 복잡과 이질의 집합 속에서 인간성의 몰락과 퇴락의 징후들이 드러나기 때문이다. "도시는 몰락될 요소들의 집합체이다. 그 요소들은 자기의 자기됨, 정체성과 동질성에서 이탈해 버린 이질성과 그것들의 관계에서 오는 온갖 악과 허상들이다."[39] 일제 강점기에 이상이나 박태원 같은 '모던뽀이'들은 서울내기였으니, 애초 고향이랄 게 딱히 없는 사람들이

---

38   다니엘 레티히, 『추억에 관한 모든 것』(황소자리, 2016), 김종인 옮김, 308쪽.

39   전광식, 『고향』(문학과지성사, 1999), 94쪽.

다. 그들이 탈근대주의 문학을 지향할 수밖에 없는 조건은 그것으로도 충분했을 테다. 그들의 활동 무대였던 옥인동, 누상동, 청진동, 다동 따위는 내가 청소년기를 보낸 장소들과 겹쳐진다. 나는 불과 30년 정도의 시차를 두고 그들과 서촌을 공유했다. 이곳에서 보낸 시기는 작은 불행들로 점철되어 있다. 그 불행들은 세월이 지나면서 퇴색했고, 강렬했던 불행의 현재성이 휘발되면서 찌르는 듯했던 아픔은 오히려 달콤해졌다. 서촌의 그 많던 골목길, 시장통, 다방은 다 사라졌다. 백수건달로 떠돌던 시절, 문학 열병에 들려 무한 자유를 누렸던 청소년기는 가뭇없이 세월 저편으로 사라지고 그 기억은 추억이라는 퇴적층에만 남아 있을 뿐이다.

추억의 부정은 곧 삶의 부정이다. 사람들이 끝내 고향으로 돌아가려는 생각을 품는 것은 고향이 모든 갈망의 시작점이자 온갖 추억이 배태되는 곳, 원초적 행복의 기억으로 오롯한 시공이기 때문이다. 존재의 빈곤을 풍요롭게 채우는 부(富), 아무 해도 없는 청정한 탐닉, 멜랑콜리, 향수, 이것들은 다 추억과 연관된다. 추억은 감정의 풍요, 정감의 깊이를 가져다준다. 우리에게서 추억을 뺄셈해 버린다면 남는 것은 메마른 현실과 비루한 몸뚱이 뿐이리라. 아버지와 어머니, 형제자매들과의 기억들, 지난 시대의 풍속에 대한 추억들이 우리 몸의 일부로 또렷하다. 어떤 추억은 문득 운명의 중추가 되어 버린다.

그러므로 우리는 추억으로 빚어진 존재다. 추억은 현재의 부재이면서 동시에 현재를 기르고 부양하는 뿌리이다. 추억은 여기까지 버티고 살아온 힘이고, 앞으로 펼쳐질 나날을 살아낼 힘이다.

우
주
와
무

때로는 낯선 세계를 동경한다

자유와 탈주에의 꿈이 부푸는 계절의 한가운데를 지나갈
때 10월은 화성에 불시착한 탐사선처럼 우리 앞에 갑자기 떨
어진다. 낮은 짧고 밤은 길어진다. 모과나무 가지에 달린 모과
는 노랗게 익었는데, 이른 아침에 나가보면 모과 두어 개가 풀
밭에 나뒹군다. 양치질을 할 때 잇몸에 닿는 찬물이 몸서리쳐
질 만큼 시린 것도 이즈막이다. 나는 낯익은 거리에 서서 이명
증을 앓는 사람처럼 이마를 찌푸리고 어리둥절해한다. 청명
한 날들이 이어지고, 은행잎들이 황금색으로 변할 때, 마음

은 정처를 잃고 헤맨다. 바람에 은행잎들이 삐라처럼 날리는 날들. 이웃집 진돗개가 어두워진 뒤 허공을 훑으며 지나가는 바람 소리에 끙끙대다가 짖는다. 길고양이들이 밤의 골목에서 울부짖고, 여전히 아기들이 태어나지만 그 수는 턱없이 적다. 문 닫는 산부인과 병원이 부쩍 늘어나는 반면 노인들이 말년의 생을 의탁하는 요양 병원은 많아졌다.

내 나이가 더 이상 싱그럽지 않을 때 사물과 세계에 대한 호기심은 줄고, 열정은 얕아졌다. 사는 일의 모든 부면이 진부해지는 까닭이다. 삶의 표면에 붉은 녹처럼 달라붙는 이 진부함은 장소의 진부함과 무관하지 않다. 날마다 깨어나면서 이곳이 아닌 다른 장소이기를 바란다. 그곳이 서른 해 전 처음 만난 베를린이거나 발을 딛자마자 매혹당한 피렌체이거나 아직 가보지 못한 몽골 초원이거나 고비 사막이거나 상관없다. 장소란 경관이 위치한 외부 지리이고, 그 자리를 훑고 흘러간 시간이 빚는 경관이다. 또한 장소란 공동체의 기억, 이야기, 관계들의 내밀성으로 이루어진 총체다. 때때로 우리는 익숙해진 장소에 진저리를 치며 낯선 곳에서 깨어나 낯선 거리를 걷고 낯선 거리의 카페에서 커피를 마시고 싶은 것이다. 나 역시 반복되는 일상과 다른 먼 낯선 세계를 동경한다.

하지만 우리는 여러 현실적 제약들에 발목을 붙잡혀 떠나지 못한다. 우리는 생활비를 벌고, 은행 융자를 갚아 나가며,

누군가의 자식이나 부모 노릇을 한다. 그 일과 책임들, 계약과 관계들이 우리 몸뚱이를 현실의 한가운데 고정시킨다. 이것들이 안정과 균형을 잡아 주지만, 다른 한편으로 우리를 현실의 진부함 속에 붙박힌 채 살아가도록 만든다. 불안이 영혼을 침식하더라도 떠난다는 것은 사치다. 일상을 떨치고 떠나지 못하는 자는 해가 질 때 문기둥에 이마를 대고 죽어 가는 별처럼 긴 탄식을 한다. 떠날 수 있는 방법이 아주 없는 것은 아니다. '책'은 여행의 대안이다. 마음만 먹는다면 우리는 언제라도 책 속에서, 책 안으로, 책과 더불어 여행을 떠날 수 있다.

인간은 필연적으로 우주에 왔다

깊어 가는 가을, 강원도 오대산에 있는 고찰 월정사의 문화 행사에 초대받아 다녀왔다. 오대산 단풍은 절정이었다. 단풍을 꿰어 비치는 햇빛과 소슬한 바람 속에서 300년쯤 살아도 좋겠다고 생각했다. 100년은 찰나다. 새를 쏘러 숲에 들어가기에도, 평화로운 시대를 만나 막스 브루흐의 「콜 니드라이」나 연거푸 들으며 딸 셋의 육아에만 전념하기도, 콧수염을 기르며 목성을 연구하기에도 백 년은 너무 짧다! 300년을 산다면 몇 번의 실수와 과오에도 불구하고 인생을 바로 세우고, 지금보다 더 늠름한 인격과 고상한 취향을 가진 인간으로 살 수 있지 않을까!

산속의 밤은 급격하고 전면적으로 다가온다. 해가 지자 사방이 먹을 친 듯 캄캄해졌다. 월정사 뒤뜰로 나갔더니 인공조명 하나 없이 짙푸른 밤하늘이 와락 달려든다. 검은 벨벳 위에 진주 알갱이를 뿌린 듯 별들은 초롱초롱했다. 분명 국제 밤하늘 협회에서 탐낼 만한 순수하고 아름다운 하늘의 원형이 거기에 있었다. 관계자들이 알았다면 보존할 가치가 있는 밤하늘 사전에 등재하려고 서둘 것이다. 가까이에서 여치아목류의 벌레들과 작은 곤충들이 힘껏 울고, 산속 먼 데서 올빼미도 아득하게 울었다. 그 밤 살아 있는 것들이 내는 합창과 교향(交響)이 모호하고 형상 없는 삶을 온전한 실감으로 돌려주었다.

자정 너머 월정사 일대의 어둠은 순도 100퍼센트이다. 나는 그 어둠 속에 서서 문득 왜 우주는 무가 아니라 무엇인가로 채워져 있을까를 생각했다. 내 상념은 동양의 현자 노자가 말한 '무위자연(無爲自然)'의 철학적 의미와, 스티븐 호킹이 말한 '인류 원리'에 대한 것으로 흘러갔다. 나는 다소 쌀쌀한 기운을 느끼면서도 쉬이 잠들지 못하고 스티븐 호킹의 이런 문장을 오래 반추했다. "우리가 보는 세계는 우리가 보고 있는 그 모습 그대로이어야만 한다. 다른 가능성은 없다. 왜냐하면 세계가 다르게 존재할 수 있다면 그 세계를 보고 있는 우리

자신이 있을 수 없기 때문이다. ……우리가 현존하기 때문에 있는 그대로의 우주를 본다."[40] 우리의 행운과 행복은 바로 이것이다. 137억 년 전 홀연 우주가 나타나고, 이어서 태양과 지구도 생겨난다. 우주가 출현한 '빅뱅의 순간'을 보지는 못했지만, 우리는 알고 있다. 인류가 지구라는 별에서 살기 시작한 것은 행운이다. 우리는 지적 생명체가 탄생할 수 있는 조건을 갖춘 지구와 그것이 속한 우주를 보고 있다. 빌 브라이슨은 그러한 '행운'에 대해 이렇게 썼다. "우리의 우주에서 어떤 형태이거나 상관없이 생명을 얻는다는 것 자체가 엄청난 성과이다. 물론 인간인 우리는 두 배의 행운을 얻은 셈이다. 우리는 존재할 수 있는 특권을 얻었을 뿐 아니라, 그 가치를 인식할 수 있고 다양한 방법으로 삶을 개선할 수 있는 유일한 능력을 가지게 되었다. 그것은 이제 우리가 겨우 이해하기 시작한 능력이다. 우리는 놀라울 정도로 짧은 시간에 이렇게 훌륭한 위치에 도달했다. 우리가 언어를 사용하고, 예술 작품을 만들어 내고, 복잡한 활동을 조직적으로 할 수 있게 되어 행동적으로 현대화된 기간은 지구 역사의 0.0001퍼센트에 불과하다. 그러나 그렇게 짧은 순간 동안 존재하는 데에도 무한

---

40   스티븐 호킹, 『그림으로 보는 시간의 역사』(까치, 1998), 김동광 옮김, 159~160쪽.

히 많은 행운이 필요했다."[41] 더 놀라운 것은 우주와 우주 구조에 대한 진실에 더 가까이 다가갈수록 우주가 이미 '우리들'이 올 것을 알고 있었다는 사실이다. 이 우주에 항성, 은하, 퀘이사가 나타나 빛나기 시작한 이래로 우리를 환대할 준비를 갖추고 있었다는 점이다. 우리가 이 생명 우주에 온 것은 우연이 아니라 이미 그렇게 될 수밖에 없음, 즉 필연이다. 우주의 모든 것들은 상호 연결되어 있다. 그 상호 연기론의 바탕에서 보자면 우주는 거대한 하나의 생명이고, 우리는 그 온 생명의 부분을 이루는 개체들이다. 우리의 살아 있음 자체가 우주적 진리의 실현 과정이고, 생물학적 다양성과 복잡성이 출현하는 결과라는 것이다.

무(無)에서 유(有)!

우주는 왜 텅 비어 있지 않고 무언가가 있는가? 어둠 속 별들이 가득 깔린 하늘을 올려다볼 때 우주적 공간감은 더 커진다. 밤하늘을 올려다 볼 때, 이 광막한 우주와 마주 하고 있는 존재로서의 '나', 우주의 특정한 시간대를 통과하고 있는 나를 또렷하게 인지한다. 그 인지의 한가운데서 나는 왜 지금

41 빌 브라이슨, 『거의 모든 것의 역사』(까치, 2003), 이덕환 옮김, 499쪽.

여기에 있고, 우주는 빈 채로 있지 않고 무언가가 있는가라는 물음이 솟구친다. 이런 물음은 생명과 우주의 미스테리에 대한 궁극의 질문들이다. 이 생명과 우주를 해명하기 위해 상대성 이론이 나오고, 양자론이 나오고, 이것을 통합하는 초끈 이론이 나왔다. 초끈 이론에서 엠(M) 이론이 나오고, 브레인 이론이 나왔다. 내 양자 역학에 대한 이해는 한계가 있다. 그쪽에 대한 기초 공부가 얕기 때문이다. 하지만 내가 읽은 것만으로도 우주가 계속 팽창하고 있다는 것, 우주가 무에서 빅뱅을 일으키며 시작되었다는 것, 끊임없이 팽창하는 우주가 언젠가(과학자들은 이 순간을 '오메가의 순간'이라고 말한다.) 다시 무로 돌아간다는 것을 나는 어렴풋하게나마 안다.

"거의 대부분이 텅 비어 있는 우주 공간에 우리와 같은 생명체가 존재한다는 것은 정말로 놀랍고 흥미로운 일이 아닐 수 없다. 별과 은하 등 우리 눈에 보이는 모든 천체들이 무에서 출발한 양자 요동으로부터 탄생했으며, 우주에 존재하는 모든 물체의 고전적(뉴턴 역학적) 중력 에너지의 합은 양수도, 음수도 아닌 '0'이다."[42] 우주를 연구한 학자들은 공통적으로 이 우주가 '무'에서 나왔다고 말한다. 무에서 빅뱅이 일어

42　로렌스 크라우스, 『무로부터의 우주』(승산, 2013), 박병철 옮김, 161쪽.

나고, 그로부터 우주가 나왔다. 빅뱅에서 탄생한 별과 은하, 퀘이사, 가스 구름으로 이루어진 우주는 끊임없이 팽창 운동을 가속화하고 있다. 우주는 무의 품에서 빚어져 나온 것이다. 무는 살아 있는 무, 활동하는 무다. 이것은 무궁무진한 생성의 가능성을 품고 무한과 영원으로 펼쳐져 있다. 우주 만물은 이 안에서 생성과 소멸을 반복한다. 초목은 시들고, 사람과 동물은 죽는다. 한번 태어난 것은 반드시 죽어서 무로 돌아가는 것이다.

이 '무'는 어디에서 왔을까? '무'는 '무무'에서 나오고, '무무'는 '무무무'에서 나온 것이다. 이 완전한 무는 우주와 만물의 기원이다. 그렇다면 나는 왜 무 속에 있지 않고 생명을 얻어 이 지구에 살고 있는 것일까? 크리스토퍼 히친스는 이렇게 말한다. "무언가가 존재하는 이 우주에 우리가 살고 있다며 경이로움을 느끼는 사람들이여, 잠시 생각을 멈추고 내 말을 들어보라. 우주 어디를 둘러봐도 우리를 향해 다가오는 천체는 하나도 없지 않은가. 우리에게 다가오는 것은 오직 무일 뿐이다!"[43] 이 우주는 무에서 나오고, 우주를 떠받치고 있는 것도 무다. 이 무는 근원이자 본질이다. 양자역학이 밝히는 바에 따르면 이 무는 '아무것도 없는 상태'가 아니라 '양자적 진

---

43 위의 책, 179쪽에서 재인용.

공 상태'를 가리킨다.

　마흔 중반이 되어 서울을 떠나 살게 되면서 비로소 노자의 『도덕경』과 만났다. 그 첫 장에 나오는 "道可道, 非常道, 名可名, 非常名."이라는 구절에 매혹되었다. 이 구절의 해석은 분분하다. 일반적으로는 "도를 도라고 말할 수 있으면 늘 그러한 도가 아니다. 이름이 이름 지을 수 있으면 늘 그러한 이름이 아니다."라고 풀이된다. 그렇다면 '도'란 무엇이고, '이름'이란 무엇인가. 도는 형태가 없고 물질로 이루어진 것도 아니다. 도는 형태와 물질의 바탕이요 본질이다. 도는 무엇이라고 이름 지어 부를 수 있는 것이 아니다. 그것을 도라고 부르면 그것은 항상 그러함의 도가 아닌 것이 되어 버린다. 도는 '무'에서 나오고, 형태도 물질도 취하지 않으니 차라리 무라고 할 수 있다. 이름은 항상 그러함의 이름이 아닌 것이다. 도는 영원한 상수다. 그러나 만물은 한번 나타났다가는 사라지는 것이다. 만물은 생장하며 그 정점에 도달했다가 다시 차츰 수축하며 쇠멸한다. 죽어 사라지는 것은 항상 그러한 도가 아니기 때문이다. 우리가 살면서 겪는 모든 환희나 약동도 그렇다. 그것은 도의 그림자가 추는 춤이다.

　노자는 어떤 철학자보다 무에 대해 깊이 사유했음에 틀림없다. 무는 4000억 개가 넘는 은하를 낳는다. 이 무는 어떻게 이런 거대한 '유'를 만들었을까? 한 과학자는 이런 대답을 내

놓는다. "'존재는 왜 존재하는가? 왜 무가 아니고 유인가?'에 대한 현대 물리학의 답은 물체와 공간이 존재하지 않는 무는 양자 역학적으로 불안정하기 때문이다. 무는 오래 갈 수 없기 때문에 유이다. 마찬가지로 아무것도 존재하지 않는 무는 랜덤으로 변하지 않으면 안 되기 때문에 우리는 존재하는 것이다."[44] 노자는 "있음과 없음은 서로를 낳는다.(有無相生.)"(『도덕경』 2장)라고 언명한다. '있음'과 '없음'은 상호 연관으로 짝을 이룬다. 있음은 없음에서 나오고, 있음은 없음이라는 바탕을 제 쓸모의 근본으로 삼는다. 그런 통찰의 연장에서 노자는 "천하 만물은 유에서 생겨나고, 유는 무에서 생겨난다.(天下萬物生於有, 有生於無.)"(『도덕경』 40장)라고 했을 테다. 우리 존재가 있음에 속한다면 이것은 없음을 뿌리로 삼는다. 모든 있음은 없음이라는 근본 바탕 위에 서 있다. 다시 말하면 있음은 없음이라는 뿌리에서 나와 번성하다가 다시 쇠락하여 그 뿌리로 돌아간다. 우리의 생이란 그 있음과 없음 사이에서 추는 덧없는 춤이다.

노동에서 소외된 자들은 누구나 '자기의 사물화'를 꾀하는 자들이다. 그들은 덧없는 자유의 노예들이다. 그들은 "자기 직업에 내재하는 기계적인 행동 방식들의 레퍼토리에 '자

---

44   김대식, 『김대식의 빅퀘스천』(동아시아, 2014), 19쪽.

발적으로 예속됨으로써' 노예가 되었고, 그로써 자신의 유일성(singularité)에서 도피"한다.[45] 얼마나 많은 사람들이 직장의 업무, 사업 계획, 출장, 임무, 프로젝트, 현장 작업 등을 위해 제 시간을 쏟아붓는가! 니체는 '사업'과 '임무'에 바치는 시간들이 자기 삶을 비천하게 만들고, 자기 망각에 몰아넣는다고 말했다. 그 비루함을 근거로 하루 중 3분의 2를 제 마음대로 쓰지 못하는 사람을 노예라고 규정했을 테다.

노동자도 농부도 아니건만 나는 하루의 3분의 2를 내 마음대로 쓰지 못했다. 봉급에 매인 자도 아니면서 늘 원하지 않는 일들을 했다. 먹고 사랑하며 노래하고 기도하는 삶을 원했건만 실제로는 그렇게 살지 못했다. 산속의 밤공기 속에서 나를 돌아다봤다. 풀벌레들이 여기저기에서 지르르 울었다. 호수와 협곡도 없는 편평한 땅 위에서 나는 무슨 야망을 품었기에 등골이 휘도록 일을 했을까? 왜 그토록 책에 빠져 살았을까? 나는 어디에서 와서 어디로 가는가? 윌리엄 워즈워스의 「송시—어린 시절을 회상하며 영원함을 느낌」이라는 시 몇 구절을 떠올렸다. "우리의 출생은 한낱 잠이며 망각일 뿐/ 우리와 함께 떠오른 영혼, 우리 삶의 별은/ 다른 곳에서 진 뒤에 먼

---

45   프레데리크 시프테, 『우리는 매일 슬픔 한 조각을 삼킨다』(문학동네, 2014), 이세진 옮김, 30쪽.

곳에서부터 왔다." 태어남은 한낱 잠이며 망각인 것을! 시인은 우리 삶의 별은 다른 곳에서 진 뒤 이곳에 왔다고 말한다. 그렇다면 이곳에서 죽으면 또 다른 곳에서 태어날 수도 있지 않을까?

끝도 없이 오래된 서책이나 파고, 은행 융자를 갚는 일에 허덕이며 살 수만은 없다. 누군가를 사랑하지 못할 이유가 없으니 사랑하자. 황토방 흙벽을 긁어 그 텁텁한 걸 입속에 털어 넣으며 고독하다고 더는 울부짖지 말자. 그까짓 한국 고대사, 국어 음운론, 인문 지리학 따위는 덮어서 저만치 밀쳐 두자. 쓸쓸한 날에는 빌리 조엘의 노래를 들으며 수염을 깎고 샤워하며 콧노래라도 부르자. 늦봄엔 살찐 보리숭어 살점을, 여름엔 남해에 가서 민어 탕국을, 늦가을 싸늘해지는 저녁에는 동파육을 먹으며 살자. 상주 곶감 한 상자를 사들고 혼자 사는 노모를 찾아가자. 결혼한 누이동생들에게도 전화를 걸어 안부를 묻자. 사랑하고 싶은 이들을 힘껏 사랑하며 살자. 그게 우주적 인간이 마땅히 제 도리를 다하며 사는 방식이다!

쓰는 인간

3

—— 호모 파베르
Homo faber

도구의 세계에 사는 인간

사람은 태어나자마자 사물로 둘러싸인 세계에서 살아간
다. 사는 동안 사물은 꾸준히 증가한다. 이것들의 도움이 없
다면 삶은 불편한 것이 되고 척박해질 테다. 이렇듯 사람은
사물을 쓰면서 살다가 죽는 존재다. 사람은 도구와 사물을
자유자재로 만들어 쓰면서 '영장목'으로 두각을 드러낼 수
있었다. 사물은 그 내구성, 다양성, 쓸모로 우리의 필요에 부
응한다. 사람의 할 일을 대신하고 부족함과 결핍을 채운다는
점에서 사물은 도구이며 신체의 연장(延長)이고, 그 기능의

확장이다. 망원경과 현미경이 눈의 연장이라면, 호미와 삽은 손과 발의 연장이고, 마이크는 발성 기관의 연장이며, 책은 뇌의 연장이다. 망원경, 현미경, 호미, 삽, 책은 사물이면서 동시에 도구들이다. 이것들의 쓰임은 다양해서, 관습을 공고하게 만들고, 삶의 질을 드높이는 데 기여한다.

인간은 도구의 연관으로 이루어진 세계에서 산다. 도구가 사라진 세계란 상상할 수도 없다. 우리는 눈을 뜨고 잠들기 위해 눈감을 때까지 도구와 더불어 산다. 삶을 풍요롭게 하고, 조력자 역할을 떠맡는 도구들! 이것들은 스스로 '창발적 행동'을 하는 대신에 항상 고정된 자리에서 우리의 부름을 기다린다. 실은 우리가 이 도구의 연관으로 이루어진 세계로 들어서면서 여러 실천의 장들이 펼쳐진다. 도구는 어떤 도덕적 의지도 갖지 않지만 사용자의 의도에 따라, 범죄, 전쟁, 정치의 영역으로 그 활동 무대를 넓힌다. 손은 코르크로 밀봉된 와인병을 열지 못한다. 와인 오프너는 아주 간단하게 코르크 마개를 제거하고 밀봉된 와인을 따를 수 있게 한다. 하늘에서 비가 쏟아지면 우리는 속수무책으로 비에 젖는다. 우산은 이 난처한 사태를 쉽게 해결한다. 우산을 펼쳐 일인용 지붕 속으로 들어가 비를 피한다. 경첩은 문과 기둥을 연결한다. 경첩이 없다면 문은 제 기능을 할 수가 없다. 와인 오프너와 우산과 경첩을 고안하고 만든 건 사람이다. 이렇듯 사람은 다양한 도구와 사물을 만들고, 이것에 의지해 살아간다.

침대

많은 사람들이 침대에서 태어나고, 침대에서 인생을 보내다가, 결국은 침대에서 죽는다. 문명사회에 사는 사람들은 침대에서 자고 아침이 오면 침대에서 깨어난다. 침대에서 규칙적인 잠을 이루는 사람을 불행하다고 할 수 없다. 그는 최소한도의 행복을 누리는 자다. 침대 위에 척추를 눕힐 때 우리는 수직의 삶에서 수평의 삶으로 이동한다. 수직의 삶이 일과 수고에 연관된다면 수평의 삶은 잠과 휴식으로 이어진다. 수직의 삶과 수평의 삶이 불화할 때 몸은 탈이 나기 십상이고, 마음은 전전긍긍한다. 침대는 수면과 휴식, 그리고 연인들의 사랑을 떠받친다. 침대는 그 어느 곳보다 사적인 장소이고, 몽상과 독서가 이루어지는 곳이며, 수면과 사랑에 최적화된 도구다. 침대에 누우면 아무리 파고가 높은 슬픔도, 분노도 잦아든다.

그동안 침대에 관한 이런저런 글들을 읽었다. 그중에서 기억에 남는 건 프랑수아즈 사강의 「침대」라는 짧은 글이다. 사강에 따르면 침대란 부부에게 "적정한 아니면 추악한, 결혼에 대한 표상이자 환기, 그 이상도 그 이하도 아니"겠지만, 성매매 여성들에겐 "생계 수단이자 친구며 휴식이자 전쟁터"이다. 많은 사람들에겐 "태어나고 죽고 씨를 뿌리고 출산"을 하는 자리다. 침대란 얼마나 많은 이야기들이 만들어지고 추억을 낳는 장소인가! 침대는 그 형태도, 그것을 쓰는 자의 신원도, 그것에 담긴 기억들도 다채롭다. 그리고 우리는 결국 침대에서 생을 마감한다. 아니나 다를까, 사강의 침대에 관한 단상은 "침대, 언젠가 내가 죽어 그 속에 실린 채 떠나게 될 나의 침대, 천천히 그리고 어렴풋이 흐르는 죽음의 물결 속에서 언젠가는 내가 나의 먼 훗날에 떠밀려 와 있게 될 그날, 내가 나의 마지막 침대를 떠나는 바로 그날, 난 사라질 것이다."라는 문장으로 끝난다.[1]

나는 침대에 들어 잠들기까지 책을 읽는다. 침대에 들고 가는 책은 양자 역학이나 물리학 책 따위다. 이런 책들은 잡념을 떨치고 우주적 상상력에 들도록 자극한다. 책을 펴든 채 상상의 세계를 헤매다가 어느 틈에 잠에 빠져든다. 나는 언제나 침대의 가장자리에서 잠든다. 침대 가장자리에 몸을 눕히고 있으면 내가 우주의 가장자리에 몸을 구부리고 있는 느낌이 든다. 그 행복감을 좀 더 오래 느끼고 싶지만 이내 코를 골

---

1   프랑수아즈 사강, 『봉주르 뉴욕』(학고재, 2015), 김보경 옮김, 126~127쪽.

며 잠의 나락으로 떨어진다. 비좁은 방에 퀸 사이즈나 킹 사이즈 침대를 들여놓으면 공간은 침대 하나만으로 꽉 찬다. 로제폴 드루아는 "침대는 단순히 하나의 사물이 아니라 공간이 취하고 있는 하나의 자세, 길쭉한 형상"[2]이라고 말한다. 작은 방에 큰 침대를 들여놓으면 침대가 공간을 규정짓는다. 하지만 아무리 크더라도 침대는 사물에 속한다. 침대 사용자들은 생의 3분의 1을 이 침대에서 보낸다는 사실을 종종 망각한다. 침대는 그토록 오래 우리 몸을 떠받치고 있는 사물인데, 그 존재감은 희미하다는 뜻이다.

모래시계

누가 처음 모래시계를 고안했을까. 이걸 볼 때마다 떠오르는 의문이다. 이것은 거울이나 창문이나 벽난로와는 달리 생활의 필요를 그다지 반영하지 않는다. 아마도 한가롭고 장난기 많은 사람이 모래시계를 만들었을 게 틀림없다. 어쩌면 실연을 당한 뒤 쓰라린 마음을 달래 볼 요량으로 만들었을지도 모른다. 모래시계는 장구형의 유리 구조물 속에 모래가 담겨

---

2 로제폴 드루아, 『사물들과 함께 하는 51가지 철학 체험』(이숲, 2015), 이나무 옮김, 79쪽.

있다. 뒤집으면 위의 모래가 아래로 쏟아진다. 모래가 아래쪽으로 다 흘러내리면 뒤집어 놓는다. 모래시계는 똑같은 동작을 반복한다. 그 속도가 일정해서 시간을 잴 수 있다. 하지만 모래시계로 잴 수 있는 시간은 기껏해야 몇 분 정도다. 무한성에 견주자면 이 시간은 찰나에 지나지 않는다. 모래의 덧없는 흘러내림은 시간의 덧없음을 가시적으로 드러낸다. 모래시계는 모호하고 불가사의한 사물이다. 모래시계에서 다른 사물이 가진 것과 같은 미덕과 심층을 찾기는 어렵다. 하지만 모래시계만큼 삶의 모호한 심연을 가시적으로 보여 주는 사물을 찾아보기는 쉽지 않다.

주사위

주사위는 어떤 사물보다도 더 인간의 유희적 충동을 반영한다. 아마도 처음 이것을 고안한 사람은 삶을 항상 새롭게 태어나는 유희의 본능이 만들어 가는 것이라고 생각했을지도 모른다. 주사위는 상아로 만들어진 게 가장 좋다. 이 단단하고 아름다운 주사위는 제 표면에 새긴 점의 숫자들로 놀이와 삶에 관여한다. 주사위는 정육면체이고, 각각의 면마다 점들이 문신처럼 새겨져 있다. 그 점들은 하나에서 여섯까지다. 주사위를 공중으로 던져서 숫자를 얻는다. 이때 얻은 숫자는 그야말로 우연의 조합일 따름이다. 이 우연의 결과로 미지였던 운명을 확정한다.

주사위를 던질 때 여섯 개의 숫자들은 무작위로 나온다. 이 무작위 속에 우연의 철학이 작동한다. 이 우연성이 철학자 니체가 말한 '운명애(amor fati)' 속의 가장 중요한 요소로 작동한다. 니체는 "세상은 주사위 놀이를 하는 신들의 도박대"라고 했다. 신들은 주사위 놀이를 하는데, 인간도 신을 흉내내서 주사위 놀이를 한다. 인간의 머리 위에 펼쳐진 하늘은 주사위 놀이를 하는 자들을 위한 신의 탁자다. "아, 내 머리 위의 하늘이여, 그대 맑고 맑은 자여! 드높은 자여! 영원한 이성(理性)이라는 거미도 이성의 거미줄도 없는 것, 그것이 내게는 바로 그대의 맑음이다. 그대는 신성한 우연들을 위한 무도장이며, 신성한 주사위와 주사위 놀이 하는 자들을 위한 신들의 탁자다!"[3] 주사위는 던져져서 항상 어떤 숫자를 구해야 한다. 그게 주사위의 숙명이다. 주사위가 드러낸 어떤 숫자는 행운을, 또 다른 숫자는 실패와 불운을 고지한다. 주사위는 생각도 감성도 없지만 사람과 함께 기쁨과 슬픔, 그리고 기대와 좌절을 맛본다. 대지는 신들이 주사위 놀이를 하는 거대

---

3 프리드리히 니체, 『차라투스트라는 이렇게 말했다』(민음사, 2004), 장희창 옮김, 294쪽.

한 탁자다. 신들은 날마다 이 거대한 탁자에서 주사위를 던져 사람들의 운명을 결정한다.

포크

두말할 것도 없이 포크는 음식을 찍어 먹는 데 쓰는 서양의 식탁용 도구다. 음식이 문명의 징후라면 포크 역시 문명의 징후에 속하는 것일 테다. 포크 하면 나는 가장 먼저 레스토랑이 떠오른다. 어린 시절을 시골에서 지낸 내게 포크는 낯선 사물이었다. 도시로 삶의 터전을 옮기면서 누군가와 레스토랑에 갔고 처음으로 포크라는 걸 보았다. "현대적인 삶의 기원 역할을 하는 현장"[4]인 레스토랑에서 음식 맛은 가장 중요한 요소가 아니라 부가적인 요소일 따름이다. 레스토랑이 제공하는 가장 중요한 요소는 아마도 이런 것일 테다. "레스토랑은 탐욕스러운 섹스에 가벼운 사랑의 모습을 입히고, 식사를 위한 것만큼이나 에로틱한 환경 속에서 날것을 향한 굶주림을 점잖은 식욕으로 탈바꿈해 행복의 희망을 제공한다."[5] 하얀 식탁보가 깔린 테이블 위에 놓인 은빛으로 빛나는 포크와

---

4 애덤 고프닉, 『식탁의 기쁨』(책읽는수요일, 2014), 이용재 옮김, 24쪽.
5 위의 책, 25쪽.

나이프! 나는 잔혹한 날카로움을 감추고 식탁에 얌전히 놓인 포크에 매혹당한다. 뭔가를 먹는다는 것은 빈 위가 사납게 그르렁거리며 신호를 보내는 굶주림을 해소하는 것 이상이다. 음식이 잘 차려진 식탁은 사랑과 우정, 흥정과 협상, 권력과 잇속, 야망과 호기심, 환상과 즐거움 따위를 포괄하는 문화적인 것이고 사회적인 것, 그리고 무엇보다도 정치적인 속성이 발현하는 자리다.

포크는 금속이고, 뾰족하고 날카롭다. 다른 것과 견주면 그 특징은 보다 분명해진다. 포크는 찍거나 찌르는 도구다. 찍거나 찌른다는 점에서 공격성을 잠재한 도구다. 포크는 끝이 세 갈래로 갈라진 삼지창의 축소형이다. 단순한 형태지만 이 것이 함의하는 정밀과학, 예절, 잔인성의 양상은 그리 간단치가 않다. "이것은 '잔인성'에 대한 세 가지 양상과 관련이 있을지도 모른다. 음식물과 거리 두기, 대상을 수리적으로 처리하기, 다른 것들과의 관계에 대해 중립화하기."[6] 포크는 동양의 젓가락에 대응하는 서양의 사물이다. 포크는 고형체로 된 음식을 찍어서 입으로 가져간다. 반면 젓가락은 고형체로 된 음식을 집어서 입으로 옮긴다. 포크는 젓가락과 달리 무기로 바뀔 수 있다. 하지만 젓가락은 덩어리로 된 것을 낱낱으로 해

---

6   로제폴 드루아, 위의 책, 94쪽.

체하고 이것을 접시에서 입으로 이동하는 역할에만 그친다. 젓가락에는 포크가 가진 일체의 공격성이 없다. 포크에 서양의 능동과 공격 정신이 구현되어 있다면, 젓가락에는 동양의 평화와 상생 정신이 구현되어 있는 것이다.

옷걸이

옷걸이는 나무나 플라스틱으로 만든 것도 있지만 흔하기로는 피복을 입힌 철사를 구부려 만든 것들이다. 옷걸이는 언제든지 다른 그 무엇으로 대체 가능한 물건이다. 그것은 기능의 희소성도, 의미의 밀도도 없다. 옷걸이는 우산처럼 우아하지도 않고, 의자처럼 척추를 가진 인간에게 휴식의 기쁨도 주지 못한다. 나는 옷걸이의 단순함에 마음이 끌린다. 옷걸이에서 묵묵하게 제 윤리적 소명을 다하는 무명인의 운명을 엿본다. 이것은 너무 흔해서 기념품이나 수집품이 될 수도 없다. 옷걸이를 수집하는 사람은 만난 적이 없다. 값싸고 지천으로 널린 물건이므로 아무도 거들떠보지 않는다. 하지만 나는 어떤 마법도 신비도 없는 이것에서 사람의 필요에 응답하는 도구의 명민함과 위대함, 자연의 도구적 변용, 그리고 문명적인 흔적을 발견한다.

세탁소에서 옷을 찾아올 때 옷걸이가 딸려 온다. 잘 드러나지 않지만 옷걸이는 옷이 제 맵시와 기품을 과시하도록 돕는다. 때와 얼룩을 제거하고 다림질로 구김들이 펴진 옷들은 옷걸이에 걸려 있을 때 아주 정숙하다. 때와 얼룩은 옷들의 더러운 과거다. 세탁소에서는 옷들의 과거를 지우고 녹여 없앤다. 그게 세탁소의 일이다. 세탁소에서 금방 나온 옷은 갓 태어난 아기와 같이 무구한 영혼의 표상이다. 아무 죄도 과오도 없는 이 영혼들은 곧 때와 얼룩으로 더러워진다. 옷과 사람은 숙명적으로 닮는다. 옷걸이는 단순하되 옷을 걸어 두는 기능에 충실한 도구다. 나는 언제나 이런 단순한 도구와 사물에 감동한다.

어떤 사물은 "몸의 분신, 동작의 확장"이다. 또 다른 사물은 우리의 "영원한 공모자"다. 우리 삶의 공모자들! 우리는 늘 사물들과 더불어 살아가며 사물들이 일으키는 기적의 목격자들이다. 로제폴 드루아는 "실제로 우리는 욕망, 일, 여가, 이동, 일상생활 등 모든 것을 사물에 의존하고 있다."[7]라고 말한다. 사물은 일상의 영역에서 우리의 필요에 응답한다. 우리 몸과 도구와 사물의 관계는 의심할 여지없이 밀접하고 단단하다. "도구의 세계는 곧 손잡이, 팔, 날개, 다리의 세계다. 큰 낫이라고 하면 우리는 으레 추수하는 이의 굽은 등이라는 시

---

7 위의 책, 175쪽.

각적 재현을 대신 떠올린다거나, 주먹 같은 망치라고 하면 지배하는 이의 갈퀴 같은 손을 연상하게 된다."[8] 사물은 그 기능을 통해 우리 몸을 연장한다. 또한 이것은 인간의 필요와 목적에 부응하며 세계의 물리적 확장에 관여한다. 이런 사물들이 갑자기 사라진다면? 이는 상상하기조차 싫은 끔찍한 사태다. 삶은 엉망진창이 되고, 나날은 무질서와 혼동으로 버무려질 것이다. 우리의 생활은 조화와 균형을 잃은 채 비틀거릴 게 뻔하다. 사물은 우리의 필요를 감당하고 불행에 빠지는 것을 방지한다. '필요 이상의 것'을 준다는 점에서 사물들은 언제나 충직한 하인이다. 그런데 사물이 우리의 생물학적 필요에만 부응하는 게 아니다. 놀이와 사치의 영역까지 감당한다. 사물이 우리를 먼저 부르는 법은 없다. 언제나 도움을 청하고 기대는 것은 사람 쪽이다. 어쩌면 우리가 사물을 부리고 쓰는 게 아니라 사물이 사람을 부리고 쓰고 있는 것인지도 모른다. 사물은 무뎌지고 닳아지고 망가진 채로 버려진다. 사물은 사라지는 순간까지 사람을 위하여 봉사한다. 사물의 충직함은 평생 성실하게 복무하고 은퇴하는 공무원에나 견줄 수 있을 것이니 사물이 없는 세계란 단언컨대 상상하기조차 싫은 지옥일 테다.

---

8 수잔 스튜어트, 『갈망에 대하여』(산처럼, 2015), 박경선 옮김, 215쪽.

먹
어
야
산
다

사람은 잡식성 동물

입춘 무렵 겨우내 묵은 김치를 먹고 나면 배인 소금기에 혀
가 진저리를 치게 된다. 절기가 겨울에서 봄으로 바뀌며 추위
로 움츠렸던 몸에 양의 기운이 차올라 기지개를 켜면 몸은 신
선한 식품을 갈망한다. 활기를 찾으려는 몸이 본능적으로 미
각을 예민하게 만들기 때문이다. 나는 잡곡밥을 지어 햇것으
로 만든 반찬과 더불어 조촐하게 저녁 한 끼를 때우려고 망원
시장에 다녀온다. 재래시장에서 사 온 봄동을 씻어 된장 한 숟
가락 넣고 조물조물 무친다. 거기에 무생채를 곁들여 제주도

에서 올라온 고등어 한 손을 구워 상차림을 했다. 봄동은 아삭거리며 입안을 개운하게 만든다. 무생채는 어찌나 상큼한지 사라진 입맛이 확 돌아온다. 사람은 무엇보다도 음식을 만들어 먹을 줄 아는 동물, 즉 호모 쿠커스(Homo cookus)이다.

모란과 작약이 난만하게 활짝 핀 봄날 습습한 묵밥 생각에 혀뿌리 아래 침이 괴고, 장맛비가 추적추적 내리는 여름 저녁 전골 요리는 상상만으로 기분이 좋아진다. 기온이 갑자기 영하로 떨어지며 싸락눈이 창호지 바른 문을 때릴 때는 뜨거운 두부탕수 생각이 간절해진다. 어디 그뿐인가? 이른 봄 목포 어느 작은 음식점에서 먹은 코를 톡 쏘는 흑산도 홍어애탕, 단오 무렵 통영의 민어 완자, 햇빛이 촛농처럼 떨어지는 여름 한낮 어머니가 콩을 갈아 만들어 준 콩국수, 초가을 새우젓으로 간을 맞춘 호박 젓국, 입동 뒤 먹는 새로 띄운 청국장, 김장을 담글 때 겉절이와 생굴을 곁들인 돼지고기 수육, 놋그릇에 담긴 동지 팥죽도 원기를 돋우고 살맛 나게 한다. 지난여름, 시드니 교외의 고색창연한 식당에서 먹은 호박 야채수프는 정말 만세 삼창이라도 하고 싶을 정도로 맛있었다. 크레타의 해안가 레스토랑에서 먹은 토마토, 양파, 파프리카, 양 치즈를 올리브와 곁들인 샐러드, 그리스 전통 음식인 기로스와 수블라키는 눈으로 보는 것만으로도 풍성했다. 이렇듯 내가 먹은 진기한 음식들은 오감과 기억들에 생생하게 살아 있다. 온갖 음식들이 몸을 부양하고 생명을 부지하는 데 보탬이 되었다.

자연 속에서 모든 숨 탄 것들은 필연적으로 이빨과 발톱이 피로 물든다. 모든 동식물이 제 생명을 보존하기 위해 다른 생명을 먹어야 하기 때문이다. 자연 생태계가 생물적 욕망과 욕망이 충돌하는 장(場)이고, 피 흘리며 먹고 먹히는 약육강식의 계(界)라는 엄중한 사실을 망각할 수는 없다. 자연 안에서 모든 존재는 포식자와 피식자로 엇갈리고, 공생하는 관계로 얽혀 있으며, 사람 역시 이 먹고 먹히는 장과 계 안에 존재한다. 잡아먹는 자는 동시에 잡아먹히는 자다. 자연계에서 가장 상위 집단에 속하는 포식자인 사람은 죽어 흙으로 돌아갈 때 균류의 먹잇감으로 자신을 통째로 내놓는다. 이렇듯 자연은 에너지를 교환하는 장이다. 그런 까닭에 미국의 한 생태주의 시인은 "잡아먹는 자와 잡아먹히는 자 사이, 녹색의 일차 생산자인 식물과 분해자로서의 균류나 기생충 사이, 심지어 '생명'과 '죽음' 사이"에 어느 쪽이 도덕적으로 더 우월하지도 않고, 어느 쪽이 더 중요하지도 않다고 말한다.[9] 사람이 제 생명을 부지하려면 뭇 생명들을 먹어야 하고, 살생을 피할 수가 없다. 사람은 식물과 곡류뿐만 아니라 소, 돼지, 닭, 양을

---

9 게리 스나이더, 『지구, 우주의 한 마을』(창비, 2015), 이상화 옮김, 217~218쪽.

먹고, 고등어, 참치, 홍어, 오징어, 갈치, 청어, 고래, 상어와 같은 바다 생물을 먹고, 뱀, 자라, 개구리까지, 포유류와 양서류를 가리지 않고 잡아먹고 소화시키는 잡식성 동물이다. 소나 돼지 같은 가축의 살코기, 내장, 혀, 뼈, 대가리 따위를 먹고, 송로버섯을 포함해 버섯류나 바다 생물들을 삶거나 굽고 쪄서 먹는다. 사람의 입으로 들어가는 이 모든 것들은 한때 다 살아 있던 것들이다. 사람은 제 생명을 부지하려고 산 것들을 죽인다! 사람이 무언가를 먹지 않고는 생존할 수 없다는 것은 불살생하며 살 수 없다는 뜻이다.

먹어야 산다

생명 개체를 유지하려면 무언가를 먹어야만 한다. 광합성을 하는 식물과는 달리 사람은 스스로 자양분을 만드는 능력이 없으므로 생명 유지에 필요한 것들을 외부에서 들여와야 한다. 먹지 않으면 죽는다는 뜻이다. 몇 해 전 2월 하순, 날이 쌀쌀하고 차가운 빗방울 뿌리던 날, 노모 장례를 치렀다. 우리 오남매와 조카들은 노모의 유골함을 모신 용인 납골당 근처에 황태구이를 전문으로 하는 식당으로 가 늦은 점심식사를 했다. 다들 허기졌던 탓이라 상이 차려지자 허겁지겁 밥을 먹었다. 간이 잘 맞은 생태탕 국물이 몸 안으로 들어오자 뜨거운 기운이 돌며 오장육부가 쩌르르하고 반응을 한다. 나는 꾸역꾸역 밥과 국물을 입안으로 떠넣었는데, 수저질하는 속도가 점점 빨라졌다. 단지 허기졌기 때문이 아니다. 정말 밥맛이 꿀처럼 달았다. 포식을 하고 난 뒤 스스로에 대한 모멸감이 스멀스멀 올라왔다. 방금 장례를 치른 상주라는 것도 망각한 채 음식 맛에 간살을 떠는 혀를 잘라 내고 싶을 정도로 수치스러웠다. 내 몸뚱이가 음식 담는 포대 자루 같다는 심한 자괴감이 밀어닥쳤다. 오오, 혀의 후안무치함이여, 내 안에서 그르렁거리는 염치없는 식욕이여!

허기진 몸이 음식을 갈망하는 것은 당연하다. 먹는다는 것은 신체적인 욕구이고 불가결한 본성이다. 그것은 배고픔을 해결하거나 눈과 혀를 만족시키는 관능적인 즐거움을 추구하는 것 이상이다. 한 상에서 음식을 나누는 일은 단순히 끼니를 때운다는 의미를 넘어선다. 그것은 살아야겠다는 의지의 표현이고, 잘 살아야겠다는 마음을 다지는 숭고한 의식이다. 우리는 함께 밥을 먹으며 교감을 나누고 친분을 쌓으며, 그런 과정에서 자연스럽게 개인의 정체성을 만든다. 혼자 밥을 먹는 것은 비사회적인 태도이고, 가끔은 무리에 동화되기를 거부하는 몸짓이기도 하다. 출생, 백일, 약혼, 결혼, 장례, 생일 회갑 따위와 같은 중요한 의례를 치를 때 음식을 나누어 먹는 순서가 빠지지 않는 것은 이 행위가 사회적 의식의 일부라는 사실을 보여 준다. 먹는다는 것은 사회 생태적 행위이고, 정치적 실천의 바탕이며, 종교적인 수행의 한 방식이다.

나쁜 식사는 비관주의를 낳는다

개도, 고양이도, 새도, 물고기도 무언가를 먹고 배를 채운다. 산 것들이 제 생명을 살리기 위해 먹어야 한다는 것은 엄중한 진리다. 사람의 경우에도 다르지 않다. 영양이 풍부하고 따뜻한 음식을 먹을 때 우리는 대체로 기분이 좋아진다. 신선하고 맛있는 음식은 기분을 낙관적인 쪽으로 기울게 한다. 반면 나쁜 식사는 우리를 비관주의자로 만든다. 사람이 먹어야 하는 존재라는 사실은 변함없는 진리다. 그것은 생존의 제일 의적 명제이자 다른 무엇보다 앞선 가치다. 음식은 땀 흘리며 일하고 열심히 산 것에 대한 보상이고, 앞으로 살아갈 날들에 대한 응원이다.

아는 사람에게 '밥 한 끼 먹자!'라는 말을 가볍게 던지지만, 우리는 이 말의 깊고 무거운 함의를 다 헤아리지 못한다. "당신이 무엇을 먹는지 말해 준다면 나는 당신이 어떤 사람인가를 말할 수 있다."라고 장앙텔므 브리야사바랭이 말했을 때 음식이 존재를 구성하는 한 요소이고, 정체성의 기반이라는 것을 떠올려야 마땅하다. 내가 먹는 음식으로 내가 누구인

지 세상에 드러난다. 무엇을 어떤 방식으로 먹고 마시는지를 보면 사람의 인격과 취향이 노출된다. 음식물을 대하는 태도, 타인에 대한 관심과 배려, 소탈하고 밝은 성격 따위는 함께 밥을 먹고 얘기를 나누는 동안 자연스럽게 드러난다. 타인과 한 자리에서 음식을 먹는 일은 식탁의 즐거움을 함께 누리고 친밀감을 쌓는 사회적 행위. "식탁의 즐거움은 숙고(熟考)에 의한 감각이고 여러 사실, 장소, 사물이며 사회의 모든 변화를 받아들인 사람으로부터 기원한 것이다."[10] 남과 동떨어져서 혼자 밥 먹기를 고집한다면, 그 사람은 사랑, 우정, 사업, 넘겨짚기, 권력, 야망, 호기심 따위를 모두 거부하는 것이다.

사람, 불로 요리하는 동물

불과 함께 인류의 요리 본능이 화들짝 깨어났다. 인류는 불에 음식물을 굽거나 데워서 불가에 둘러앉아 음식을 나눠 먹었다. 불가는 안전하고 따뜻했다. 불에서 뻗쳐 나오는 열과 빛이 사람들을 자연스럽게 그곳으로 모이게 만들었다. 인류의 생활에서 불은 자연스럽게 중심이 되었다. "식사는 희생의 공유·친목·의식의 장이 되고, 불이 가져오는 신비한 변화의 계

---

10   장앙텔므 브리야사바랭, 『미식 예찬』(르네상스, 2004), 홍서연 옮김.

기가 되기도 한 것이다."[11] 인류는 불을 피우고 그 주변에 둘러앉아 식사, 놀이, 의식을 하자 즐거움이 더 커지고, 더 안전하다는 사실을 깨달았다. '중심(focus)'의 어원이 본디 '화로'라고 한다. 불이 중심을 차지하게 되자 인류는 그 힘을 빌려 노동의 생산성을 더 높이고, 공동체의 결속력을 더 강화할 수 있었다. "불이 가져오는 안전성과 쾌적성은 불을 집단생활의 중심에 놓는다. 그 결과 집단 의지의 소통이나 결속을 강화했다. 장기간에 걸친 불의 규칙적인 사용은 단순한 편리성을 넘어 인간 사회에 고유한 '불의 제도'(하우츠블룸)를 형성하기에 이른다."[12] 불을 만들고 그것을 쓰게 되면서 인류는 놀라운 사회 문화적 변화를 겪으며 '불의 제도' 속으로 들어갔다. 인류는 불 없이는 단 하루도 살 수 없게 된 것이다.

신의 영역이던 불이 인간의 영역으로 들어온다. 번개나 태양의 도움 없이 인간 스스로 불을 지피고 제어하며 쓴다는 것은 인류 역사에 중요한 변화의 동인이자 전환의 계기가 되었다. 불의 쓰임새는 다양했다. 그중의 하나는 불로 요리하기다. 음식을 불로 데우고 익히는 법을 알게 되면서 인간은 더 따뜻하고 영양소가 풍부한 음식을 먹게 되었다. "'불로 요리하기'

---

11 오쓰카 노부카즈, 『호모 이그니스, 불을 찾아서』(사계절, 2012), 송태욱 옮김, 47쪽.
12 위의 책, 48~49쪽.

는 우리가 먹는 양식의 가치를 높이고 우리의 몸과 두뇌, 시간 사용 방법, 사회생활 방식에 변화를 가져왔다. 이 때문에 우리는 외부 에너지 소비자가 되었고 그럼으로써 땔감에 의존하며 자연과 새로운 관계를 맺는 유기체가 되었다."[13] 인류는 불을 지배하면서 플라톤이 말한 '깃털이 없는 두 발 동물'에서 만물의 영장으로 거듭난다. 화식(火食)은 인간 내면의 요리 본능을 깨웠을 뿐만 아니라, 불로 조리된 음식을 섭취하면서 몸에 해부학적 변화가 일어난다. 이를테면 "익힌 음식을 먹기에 알맞은 치아와 창자를 갖추고 있어서 익힌 음식을 먹는 것이 아니라, 익힌 음식을 먹는 데 적응한 결과로 작은 치아와 짧은 장을 갖게 된 것이다."[14] 불로 조리한 음식은 씹기 쉽고 소화시키기에도 용이했다. 익힌 음식을 먹게 되면서 진화는 빠르게 진행되었다. 오스트랄로피테쿠스에서 호모 하빌리스로, 호모 하빌리스에서 직립 원인으로, 직립 원인에서 현생 인류와 같은 호모 사피엔스로 진화해 나가는 데 중요한 촉매가 된 것이 바로 화식에서 시작된 식습관의 변화라는 가설은 설득력이 있다. 화식으로 뇌를 키우고, 지능을 높이는 계기를 마련한 것이다. 불을 자유자재로 쓰고 요리를 시작하자

---

13 리처드 랭엄, 『요리 본능』(사이언스북스, 2011), 조현욱 옮김.
14 위의 책, 123쪽.

인류는 단지 허기를 면하는 것을 넘어서서 음식의 즐거움을 느끼려고 맛, 질감, 온도 따위를 가리고 따졌다. 인류는 거친 날것보다는 더 부드럽고 씹기 좋으며, 혀를 자극하는 식감을 갖고 감칠맛 나는 음식을 갈망하고, 그것을 만드는 일에 열중한다.

'불로 요리하는 동물'은 사람에 대한 유력한 정의 중의 하나다. 요리하는 영장류는 사람이 유일하다. 요리를 함으로써 사람은 동물과 변별성을 얻고 비로소 사람으로 태어난다. 불을 사용한 요리의 발명은 도구, 언어, 농경의 발명과 더불어 인류 문명 발달에 기폭제가 되었다. "우리를 기본적으로 동물적 존재로부터 인간적인 존재로 도약할 수 있게 한 결정적인 요인은 아마 요리의 발견이었을 것이다."[15] 요리란 날것 형태로 되어 있는 자연의 변형이고 변주다. 자연 재료에 열을 가하거나 다른 재료를 혼합하고 향신료 따위를 넣어 섞는다. 그러면서 원재료의 분자적 배열을 바꾸고, 거기에 새로운 형태와 질감을 창조하는 것이 요리이다. 훌륭한 요리는 맛뿐만 아니라 조리된 것이 내뿜는 향과 색의 조화로 완성된다. 요리의 미학적 형태가 일으키는 감각의 즐거움과 충만, 그리고 영혼의 고양을 선물한다. 그런 점에서 요리는 심오함으로 가득 찬

---

15 위의 책, 115쪽에서 재인용.

과학이고 영감으로 충만한 예술이며, 동시에 재료의 변화라는 측면에서 놀라운 마술이고 기적이다.

요리의 혁명과 진화

2011년 7월 30일, 스페인 카탈루냐주, 크레우스곶의 해변에 있는 한 레스토랑이 휴업을 선언하고 문을 닫았다. 2년간 문을 닫고 손님을 받지 않기로 한 것은 파산이나 분쟁 때문이 아니다. 요리사가 창조적 충전의 시간을 갖고 새로운 레시피를 만들기 위해서 문을 닫는 것이었다. 이 레스토랑은 한 해 250만 명이 예약을 하는데 단 8000명만 손님이 될 수 있다. 바로 세계 최고의 레스토랑으로 꼽히는 엘불리(elbulli)의 얘기다. 엘불리에서 내놓는 요리들은 그 자체로 예술이다. 프랑스의 철학자 장폴 주아리가 쓴 『엘불리의 철학자』에서 '엘불리'의 셰프 페란 아드리아의 이름을 접하고, 누벨 퀴진을 추구한 유럽의 유명 셰프들, 즉 지라르데, 트루아그로 형제, 브라스, 막시맹, 상드랑, 베이라, 뢸랭제, 블랑, 므노, 루아조, 해벌린 부자, 튀예르, 뒤카스 등의 이름도 처음 알았다. 페란 아드리아와 누벨 퀴진을 추구하는 셰프들은 요리를 보는 관점에서 갈라진다. 페란 아드리아가 추구하는 요리는 새로운 것, 지금까지 세상에 없는 것의 창조다. 새로운 것은 어떻게 가능한

가? 장 폴 주아리는 "새로운 것의 등장은 과거의 산물인 현재의 충만함 속에서 가능"[16]하다고 말한다. 요리의 혁명적 창조자 페란 아드리아는 제 요리에 대한 철학에 대해 이렇게 말한다. "요리는 조화, 창조, 행복, 아름다움, 시, 혼돈, 마술, 유머, 문화 등을 매개하는 언어이다."[17] 페란 아드리아는 재료에 대해 성찰하고 그에 대한 깊이 있는 지식을 추구한다. 그 바탕 위에서 자신만의 독자적인 레시피를 완성하는 것이다. 페란 아드리아의 출현으로 요리는 기술을 넘어서서 과학의 영역으로 성큼 발을 디딘다. 그는 다른 셰프들과는 추구하는 바가 달랐다. "페란 아드리아는 피상적인 측면들을 모두 제거하고 진정한 '성찰'에서 비롯되는 것만 취함으로써 혁신의 개념을 한정했다. 그리고 온도와 텍스처의 차이를 즐기는 놀이의 중요성을 강조했다. 더욱 놀랍게도 그는 과학자들, 식품업계 전문가들과 협력하여 조리 과정에 대한 지식을 확장하자고 촉구했다."[18] 장 폴 주아리는 페란 아드리아가 만든 요리가 웃음을 자아내고 지적 만족을 주는 형이상학적 체험이었다고 열렬하게 예찬한다. 그는 페란 아드리아의 요리에서 "모든 종류

---

16 장 폴 주아리, 『엘불리의 철학자』(함께읽는책, 2014), 정기헌 옮김, 109쪽.
17 위의 책, 114쪽에서 재인용.
18 위의 책.

의 해체, 비물질화, 텍스처 전이, 다양한 일탈, 놀라움, 환상, 충격, 어긋남 등을 경험"하는데, 이 효과들의 공통점은 "끊임없는 질문, 성찰에 의한 우회, 자신으로의 회귀"라고 말한다. 페란 아드리아의 요리는 맛의 충족을 넘어서서 예술적 창조, 그 너머 오성의 확장으로 뻗어 간다.

누구나 맛있는 것을 좋아한다. 미각의 즐거움 때문만은 아니다. 진짜 요리는 맛의 혁신을 넘어서서 새로운 세계의 창조이고, 새로운 감각의 탄생을 경험하게 만든다. 나는 식도락가는 아니지만 맛있는 음식을 내놓는 식당들을 일부러 찾아갈 때가 있다. 그것은 일종의 모험, 욕구의 충족, 그리고 미지의 세계와의 만남을 기대하기 때문이 아닐까? 먹고, 마시고, 즐겨라! 당신의 인생이 즐거워지고 풍요로워질 테니! 니체는 이런 말을 남겼다. "어느 시대를 막론하고 사람들이 독을 마시기를 꺼렸던 가장 큰 논거는, 독약이 사람을 죽인다는 것보다는 맛이 없었다는 데 있다."[19] 니체의 말을 뒤집으면 독이 맛있는 것이라면 그것이 마비를 일으키고 죽음에 이르는 물질이라 해도 기꺼이 삼키는 사람도 없지 않을 거란 얘기다. 사람은 살기 위해 먹지만, 이 말은 먹기 위해 산다는 말을 뒤집은

---

19 프리드리히 니체, 『인간적인, 너무나 인간적인 2』(책세상, 2002), 김미기 옮김, 45쪽.

것이다. 그러니까 둘 다 진리라는 뜻이다. 사는 동안 위로를 주고 기쁨을 주는 음식들이 없었다면, 이 삶은 더 견디기 힘들고 끔찍한 것이 되었으리라. 좋은 음식을 먹을 때마다 위로를 받고 용기를 얻었다. 그랬기 때문에 나를 거칠게 대한 세상과 타인에 대한 복수심과 원한을 누그러뜨리고 좀 더 관용적인 태도와 연민을 가질 수 있었다.

소화 기관은 제2의 뇌다

위를 두 번째 뇌로 간주하는 신경 생물학자도 있다. 소화 기관의 무의식이 뇌에 지속적으로 미치는 영향에 대해 사유한 니체 같은 철학자도 있다. 위장과 소장의 신경계 질환을 연구하는 신경 생물학자 마이클 거슨은 소화기 내부에 신경계가 있고, 소화 기관의 신경 세포들이 뇌나 척수의 명령을 받지 않고 스스로 작동한다는 사실을 밝혀낸다. 신경 세포 혹은 신경 섬유라는 복잡한 신경계가 소화 기관 내부에서 발견된 것이다. 그것은 제2의 뇌라고 부를 만한 것이다.[20] 식도와 위, 대장에 널리 분포되어 있는 신경계는 척수 신경계보다 더

---

20 마이클 거슨, 『제2의 뇌』(지식을만드는지식, 2013), 김홍표 옮김, 21~22쪽.

많고, 이 소화 기관들의 신경계는 중추 신경계와 마찬가지로 신경 전달 물질을 갖고 있다. 이것은 소화 기관들의 신경계가 뇌의 신경계와 같은 방식으로 작동할 수도 있음을 보여 준다. 체내로 들어온 단백질을 소화 기관이 합성하고 분해하는 것, 그 동적인 평형 상태가 바로 '살아 있음'의 본질이다. 놀랍게도 위장은 단지 소화 기관일 뿐만 아니라 위나 장으로 운반된 단백질 등의 정보를 분석한다. 그에 따라 무의식적 본성으로 반응하고 움직이면서 인간 내부에 숨어 있던 제2의 뇌가 그 존재를 드러낸다. 뱃속의 위는 또 다른 뇌다. 내가 먹은 것은 '나'를 만들고, 먹은 것으로 내 생각이 결정된다. 내가 먹은 것의 총체가 바로 나라면, 위는 뇌와 마찬가지로 나라는 존재를 빚는 일종의 틀이다.

날것을 먹다가 익힌 것을 먹게 된 인류! 최초로 불에 익힌 음식을 먹은 사람에게 축복 있을진저! 그는 화식이 인류 진화의 동력이 된다는 사실을 몰랐으리라. 하지만 익힌 음식을 먹게 되면서 인류는 자연에서 문명으로 나아가는 도정의 새로운 역사를 쓴다. 맛에 탐닉하고 열량이 높은 음식을 섭취하면서 인류 진화는 놀라운 도약을 보였다. 불로 익힌 음식을 먹게 되자 인류는 더 강한 신체와 더불어 영리해지고 격변하는 문명사의 흐름을 탄 것이다. 먹는다는 것은 항상 먹는 것 이상의 철학적이며 실존적인 함의를 갖는다. 먹는 행위는 생존을 위한 것이고, 유희의 한 방편이다. 그것은 미각의 쾌락을 얻고 행복의 날개를 다는 한 방식이다. 맛있는 음식은 고통을 누그러뜨리고 삶의 내부에서 일렁이는 불안을 다독거리며, 침체된 사람에게 돌연한 생기를 불어넣는다. 음식을 진탕 먹고 배를 채운 다음 무리에서 혼자 떨어져 나와 별을 머리에 이고 바다를 끼고 걷는 자는 행복할지어다! 우리는 철학자 니체와 같이 스스로에게 물어야 한다. 너는 살기를 원하는가? 정말 이 생이 무한 반복하더라도 다시 살기를 원하는가? 만약 내가 이 물음에 긍정적인 대답을 한다면, 그 이유는 이 삶에서 누린 음식들이 준 저 무상(無償)의 기쁨과 행복 때문이다.

책
읽
는
인
간

―――― 호모 부커스
Homo bookus

살아 있으려고 책을 읽는다

여름의 빛은 언제나 지나치게 강렬해서 견디기 힘들다. 어
디에나 타오르던 그 빛 덕분에 우리는 허무주의에 감염되지
않을 수 있다. 무더운 여름날 집 근처 스타벅스로 나가서 한
나절 내내 아이스커피를 마시며 책 한 권을 읽다 돌아온다. 폭
염이 절정에 달하는 정오에는 땡볕이 정수리를 꿰뚫고 지열
은 뜨거운 입김을 얼굴에 불어 준다. 여기저기서 솟구치고 이
리저리 튀는 빛들, 빛들, 빛들. 쇠꼬챙이처럼 뾰족한 그 빛들이
우리 내면을 강하게 만든다. 말랑말랑한 내면을 단단한 벽돌

처럼 굽는 여름의 빛이여! 산란하는 빛 속에서 우리는 부조리와 허무주의, 그리고 인생의 굴욕들에 굳세게 맞설 정도로 강해진다.

우리의 자아의 성장과 도약을 독려하던 여름의 빛들이 사라진다. 그와 동시에 태양과 직사광선을 연주하는 빛의 오케스트라가 끝난다. 대신 도처에 그늘과 그림자들이 난민처럼 몰려와 자리 잡으면서 침울함이 번진다. 피서 인파가 떠난 해변은 텅 비어 버렸다. 한적한 해변에서 소년 두어 명이 공을 차고, 질주 본능을 가진 개 한 마리가 신이 나서 달려간다. 해변에 저녁의 그림자가 드리우면 소년과 개들도 돌아가 해변은 텅 빈다. 햇빛과 인파로 붐비던 해변은 어둠 속에 방치되는 것이다. 텅 빈 초가을의 해변에 서 있으면 여름의 파국은 돌연하게 느껴지고, 마음 한구석이 묽은 슬픔으로 서늘해진다. 아무도 이 파국을 수습할 수 없다. 손 놓고 그저 지켜볼 수밖에 없다. 여름의 끝은 아이스커피와 수박과 복숭아, 긴 휴가와 몇 권의 책이 주는 달콤함을 더는 누리지 못한다는 뜻이다. 이제 내면의 쇠약과 함께 우울증에 감염될 수도 있다는 얘기다. 한 계절 끝자락의 멜랑콜리 속에서 우리는 더 자주 죽음과 고통에 대한 생각을 더 많이 하게 될 것이다. 자, 저 멀리 떠나는 여름의 등 뒤에서 '안녕!' 하고 인사를 하자.

여름이 끝나자마자 가을의 저녁이 긴 팔에 마치 비단인 듯 침묵 두어 필을 안고 온다. 가을이 깊어지고 모과나무가 잘 익은 모과를 제 발치에 떨어뜨릴 때, 세계의 저변에 도사린 침묵의 한 모서리가 불쑥 드러난다. 세계와 사람 사이에 긴 침묵은 소리의 부재 현상이 아니다. 나는 열 살 때 침묵이 고독의 이면임을 깨달았다. 침묵은 텅 빈 충만이고, 고요로 쌓아 올린 성채이며, 오로지 무와 무한을 뒤섞어 빚는 완전한 세계다. 이 침묵은 가을 저녁이 내리는 소슬한 종교이다. 어머니의 침묵, 대지의 침묵, 달의 침묵, 야생 초목의 침묵 따위가 저 먼 곳을 응시하는 소년의 소규모 침묵을 감싸고 있다. 이 찰나 풀벌레들이 풀숲에서 맹렬하게 울어댄다. 풀벌레들의 울음소리가 가을 저녁을 광범위하게 장악한 거대한 침묵을 부양하는 듯하다.

내 하루 일과 중에서 가장 중요한 것은 책 읽는 시간이다. 내 생활의 초점은 언제나 책 읽기에 맞춰져 있다. "독서는 물이 흐르듯이 날과 달, 계절과 세월의 교체에 따라 들쭉날쭉 변화무쌍하면서도 출퇴근과 삼시 세끼에 융화된다."[21] 책 읽기는 밥벌이와 같이 사회적 유용성에 연관되어 있고, 그보다는 책 읽기가 내밀한 본성으로 체화되어 있는 까닭이다. 나는

---

21   탕누어, 『마르케스의 서재에서』(글항아리, 2017), 김태성·김영화 옮김, 22쪽.

끊임없이 책을 사들여 그것을 손에 닿을 수 있는 곳에 놓아 둔다. 읽을 만한 책이 없을 때 공허 속에서 허우적이다가 불안에 빠진다. 이 불안은 책에 탐닉할 수 없는 상황이 초래한 정신적 공황에 가깝다. 책 읽기는 어떤 유용성이나 지적 생산을 위한 것, 혹은 무지한 영혼의 경작을 위한 것이기도 하지만 책에 대한 탐닉과 중독이 일으키는 충동 때문이다. 내 영혼은 책에 미쳐 탐닉하는 종류의 것이라 할 수 있다. 아무리 탐욕스러운 독자라도 24시간 손에 책을 들고 있을 수는 없다. 나는 주린 위를 채우고 잠이 올 때는 수면을 취하는 생물학적 필요에 굴복한다. 그것은 몸을 가진 존재로서 불가피한 활동이다. 내 책 읽기 역시 "들쭉날쭉 변화무쌍"한 것도 사실이다. "독서 자체가 탐닉성과 도약성을 동시에 지니고 있기 때문에(항상 두 가지 상황이 동시에 나타난다.) 어떤 책을 읽는 도중에 필요에 의해서든 또 다른 책을 꺼내들기 십상이다."[22] 나는 동시에 여러 권의 책을 주변에 늘어놓고 읽는다. 내 손에 들린 책과 그 주변에 놓인 책들은 엄격한 분류법에 따라 같은 분야에서 선택된 책이 아니라 그때그때 직관적으로 끌리는 책들이다. 질 들뢰즈의 용어를 빌려 말하자면, 하나의 표준이나 엄격한 분류법에 따라 계통화된 수목적 위계가 아니라 무

---

22 위의 책, 22쪽.

질서하고 제멋대로인 '리좀'형이다. 나는 아무 매임 없이 다소 무질서한 반계보적이고, 비분류적인 책 읽기를 선호한다.

책 읽기는 통찰과 탐구 행위이자 지(知)의 유성생식을 위한 행위다. 책은 우리 내면의 타성과 인습을 깨뜨리고 지적 유전자의 분열과 복제를 불러온다. 책 읽기는 늘 주체의 능동을 요구한다. 진짜로 책을 읽는다는 것은 자기 몸을 갈아 책 속으로 흘려보내는 일이다. 그럴 때만 주체와 대상 간에 혼융이 가능해진다. 몰아지경에 이르는 가열함이 없다면 주체는 책의 바깥으로 한없이 미끄러져 나간다. 독서 행위는 불멸을 향한 무의식의 가망 없는 열망이자 몸짓이다. 우리는 유한한 존재이면서 불멸의 존재가 되려고 책을 읽는다. 물론 이것은 불가능한 꿈이다. 책 읽기는 불가능한 꿈을 향해 있다는 점에서 이것은 덧없는 행위이다.

여름의 불볕더위가 물러나자 수박을 깨는 일도 시들해진다. 여름이 물러나고 여름의 독서도 끝난다. 9월 햇빛은 열기를 머금고 있지만, 여름은 패전국의 병사들처럼 퇴각을 서두르는 것이다. 여름 더위가 한창일 때 나는 서교동의 카페들, 소파와 침대, 고속 열차ㅏ 고속비스 안, 운니동의 오피스텔, 휴가지의 호텔 방 등에서 책을 읽었다. 읽은 책 중에서 로버트 자레츠키의 『카뮈, 침묵하지 않는 삶』, 리처드 브라우티건의 『완벽한 캘리포니아의 하루』, 앤드루 포터의 『빛과 물질에 관

한 이론』, 제임스 설터의 『가벼운 나날』이 기억에 남는다. 책 읽기는 인생을 감미롭게 하지만 누군가에겐 한없이 힘든 일이다. 왜 책을 읽는가? 지식욕이나 자아 형성, 혹은 커뮤니케이션 능력을 기르기 위한 것만은 아니다. 움베르토 에코는 이렇게 말한다. "우리는 미처 고려하지 않지만, 문맹인 사람(또는 문맹은 아니지만 책을 읽지 않는 사람)과 비교해 볼 때 우리가 더 풍요로운 이유는, 그 사람은 단지 자신의 삶만 살아가고 또 앞으로도 그럴 테지만 우리는 아주 많은 삶들을 살았다는 데 있다."[23] 책 읽기는 무수한 삶으로 이끈다. 우리는 무의식에서 무수한 삶을 열망한다. 그래서 살아 있으려고, 더 많이 살아 있으려고 책을 읽는다. 책을 들여다보는 일은 우주적 음악 듣기, '삶, 우주, 그리고 모든 것'에 얽힌 수수께끼를 푸는 일이다.

내게 일용할 양식을 주소서!

20대 초반 무렵 서울의 한 시립 도서관에서 살다시피 했다. 갈 데도 마땅치 않은 백수 청년이 갈 수 있는 유일한 곳이 도

---

23 움베르토 에코, 『책으로 천년을 사는 방법』(열린책들, 2009), 김운찬 옮김, 19쪽.

서관이었다. 누가 말리지만 않는다면 시립 도서관 서가에 있는 온갖 책들을 다 읽을 기세였다. 아침에서 저녁 무렵까지 도서관에 머물며 읽고 읽고 또 읽었다. 어깨 너머로 햇빛이 쏟아져 들어오던 참고 열람실에 앉아 책을 펼치면 내면은 금세 고요로 충만해졌다. 나는 펼친 책의 양면을 물들이던 그 환한 빛과 책에 집중하는 동안 내면을 풍요롭게 하던 고요를 좋아했다. 책을 읽는 내내 영혼을 갉아먹는 불안의 소음에서 벗어날 수 있었기 때문이다. 그 시절 나는 과연 사람다운 사람으로 살 수 있을까 하는 불안에 감싸여 있었다. 나는 내 의식을 옥죄는, 무위도식하다가 '아무것도' 아닌 존재로, 백수건달로 생을 마치고 말 것이란 불길한 운명의 전조와 싸우고 있었다.

도서관은 일종의 도피처이자 은신처였다. 그것은 돈이 들지 않는 놀이터, 온갖 박물적 지식이 쌓인 창고였다. 나는 프랑스어를 독학하면서 말라르메, 랭보, 발레리의 시집들을 아주 느리게 더듬거리며 읽거나, 니체와 하이데거와 바슐라르의 책들을 읽었다. 내 지적 능력으로 도무지 감당할 수 없는 책들을 책상 위에 쌓아 놓고 읽어 나가며 푸른 노트에 시를 끼적이고, 어설픈 비평 문장들을 썼다. 그 시립 도서관의 참고 열람실에서 쓴 시와 문학 평론이 이듬해 신춘문예에 당선하면서 문단 말석에 이름을 올릴 수 있었다.

내 젊은 날의 추억이 깃든 곳은 서울 종로구 화동의 경기고

등학교가 강남으로 이전하면서 그 터에 세워진 정독도서관이다. 이 도서관은 서초동의 국립중앙도서관, 국회도서관과 더불어 나라 안에서 세 번째로 큰 도서관이다. 정독도서관이 막 개관했을 무렵, 아침 일찍 줄을 서서 기다렸다가 입장할 수 있을 정도로 사람이 몰렸다. 40여 년 뒤 나는 작가로 그 시립 도서관의 강연 초청을 받았다. 『글쓰기는 스타일이다』라는 책을 펴낸 뒤 한 온라인 서점과 출판사의 기획으로 이루어진 강연이었다. 정독도서관 측이 마련한 강연장은 예상 인원보다 많은 사람들이 모여 북적였다. 강연이 끝나자 청중의 질문들이 잇달았다. 내게는 여러모로 가슴 벅차고 의미심장한 경험이었다.

젊은 날 나는 왜 그토록 책에 마음을 바쳤을까? 그 물음 이전에 책이란 무엇인가라는 물음이 선행되어야 할 것이다. 책은 활자가 찍힌 덩어리, 혹은 낱장들을 묶은 종이 뭉치다. 책은 펼치고 읽으려고 만든 것이다. 장뤽 낭시에 따르면 책은 "'목소리'라고 부르는 것의 표식과 흔적", 말걸기, 부름이며, 일반적으로는 초대, 요청, 부름, 기도의 영역에 속한다.[24] 이것은 펼쳐져 있거나 닫혀 있다. 책은 고정적이지 않고 하나의 흐름으로 움직인다. 책은 사유의 유동이다. 책이 하나의 흐름,

---

24 장뤽 낭시, 『사유의 거래에 대하여』(길, 2016), 이선희 옮김, 19쪽.

유동, 운동이라는 것은 부정할 수 없는 사실이다. "저자도, 장르도, 스타일도, 에너지도 규정된 것은 없다. 글쓰기는 본질적으로 모든 정보 인식과 인식 명령을 다른 곳으로 이동시킨다."[25] 책은 관념적인 것이면서 동시에 물질적인 것이다. 물성의 구현으로서 체적(體積)을 갖는 책은 그릇이자 그 용기에 담긴 내용이다. "책은 무엇에 대해 말하지 않는다. 책은 본질적으로 누구에게 말한다. 혹은 누구에게 말하지 않고서는 무엇에 대해 말하지 않는다."[26] 무엇에 대해 말하지 않고, 누구에게 말하는 것이 책의 운명이다. 앞서 책은 열리고 닫히는 것이라고 말했다. 그런 까닭에 "책의 존재성, 불안정하고 섬광 같은 진실이 머무는 곳은 바로 이 전환의 속성을 이루는 접속(conjonction)과 분리(disjonction) 현상"에 깃든다.[27] 돌이켜 보면 나는 거의 반세기 동안 끊임없이 책을 읽어 왔다. 시립 도서관 주변을 서성거리며 떠돌던 40년 전이나 전업 작가로 삶을 꾸리는 지금이나 나는 책을 기적의 물건이라고 생각한다. 한 위대한 지성은 책에 대해 이렇게 말한다. "그것은 전선도 필요 없고, 배터리도 필요 없고, 스위치나 버튼도 전혀 필요 없으며, 간단하고 휴대 가능하며, 벽난로 앞에 앉아서도

---

25 위의 책, 30쪽.
26 위의 책, 21쪽.
27 위의 책, 45쪽.

사용할 수 있다." 어디 그뿐인가? "각각의 종이 하나는 수천 비트의 정보를 담고 있다. 그 종이들은 제본이라 일컬어지는 우아한 보호 장치에 의해 정확한 순서로 한데 묶여 있다."[28] 나는 책을 읽은 덕분에 무른 영혼이 단단해져서 교도소나 들락거리는 한심한 인간으로 전락하지 않을 수 있었다. 지금은 책을 쓰고 저작권료로 쌀과 부식을 사고 의료 보험료나 공과금을 내며 살 수 있는 존재로 거듭날 수 있었다.

책을 좋아한다고 다 훌륭한 인격자가 되는 것은 아니다. 못 말리는 독서광 중에 독재자나 전쟁광도 있으며, 선량한 이들의 호주머니를 노리는 사기꾼이나 잡범도 있다. 하지만 훌륭한 사람들은 대개 뛰어난 독서광이었다. 20세기 최고의 소설가로 꼽히고, 아르헨티나 국립 도서관장을 지낸 보르헤스는 "나는 늘 낙원을 정원이 아니라 도서관으로 생각했어요."라고 고백한다. 그는 평생 독서광으로 살았다. 말년에 눈이 멀었을 때조차 책 읽어 주는 사람을 고용해 독서를 이어 갔다. 그는 도서관을 낙원이자 젖을 먹여 주는 어머니라고 상상했다. 독학으로 시학자가 된 뒤『몽상의 시학』,『공간의 시학』등을 쓰고 소르본 대학의 교수로 활동한 기스통 바슐라르 역시 독서광이었다. 그는 도서관을 천국으로 상상하고, 일용할 양식

---

28 움베르토 에코, 위의 책, 44쪽.

을 구하듯이 하늘의 도서관에서 읽어야 할 책들을 한 바구니씩 내려 달라고 기도했다. 그에게 책은 일용할 양식이었다. 영국의 비평가 콜린 윌슨은 17세에 정규 학력을 끝냈다. 대학 문턱에도 가 보지 못한 그는 도서관에서 엄청난 책을 섭렵하며 독학자로서 지적 편력을 이어갔다. 그는 반년은 노동을 하고, 나머지 반년은 국립 도서관에서 책을 읽고 글을 쓰며 『아웃사이더』란 매혹적인 책을 써냈다. 그에게 도서관은 최고의 대학이고, 도서관을 채운 장서 한 권 한 권은 훌륭한 가르침을 베푸는 교수였다.

도서관 서가를 채운 책들을 볼 때 내 눈동자는 갈망으로 타오른다. 나는 세상의 모든 도서관을 사랑한다. 도서관들이 베푼 지복들, 그 평화와 안식들을 떠올리면 이것은 얼마나 당연한가. 나는 세상의 모든 도서관이 베푸는 은덕을 입었다. 그 시절 도서관을 향하던 내 발걸음은 얼마나 가볍고, 심장 박동은 설렘으로 얼마나 빨리 뛰었던가! 나는 제주도에 작은 여행자 도서관을 만들 계획을 세우고 있다. 젊은 시절 도서관이 내게 기쁨과 보람을 주었듯이, 미지의 젊은이들에게 그것들을 고스란히 돌려주고 싶다.

독서가인 정혜윤은 우리가 책을 읽는 이유, 책을 읽어야 하는 이유에 답한다. 책 읽기에 관한 여덟 가지의 질문에 답하는 형식을 취하는데, 폴란드 시인 심보르스카의 시구 "우리 삶은 중간 부분이 펼쳐진 책이다."를 인용하며, 이렇게 덧붙인다. "앞 장으로 넘길수록 거슬러 거슬러 수많은 조상들의 삶이 책에 적혀 있겠죠."[29] 모든 책들은 다양한 형태로 인류의 기억(삶)을 담는다. 삶이란 기억의 총체이고, 기억을 쌓는 일이다. 삶이 기억이고, 기억을 담은 책은 곧 삶이다. 책은 늘 새로운 형태의 삶으로 태어난다. 정혜윤은 책들은 저마다 하나의 영혼을 담고 있고, 영혼의 집적이고, 다른 영혼들을 불러 서로 연결하는 다리라고 말한다. 우리는 살면서 세계에서 크고 작은 부침을 겪는다. 한순간 추락하고, 곤두박질치고, 여지없이 박살나 깨지는 경험들. 우리는 살아남으려고 난간을 붙든다. 많은 자기 계발서들은 우리의 문제에 대한 '해결책'을 주겠다고 유혹한다. 그 해결책이란 임시방편이고, 미봉책이며, 현실에 대한 기만이다. 우리의 실존에서 파생된 문제들을 단박에 해결하는 마법은 존재하지 않는다. 혼란과 소동 속에서 영혼을 지키는 것, 그리고 그 속에서 자신의 본성을 깨닫고 살아가는 이유를 찾는 것이 중요하다. 책을 읽고 어디엔가 써먹을 수도 있겠지만 책 읽기는 세상의 소란에서 도망쳐 숨기, 고요 속에서 웅크림, 그리고 재충전을 위한 휴식이다. 무엇보다도 책 읽기는 자기 성찰적 계기를 가져다준다.

---

29   정혜윤, 『삶을 바꾸는 책 읽기』(민음사, 2012), 157쪽.

"좋은 책은 우리의 영혼에 형태를 부여하고 고통에 한계를 주고 잘못된 생각을 끄집어내고 새로운 생각을 받아들이게 하는 마술 피리입니다. 책은 이 시대에 모든 인류의 피부를 뚫고 들어가 살을 파먹는 벌레들, 즉 우리 모두 다 앓고 있는 그 온갖 불안과 고통에 대해서 생각해 보게 합니다."[30] 책 읽기는 위로와 즐거움과 인생 지침을 구하는 모험과 상상의 일이지만 그 본질에서 우리 실존이 처한 조건과 한계를 넘어서는 일이다. 책 읽기는 인생에 대한 즐거운 도발이자 자기와의 고투이다. 다시 말해 위대한 지성들과 대화를 하며 자기 성찰을 하고, 마침내 인생 개선과 도약을 이루는 기획인 것이다.

『읽는 인간』이 보여 주는 노작가의 독서 편력은 매우 감동적이다. 지독히 '읽는 인간'으로 일관한 긴 인생과 더불어 읽은 책들을 구체적으로 톺아보며, '평생을 이런 책들을 읽으며 살아왔구나' 하는 회고, 그리고 '그래 분명 이런 인생이었지' 하는 범속한 깨달음이 감미로운 감정 속에서 번져 간다. 지나간 것들은 다 그리운 법이니까. 소설로 써서 잘 알려져 있다시피, 오에 겐자부로에게는 장애를 갖고 태어난 아들이 있다. '장애를 갖고 태어난 아이'와 함께 산다는 것은 그의 삶을 규정짓는 중요한 요소 중 하나다. 깨어 우는 아들의 침대 곁을

---

30 위의 책, 118쪽.

지키며 새벽 4시쯤까지 책에 집중하는 작가의 모습을 상상하는 것은 어렵지 않다. 장애를 안고 태어난 어린 아들은 생리적인 문제가 있어 눈물 없이 소리만 내며 운다. 그 뒤를 이어 블레이크의 시 읽기와 관련된 개인사가 주욱 이어진다. 평생 '읽는 인간'으로 살아온 노작가는 청년기의 독서가 마음의 저 깊은 바닥에 고요히 가라앉아 있다가 소설 쓰기라는 창조적인 작업에서 어떻게 강렬한 섬광같이 솟구쳐 올랐는지를 감동적으로 술회한다. '읽는 인간' 오에 겐자부로의 자전적 고백은 책을 읽는 시간이 우리 생을 빚는 중요한 창조적 계기의 순간임을, 또한 궁극적 절망의 심연을 박차고 높이 도약하게 만드는 황홀경의 찰나임을 드러내고 있는 것이다.

그는 대학 시절 고마바도서관에서 저녁나절까지 책을 읽었는데, 하루는 옆자리에 앉은 사람이 두꺼운 서양 원서를 읽고 있었다. 그 사람이 화장실에 간 사이 그 책을 넘겨보다가 인상적인 구절에 눈길이 멎는다. 그 책은 블레이크 시 전집이었는데, 그 당시에는 그게 어떤 책인지 몰랐다. 곧 책의 주인이 돌아왔기에 미처 시인의 이름까지는 확인하지 못했던 것이다. 세월이 흐른 뒤 오에 겐자부로는 그 대목을 소설에 인용하는데, 바로 인간에 대한 블레이크의 시적 통찰을 담은 구절이다. 인간은 태어나 노역의 짐을 지고, 슬픔을 천형으로 안고 가며, 배움과 망각의 의무를 진 자라는 시인의 통찰이 당시 그의 젊은 심장을 두드렸던 것이다. 오에 겐자부로는 5년 뒤 한 서점에서 『블레이크 시 전집』을 구입해 읽다가 문득 그 인상적인 구절이 블레이크의 시구였음을 깨닫게 되었고, 이후 블레이크의 시를 마치 램프를 들고 어둠 속 세계로 나아가듯이 읽어 나간다.

오에 겐자부로가 소설로도 썼기 때문에 그의 아들이 장애를 갖고 있다는 사실은 널리 알려져 있다. 처음 10년 동안은 가족 모두가 아들의 장애를 받아들이는데 어려움을 겪지만 이내 아들이라는 한 인격체를 아들의 장애와 함께, 있는 그대로 받아들인다. 아들은 가족의 사랑을 받으며 음악가로서의 재능을 키워 나간다. 오에 겐자부로는 블레이크 시와, 장애를 안고 고립된 채 혼자 괴로워하는 아들의 이야기를 겹쳐 '연작 소설'을 쓰기에 이른다. 블레이크의 시와 아들의 이야기는 꽤 길게 이어진다. 블레이크의 시와 장애를 가진 아들이 어떻게 연계되는지, 읽는 것과 쓰는 것과 살아가는 것이 어떤 방식으로 맞닿아 있는지를 소설에서 낱낱이 밝혀 써낸 것이다. 소설에는 아들과 큰 태풍이 올 무렵 이즈반도로 떠난 여행에서 겪은 이야기가 펼쳐지는데, 이 부분이 내가 책에서 가장 감동하며 읽은 부분이다. 아무것도 할 줄 아는 게 없을 거라고 생각한 아들이 술 취해 인사불성으로 쓰러진 아버지, 즉 오에 겐자부로를 안간힘을 쓰며 돌보는 대목이었다.

이 책은 "산다는 것은 곧 읽는다는 것이다."라는 주제로 압축된다. 좋은 책들은 저마다 오래된 영혼의 외침을 들려준다. 독서는 인지적 인내심을 끌어내어 우리 자아를 자기 자신에게로 회귀하게 이끈다. 책을 읽는 경험의 한가운데서 정신의 산만함에서 벗어나 차츰 참다운 자신의 중심을 향해 집중해 나아가는 것, 그 본질적 양태와 마주치는 것, 그것이 독서의 효과이고 보람이다. 인생의 어느 고비에서 만난 책은 우리 인생의 향방을 결정하고, 우리 운명을 빚는 신비한 힘으로 작용한다. 책은 뇌의 회선과 배선을 바꾸고, 불확실성과 불운을 찢고 나아가도록 힘을 북돋우고, 결국은 운명을 바꾼다. 어떤 책을 읽었을 때 우리는 그 책을 읽기 전과 후가 달라진다. 책이 우리의 내면 형질을 바꿔 버리면서 변화의 강력한 촉매로 작용하는 것이다. 이미 문학계의 거장으로 우뚝 선 오에 겐자부로는 이 책에서 인생의 끝자락에 이르러 얻은 깨달음을 독자에게 고백한다.

책에 몰입할 때 우리는 산술적 평균의 밋밋함을 찢고 솟는데, 바로 제 안의 둔재(鈍才)를 뚫고 도약하고 비상하는 순간이다. 오에 겐자부로는 대학에서 프랑스 문학을 전공으로 선택했던 것 같은 인생의 중요한 고비마다 책이 있었음을 돌아본다. 소년 오에 겐자부로는 일본이 전쟁에서 패망한 뒤 한 선생님에게서, "너희들 한 사람, 한 사람이 자기 방침을 세우고 살아가는 것이 좋을 것"이라는 말을 가슴에 새긴다. 그즈음 『허클베리 핀의 모험』을 읽고, "그래 좋다, 나는 지옥으로 가겠다."라는 구절을 인생의 지침으로 삼겠다고 결심한다. 세계가 광기와 혼돈 속에서 전쟁을 치르고 다들 불안과 무기력에 처했을 때, 소년은 어두운 심연에서 오직 책에서 뻗쳐 나오는 빛에 의해 '지옥까지라도' 두려움 없이 나아가겠다는 의지를 굳게 다진 것이다.

어떤 인생은 수많은 책들이 합작하여 빚어낸다. 거기에는 T. S. 엘리엇의 『네 개의 사중주』, 『포 시집』, 『랭보 시집』, 『오든 시집』, 『블레이크 시집』도 있다. 읽기와 쓰기, 그리고 삶의 경험은 서로 스며들고 영향을 미치며 연계되는 것이다. 오에 겐자부로는 『일리아스』나 『오디세이』와 같은 고전에서 단테의 『신곡』 따위를 거쳐 에드워드 사이드의 『말년의 양식에 관하여』에 이르기까지 살아가는 모든 순간마다 다양한 책이 있었음을 술회한다. 괴로울 때 책을 읽으며 괴로움을 견딘다. 책으로 버티고 책으로 구원받는 것이다. "읽는다, 고로 존재한다."라는 에피그램에 몸을 기대어 평생 독서의 길을 걷는데, 그런 태도는 기필코 "오로지 읽고 쓰는 삶"으로 이끌고, 마침내 "쓰는 것으로 완성된 삶"에 귀착한다.

읽는다, 고로 변화한다

『위험한 독서의 해』는 무엇보다도 저자의 솔직함이 맘에 든다. 불혹을 코앞에 둔 한 남자가 가을비가 추적추적 내리는 어느 날, 아들을 유모차에 태우고 나갔다가 헌책방에서 미하일 불가코프의 『거장과 마르가리타』를 만나면서 다시 책 읽기에 빠져든다. 인생을 구한 걸작 50권이라고? 대체 어떤 책들일까, 호기심을 자극한다.

> 내가 매일의 삶이라는 시련에 대처해 나가는 동안, 출퇴근하고 사무실에서 일하고 초보 아빠가 되고 나이를 먹어 가는 동안 살아나 내게 말을 걸어오는 책. 따라서 『위험한 독서의 해』는 걸작들에 대한 책이자, 걸작들을 읽고 그것들에 대해 쓰는 동안 인생이 내게 어떻게 딴지를 걸어왔는지를 밝히는 책이라고 하겠다. 이 책이 걸작이 될 수 있을지 여부는 독자가 책장을 넘길 때 기계에 발동이 걸릴지, 이 기계가 살아나 독자에게 말을 걸어올 것인지에 달려 있으리라.[31]

이것은 책에 관한 책, "내 삶은 전혀 특별하지 않다."라고

---

31 앤디 밀러, 『위험한 독서의 해』(책세상, 2015), 신소희 옮김, 22쪽.

믿는 사람이 자신에게 말을 걸어 주는 책들과 소통한 기록, '인생 개선 독서 프로젝트'에 대한 진지하면서도 재치 있는 보고서다. 권말의 인생 개선 도서 목록, 내게 가장 큰 영향을 끼친 책 100권, 앞으로 더 읽으려는 책들 목록은 덤이다. 한때 영문학도이자 책벌레였던 그는 육아와 직장 생활과 일상의 잡무들에 짓눌려 책과 멀어진 채 표류한다. 그런 자신에 화들짝 놀라 다시 책으로 돌아가기로 했으니, 책 한 권으로 삶의 방향이 선회하는 순간이다. 지금껏 읽지 않은 게 창피한, 주로 고전이라 하는 책의 목록을 쭉 적자. 그리고 하루에 50쪽씩 읽자! 이 일은 쉬운 게 아니다. 그는 금방 곤경에 처한다. "일주일 동안 간신히 100쪽가량을 넘긴 후 나는 그야말로 난감한 상황에 처했다. 갑자기 수십 가지 일들이 하고 싶어지는 것이었다. 오븐 청소든, 오랫동안 미뤄 왔던 서류 정리든, 그놈의 끔찍한 책을 집어 드는 것만 아니면 뭐든 좋았다."[32] 가까스로 책 한 권을 읽어 낸 뒤 그는 '인생 개선 도서 목록'을 만들고 책 읽기로 진격한다. 블로그를 열고 읽은 책들의 느낌과 생각을 적어서 올린다. "에든버러에서 돌아오는 일곱 시간 동안 나는 줄곧 책에 고개를 처박고 있다시피 했다. 공항 라운지에서 맞게 된 연착 사태도 반가웠고, 히스로 공항에서 환승 항

---

32 위의 책, 66쪽.

공편을 놓친 일도 감사했으며, 도로시아 브룩과 윌 래디슬로가 어떤 결말을 맺는지 알기 위해 뼛속까지 얼어붙는 추위 속에서 반 시간 동안 기차역에 앉아 책을 읽었다. 그러고 나서 희열을 느끼며 집까지 걸어왔다. 그렇다. 나는 문자 그대로 희열을 느꼈다. 위대한 예술이 내 눈앞에 있고, 그에 답해 내 가슴이 열렸음을 의심할 여지없이 확신하고 있었다.”[33] 독서의 제일의적 가치는 바로 이런 몰입과 몰입이 빚어내는 희열이다. 위대한 것과의 만남을 통해 얻는 희열!

책을 읽는 동안 우리 내면에서 미묘한 변화가 일어난다. 그 변화의 핵심은 '뇌에서 일어나는 시냅스의 재배치 작용'이다. 책에 집중하며 빠져드는 동안 뇌가 바뀌고, 사고와 선택, 실천의 영역이 달라지고, 이 변화들이 모여 주체를 바꾼다. 이게 책이 일으키는 기적이다. 『위험한 독서의 해』는 “독서를 일종의 종교”라고 받아들인 이가 겪은 기적의 체험들을 간증한다. 아울러 스스로 작성한 걸작들에 대한 책이자 신랄한 비평이고, 그것들을 읽는 동안 제 인생이 어떻게 딴지를 걸어왔는지를 유머와 솔직함으로 버무려 밝히고 드러내는 책이다. 이 책을 읽는 내내 머릿속에서 떠나지 않은 한 생각은 고전에 대한 것이었다. 고전이란 아무도 읽지 않았는데, 누구나 다 읽었

---

33 위의 책, 69쪽.

다고 착각하는 책이다. 고전 읽기는 누구에게나 버거운 일이
다. 고전을 읽는 게 힘들다면 직접 고전이 되는 책을 써라! 단
고전을 쓰기 위해서는 먼저 고전을 읽어야 한다. 이제 고전을
읽어야 할 강력한 동기가 주어진 것이다. 그런 까닭에 항상 고
전을 읽는 사람은 고전을 쓰려는 사람들이다. 당신이 고전을
읽지 못한 것은 당신에게 고전을 쓰려는 강력한 동기 부여가
없었기 때문이다.

──── 호모 텔레비쿠스
Homo televicus

TV의 탄생

흑백 텔레비전이 처음 나왔을 때 이 물건은 경이로웠다. 이런 놀라운 세상도 있구나! 텔레비전 수상기가 막 보급되던 1960년대에 이것은 재미와 즐거움을 주는 '마술적 도구'로 보였다. 많은 사람들이 텔레비전 앞에 바짝 다가앉아 눈을 떼지 못했다. 텔레비전에서 방영하는 주말 명화, 프로 레슬링, 프로 복싱, 국가 대항전 축구 경기 중계, 올림픽 경기, 프로 야구 중계, 오락거리, 자연 다큐멘터리! 이것들은 사람을 쥐락펴락하며 막강한 권세를 누렸다. 아직 인지가 발달하지 못한 채 어리고 무지했던 터라 나는 텔레비전이 세계를 공명정대하게 다 보여 준다고 믿었다. 보이는 것은 물론이고 볼 수 없는 것들까지 말이다. 그런 순진한 믿음은 얼마 지나지 않아 여지없이 깨지고 만다. 텔레비전이 얼마나 편협한 매체인지 알아 버린 것이다.

텔레비전은 일방적 진실만을 선별해서 보여 준다. 그 과정에서 많은 부분을 왜곡한다. "선별의 원칙, 그것은 선정적인 것과 구경거리를 추구하는 것입니다. 텔레비전은 이중적인 의미에서 '극화(劇化)'를 요구합니다. 즉 텔레비전은 사건을 이미지로 연출하고, 그 중요성·심각성과 함께 극적·비극적 성격을 과장합니다."[34] 텔레비전은 시청률이라는 괴물에 휘둘리면서 정보를 '재미' 위주로 가공한다. 사건은 극적으로 '연출'된다. 사실을 가공하고 진실을 연출하는 과정에서 실체적 진실은 휘발되고 자취만 흐릿하게 보인다. 텔레비전은 '바보상자'로 전락한다. 텔레비전에 대한 대중의 기대치도 그저 오락거리나 던져 주는 매체 정도로 낮아졌다.

---

34   피에르 부르디외, 『텔레비전에 대하여』(동문선, 1998), 현택수 옮김, 31쪽.

TV에서 책을 말하다

　성인이 된 뒤 책을 소개하고 비평하는 프로그램의 패널로 나가는 경우가 종종 생겨났다. 「TV-책을 말하다」나 「낭독의 발견」과 같은 프로그램에 몇 차례 불려 나가면서 책과 텔레비전이라는 매체가 상극이라는 걸 깨달았다. 책이 지혜와 경륜으로 가득 찬 늙은 매체라면 텔레비전은 정보와 재미로 채워진 빠르고 젊은 매체다. 책이 지식과 정보를 맥락 속에서 재배치하고 깊이의 내재화를 꾀한다면, 텔레비전에서 지식과 정보는 흘러가는 것이며 그것은 휘발되어 사라진다. 책과 텔레비전은 상호 대립하는 매체, 양립하거나 공존할 수 없는 '적대적' 관계다. 책이 교양, 형이상학, 인식론의 원천이라면, 텔레비전은 맛집, 여행, 건강, 패션, 유행 등을 주로 다룬다. 아울러 재치와 웃음, 가볍게 소비되는 정보와 뉴스들의 원천이다. 두 매체는 내재적 정체성, 본질, 사회적 존재 양태라는 측면에서 닮기보다는 다른 점이 더 많다. 텔레비전이 전자 문명의 총아로 등장해서 단박에 대중문화를 지배하는 매체로 올라선 새로운 미디어라면 책은 지식을 집적하고 전달하는 매체로 오랫동안 명성을 누린다. 그러나 책은 영화, 인터넷, 텔레비전 같은 매체들이 연이어 나오며 그 영향력이 감소하고 기세가 꺾인다. 책이 오랫동안 누린 권세와 화사한 영화(榮華)는 퇴색하고 사라지는 추세다.

텔레비전에 편성된 책 프로그램들은 대중적 영향력과 권세에 기대어 숨이 끊어져 가는 책에 원기를 불어넣고 회생시키려는 가망 없는 시도다. 어쩌면 당연하게도 그간 나온 텔레비전의 책 프로그램들은 제대로 자리를 잡지 못한 채 사라졌다. 시청자의 무관심과 외면을 견디지 못한 탓이다. KBS에서 가장 의욕적으로 시도한 책 프로그램 「TV-책을 말하다」에 나는 자문 위원과 고정 패널로 참여했다. 이 프로그램은 미디어 안팎에서 주목을 받고 꽤 오래 이어졌다. 하지만 「TV-책을 말하다」는 처음 방영 시간 밤 10시대에서 시청률 사각지대인 새벽 시간대로 밀렸다가 결국 프로그램 폐지라는 비극적 운명을 피하지 못했다. 1퍼센트 안팎에 머문 저조한 시청률이 폐지의 빌미가 되었다. 그 뒤로 포맷을 달리하는 텔레비전 책 프로그램이 생겼다가 사라지기를 되풀이한다.

나라 밖으로 눈길을 돌리면 성공한 텔레비전의 책 프로그램이 없지 않다. 그 대표적인 예로 프랑스의 베르나르 피보(Bernard Pivot)가 1970년대부터 공영 방송인 '프랑스 2 TV'에서 진행한 「아포스트로프(Apostrophe, 불쑥 말걸기)」와 「부이용 드 퀼트르(Bouillon de Culture, 문학의 용광로)」가 있다. 프랑스에 베르나르 피보가 있다면 독일에는 '문학의 교황'이라는 칭호를 받은 마르셀 라이히라니츠키(Marcel Reich-

Ranicki)가 있다. 라이히라니츠키가 1988년에서 2002년까지 독일 제2공영방송(ZDF)에서 진행한 「문학 4중주」라는 프로그램은 유명세를 누렸다. 두 사람이 프랑스와 독일에서 이끈 독서 프로그램은 시청자들의 열광적인 지지와 함께 무엇도 그 권위를 넘볼 수 없는 신성불가침의 위세를 떨쳤다.

베르나르 피보는 본디 기자 출신으로 소설 한 권과 문학 평론집 한 권을 출판한 이력이 있었지만 빛을 보지는 못했다. 정작 그가 재능을 보인 분야는 방송이었다. 1975년부터 1990년까지 724회에 걸쳐 「아포스트로프」를 진행하고, 1991년부터는 「부이용 드 퀼트르」를 시작하여 407회를 이끌면서 유명해졌다. 두 프로그램을 1200회나 진행하면서 문학, 역사, 철학, 정치, 예술, 과학 분야의 저자 5000여 명을 초청하여 시청자들에게 소개했다. 프랑스 작가뿐만 아니라 러시아의 솔제니친, 아르헨티나의 보르헤스, 이탈리아의 움베르토 에코, 망명 작가 나보코프와 같은 20세기 대표적인 작가들, 그리고 프랑수아 미테랑 전 대통령이나 우디 앨런 같은 유명인도 이 프로그램에 나와 말과 지식의 향연을 베풀었다. 그는 방송에서 다룰 저자의 책들을 한 권도 빠짐없이 꼼꼼하게 읽고 시청자의 궁금증을 풀어 주는 명쾌한 질문들을 작성했다. 그리고 공정성을 위해 작가나 출판사와 사적 관계를 일체 맺지 않는 원칙을 고수했다.

「아포스트로프」는 독서 프로그램으로 굳건한 자리를 지키고, 피보는 '문화 권력'으로 군림했다. 두 프로그램 다 책 판매에도 큰 영향을 미쳤다. 금요일 밤 방송이 나간 뒤 토요일 아침에 동네 서점마다 피보가 소개한 책을 사려는 사람이 줄을 서곤 했다. '책이 팔리려면 베르나르 피보의 프로그램에 나가야 한다.'는 말이 나돌았다. 이 프로그램이 문화 권력이 되는 바람에 폐해도 생겨난다. 이 프로그램에서 얼굴을 알리고 책을 홍보하기 위해 초대 작가들이 연기를 하고, 작가와 출판사들이 갖은 애를 쓴다는 구설수가 끊이지 않았다. 피보의 방송이 종영되었을 때 온 나라가 슬퍼하며 떠들썩한 화제를 낳을 정도였다.

마르셀 라이히라니츠키는 폴란드계 유대인으로 문학 비평가로 활동하던 사람이다. 폴란드에서 태어나 가족과 함께 독일로 이주해 성장한다. 귄터 그라스가 그에게 당신의 정체가 무엇이냐고 물었을 때, 라이히라니츠키는 절반은 폴란드인, 절반은 독일인, 그리고 온전한 유대인이라고 대답했다는 일화는 널리 알려져 있다. 1973년부터 1988년까지 《프랑크푸르터 알게마이네 차이퉁》의 문학 책임자로 일하며 문학 비평가로서 명성을 떨치고, 1988년부터 2002년까지 독일 제2공영방송에서 문학 서평 프로그램 「문학 4중주」를 이끌면서 출판계와 문학계의 '교황'으로 군림한다. 1960년부터 2000년까지 40년 동안 무려 8만 권이 넘는 책을 비평하는데, 작가들은 제 책에 어떤 '평결'이 내려질까 신경을 곤두세우고, 더러는 그의 신랄한 비판에 몸서리를 치며 불같이 화를 냈다. 그는 논쟁 상대를 도발하는 데 일가견이 있는 사람이다. 귄터 그라스 같은 작가도 TV 프로그램 도중에 라이히라니츠키와 심한 언쟁을 하다가 분을 참지 못하고 책을 찢은 뒤 퇴장했다.

라이히라니츠키는 자서전에서 "내가 염두에 둔 대상은 대중, 곧 독자였다. 간단히 말하겠다. 나는 독자에게 내가 훌륭하고 아름답다고 여기는 책들이 왜 훌륭하고 아름다운지를 설명하고자 했다. 독자에게 그 책들을 읽히고 싶었다. 나는 불평할 이유가 없다. 내 평론들은—적어도 일반적으로는—내가 원했던 영향을 독자에게 주었다."[35]라고 자부심이 가득 찬 말을 남겼다. 그는 작가들과는 종종 날선 대립도 마다하지 않았지만, 독자를 위해 헌신하고 봉사하는 태도를 유지했다. 2013년 9월 18일, 그가 사망했을 때 그의 비평에 상처를 입고 불편함을 느꼈던 작가들은 단 한 사람도 장례식에 오지 않았다. 하지만 앙겔라 메르켈 독일 총리는 "우리는 문학의 독보적인 친구를 잃었습니다. 뿐만 아니라 자유와 민주주의의 비할 데 없는 친구를 잃었습니다. 나는 이 열정적이고 뛰어난

---

35 마르셀 라이히라니츠키, 『나의 인생』(문학동네, 2014), 이기숙 옮김, 480쪽.

사람이 그리울 것입니다.”라고 추도사에서 독서 진흥에 기여한 그의 죽음을 애석해했다.

　텔레비전의 등장으로 책의 영향력이 줄어들 것이란 예견은 빗나갔다. 프랑스와 독일에서 책과 텔레비전이 행복한 공존을 할 수 있음을 보여 주었다. 우리의 경우 텔레비전에서 선보인 여러 책 프로그램들이 시청자들의 눈길을 사로잡지 못한 채 존재감 없이 지리멸렬하다가 사라진 이유는 어디에 있는 것일까? 무엇보다도 우리에겐 책과 문학에 대한 박물학적 지식, 열정과 호기심, 대중 친화성과 권위 등을 두루 갖춘 베르나르 피보나 라이히라니츠키 같은 북 메신저가 없었다. 아울러 드라마나 다큐멘터리, 예능 프로그램들에 견줘 재미나 활기도 없었다. 그것은 프로그램 구성이 대중의 흥미를 자극하지 못할 정도로 단조롭고 진부했기 때문이다. 대중은 양질의 교양이나 지식을 준다고 해도 프로그램이 긴장과 재미가 없으면 외면해 버린다. 대중이 갈망하는 것은 재미와 웃음, 감각적 즐거움이다. 우리 텔레비전에서 혁신적인 아이디어로 가득 찬 새로운 책 프로그램이 나오길 기대한다. 그러기 위해서는 전제가 있다. 베르나르 피보나 라이히라니츠키 같은 방송에 최적화된 북 메신저를 키워야 한다. 그래야만 그간의 책 프로그램들처럼 속절없이 낮은 시청률의 제물이 되어 사라지는 사태가 되풀이되는 것을 막을 수 있을 것이다.

종이, 이 위대한 것의 발명

—— 호모 페이퍼쿠스
Homo papercus

사물들의 세계

어둠이 걷히고 태양이 중천으로 떠오른다. 그 찰나 지름이 140만 킬로미터에 달하는 이 거대한 구체(球體)에서 뻗쳐 오는 노란색의 밝은 빛이 온누리에 가득 퍼진다. 지구는 이 구체 주위를 돌면서 쉼 없이 자전과 공전을 한다. 그 속도는 실로 어마어마하다. 지구의 자전 속도는 시속 1700킬로미터이고, 공전 속도는 시속 11만 킬로미터다. 태양이 떠오르면 지구는 백색 광선으로 넘치는 낮을 맞는다. 밤새 골목을 밝히던 가로등이 꺼진 뒤 이제 골목을 밝히는 일은 태양의 업무가 된다. 그 시각 우리는 창문을 암막 커튼으로 가린 방의 침상에서 눈을 뜬다. 일어나 창문을 열면 빛이 쏟아져 들어온다. 그리고 빛 속에서 무엇이 보이는가? 경대, 의자, 자명종 시계, 휴대폰, 조명등, 그림, 캐시미어 이불, 베개, 쿠션, 침대, 책, 잡지, 신문……. 거실로 나가면 안락의자, TV, 화분, 에어컨, 책장, 책, 그리고 저 건너편 주방에는 식탁, 의자, 꽃병, 냉장고, 전자레인지, 가스레인지, 식기세척기, 갖가지 접시, 컵, 개수대…… 따위가 한눈에 들어온다. 우리를 둘러싸고 있는 무수한 사물의 세계 속에서 우리는 눈을 뜬다. 이 사물들은 자명한 형태로 날마다 우리를 맞는다. 한밤중 혼자 있을 때 사물들이 내는 소리를 들은 적이 있는가? 개수대에 가득 쌓인 음식물 찌꺼기가 묻은 접시와 그릇들은 우리의 게으름을 책망하고, 안락한 소파는 피로에 지친 우리에게 와서 쉬라고 손짓을 하고, 뜨거운 커피가 담긴 찻잔의 온기는 마치 우리에게 위로를 건네는 듯하다. 사물은 우리에게 말을 건네고, 응답을 기다리며, 더러는 교묘한 방식으로 우리를 조종한다. 대체적으로 사람과 사물은 상호 소통을 하며 공존한다. 사람은 이 사물의 세계 속에서 태어나서 관계를 맺고, 진심을 다해 사랑하고 아이를 낳아 기르며 사는 것이다.

벽에 걸린 달력의 숫자는 우리가 눈뜬 새로운 날의 달과 날짜를 알려 준다. 어제와 어제의 어제, 더 먼 어제들이 힘을 모아 오늘을 밀고 달려온다. '오늘'은 어제의 반복이 아니다. 오늘은 늘 새로운 날, 즉 두 번 되풀이할 수 없는 유일무이한 날이다. 이 새날과 함께 밀려온 우리의 시간 속으로 새 일과 사람들이 온다. 그것이 사람이든 사물이든 무언가 내 시간 속으로 온다는 것은 대단한 일이다. 한 시인은 이렇게 쓴다. "한 사람이 온다는 것은/ 실로 어마어마한 일이다."[36] 한 사람이 온다는 것은 그의 과거와 현재와 미래, 즉 그의 일생이 함께 오는 일이다. 그러니 얼마나 대단한 일인가! 사물들은 어제에서 오늘로 이월된 채 제자리를 지킨다. 이것들은 다시 어제로 돌아갈 수 없는 비가역성(非可逆性) 속에서 꿋꿋하다. 이 꿋꿋함의 기반 위에서 우리는 일상을 기획하고 그 기획을 펼쳐 나간다. 이 사물들은 우리를 위해 봉사한다. 보르헤스는 시에서 우리를 위해 헌신하는 이 사물들을 "말대꾸 한마디 않는 노예들"이라고 쓴다. 사물들은 묵묵하게 우리 내면의 정서적 필요와 실질적 필요를 위해 봉사한다.

우리는 이 사물들과 관계를 맺고, 이 사물들의 세계 속에서 희로애락을 느끼며 산다. 산다는 것은 실로 필요한 사물을 습득하고, 그것을 사용하는 과정 속에서 이루어진다. 우리는 이 사물을 구하기 위해 일하고, 사물을 소유하고 쓰면서 그

---

36 정현종, 「방문객」, 『광휘의 속삭임』(문학과지성사, 2008).

고마움을 실감한다. 우리는 왜 사물을 습득하려고 열을 올리는가? 살아가는 데 필요하기 때문이다. 사물은 일상생활에서 우리의 물질적 필요를 감당한다. 또한 삶을 화사하게 만들고, 정서적 충만을 선물한다. 한마디로 우리의 감성적 결핍을 채워 준다. 이것들은 나의 소유물이자 내 정체성의 기반이다. 이 사물들로 이루어진 세계야말로 나의 삶이 뿌리를 내리고 번성하는 기름진 토양이고, 우주다. 이 사물들이 없다면 우리 삶도 없다.

사물은 '형태'와 '용도'의 결합체다

사물은 물질로 만들어진 '형태'와 '용도'의 결합체. 사물은 예외 없이 형태를 가진다. 이 형태는 감성적이고 미학적인 규준에 맞추어지며 최적화된 용도에 의해 제약된다. 사물의 선택은 우리의 필요와 욕망, 그리고 심미성에 의해 결정된다. 사물이 주는 심미적 기쁨이 인간의 불행과 고통을 실질적으로 경감하지는 않겠지만, 그것이 정서적인 위로와 활력을 준다는 사실조차 부정할 수는 없다. 사람은 사물의 기능과 용도를 폭넓게 활용하면서 제 능력을 한껏 펼쳐 보인다. 우리가 사물의 도구성에 힘입어 만물의 영장으로 거듭날 때 사물은 우리의 감각과 사유, 자각과 노동의 실천적 조력자임을 입증한다. 우리 경험의 깊이는 사물 속에서 더욱 깊어지고, 우리는 사물의 도움을 받으며 훨씬 더 많은 일을 매우 용이하게 처리한다.

삶이 덧없는 것은 어느 순간 유용하던 사물이 덧없음을 드러내기 때문이다. 사람은 늙으면서 물질의 소유가 덧없다는 걸 깨닫는다. 사물을 습득하는 일의 한계점에 도달한 것이다. "신기한 물건들, 보자마자 마음을 빼앗겼던 물건들이 차츰 광채를 잃고 흐릿해진다. 어떤 물건을 손에 넣었다고 해서 가슴 깊이 뿌듯하거나 흡족한 경험을 하는 경우는 거의 없다."[37] 사물의 덧없음 속에서 살다가 우리는 어느 날 사라진다. 죽음이 닥치면 심장은 멎고, 피는 순환을 멈추며, 뇌파는 정지한다. 양심의 가책도 더는 못 느끼고, 아드레날린도 더는 분비되지 않는다. 이 생물학적 사건으로 우리는 마음과 영혼을 잃고 물질성으로 분해된다. 우리는 죽으면서 우리가 그토록 열을 올리며 습득했던 사물들과 이별한다.

종이, 이 하찮은 사물

가장 흔한 것, 그래서 하찮게 여겨지는 사물이 종이다. 종

---

37   살만 악타르, 『사물과 마음』(홍시커뮤니케이션, 2014), 강수정 옮김, 26쪽.

이는 쉽게 태워지고, 찢기고, 폐기되고, 구겨지고, 버려진다. 실제로 일상 속에서 많은 종이가 그런 덧없는 운명 속에서 사라진다. 종이의 속성 탓에 우리는 거의 항상 종이의 중요성을 놓친다. 우리가 "종이로 된 세상에 사는, 종이로 된 인간"[38]이라는 것, 그리고 종이가 "인간의 노동과 창의력의 증거, 한없이 복잡한 기적"[39]이라는 핵심적 사실을 망각한다. 많은 사람들이 인정하지 않을지 모르지만, 종이는 우리의 정체성을 만든다. 종이는 우리를 낳고 기르는 존재고, 누르고 제압하며 명령하고, 또 다른 곳에서는 위기의 찰나에 구원의 손길을 내민다.

습작 시절 많은 종이를 찢고 버렸다. 종이는 얇고 잘 찢기는 재질로 된 사물이다. 재능의 한계에 좌절하며 애꿎은 분풀이를 종이에 한 것이다. 습작에 쓰인 종이들을 찢고, 더러는 종이로 묶인 노트들을 화형에 처하곤 했다. 그것들은 불길에 타오르다가 재로 사라졌다. 나는 여전히 많은 종이를 쓰고 있다. 이제는 종이가 필요 없는 노트북 자판을 두드리며 글을 쓰고 있지만, 다 쓴 뒤에는 종이로 출력해서 들여다본다. 내가 날마다 끌어안고 들여다보는 책들은 다 송이로 되어 있고, 내

---

38 이언 샌섬, 『페이퍼 엘레지』(반비, 2014), 홍한별 옮김, 25쪽.
39 위의 책, 49쪽.

원고들은 예외 없이 종이 잡지나 종이책으로 인쇄되어 나온다. 나는 예전이나 지금이나 변함없는 종이 사용자다. 그렇다면 종이란 무엇인가? 이언 샌섬의 『페이퍼 엘레지』는 종이의 기술적, 물질적 역사와 더불어 상징적 역사를 다룬다. 그는 종이가 어떻게 거룩하게 여겨지고 물신화되었는지를, 종이가 어떻게 자유를 약속하고 부여하며 분명한 한계 또한 부과하는지를 매우 유려한 필체로 쓴다. "종이는 생각보다 앞서지만 생각의 결과이기도 하다. 우리는 종이에 기억을 저장하는 한편 종이만 믿고 잊어버리기도 한다. 종이는 실체는 보잘것없어도 그 안에 의미를 가득 담는다. 물질이면서 환영이다. 망가지기 쉽지만 영속적이다."[40] 물질이면서 환영인 것, 부서지기 쉬우면서도 영속적인 이것! 인간은 종이 위에서 태어나 종이 위에 세워진 문명 세계에서 살다가 종이 위에서 죽음을 맞는다. 종이로 된 출생증명서가 사람으로 태어났음을 증명하고, 죽은 자들은 사망 증명서에 의해 제 죽음을 증명한다. 중요한 모든 일은 항상 종이 위에서 일어난다. "종이가 없다면 우리는 아무것도 아니다. 태어나면 출생증명서가 나온다. 학교에서 이런 증명서를 모으고, 결혼할 때 한 장 더 생기고, 이혼할 때 또 생기고, 집을 사거나 죽을 때도 생긴다. 우리는 인간

---

40 위의 책, 22쪽.

으로 태어나지만 끝없이 종이가 되고, 종이가 우리가 되고, 우리의 인공 피부가 된다. 우리의 존재가 곧 종이다."[41] 탄생과 죽음을 포함하여 실존에 관련한 거의 모든 중요한 일들이 종이 위에 기재되는 것이다. 그 이후의 변화 역시 종이 위에 낱낱이 기록된다. 사람은 종이 위에서 기록, 등록, 분류되는 존재들이다. 우리는 종이 없이 자기 존재를 증명하는 데 큰 어려움을 겪는다. 외국 여행 중에 여권(종이로 된 신분증)을 잃어버린 경우에 벌어지는 사태를 떠올려 보라. 여권은 "첨단 인쇄 기술, 특수 잉크, 위조 방지용 은선(隱線) 등이 잔뜩 들어 있고 뒤쪽 커버 안에는 식별용 전자 칩도 들어 있다. 내 여권은 개인으로서 나에 대한 정보도 드러내지만 나를 어떤 집단이나 국가의 구성원으로도 명기한다."[42] 그게 없는 사람은 신원 불명자가 되고, 이 나라에서 저 나라로 옮겨 갈 수가 없다. 존재 증명의 중요한 수단을 잃었기 때문이다. "종이는 우리가 실제로 존재하지 않을 때에도 존재할 수 있게, 혹은 존재하는 것처럼 보이게 한다."[43] 아무것도 쓰지 않은 백지는 정신의 여백을 은유한다. 때때로 종이는 시이고, 음악이며, 철학이다. 종이는 우주에서 먼지까지 다 포획하고, 보이는 것과 보이지 않

---

41 위의 책, 21~22쪽.
42 위의 책, 254쪽.
43 위의 책, 23쪽.

는 것들을 다 포괄한다. 종이는 소식을 전하고, 사회의 거울 노릇을 하며, 세계를 알아볼 수 있게 계량화하고 구조화한다. 종이는 시간과 거리를 지우고, 세계의 이곳과 저곳을 연결한다. 종이는 우리의 정체성을 만들기도 하고, 그것을 말끔하게 지우기도 한다. 종이 위에서 불가능한 것은 없다. 놀라워라, 종이는 거의 만능이다.

아무 심연도 품지 않은 이 얇고 가벼운 평면 존재는 뜻밖의 일들을 벌인다. "신비스럽게도 우리 존재에 접근할 수 있게 해 주고, 표층을 벗어나 상상의 세계로 들어갈 수 있게 해 주며, 더 깊이 보면 앙리 베르그송이 '삶의 심연의 끝임없는 웅웅거림'이라고 부른 것으로 넘어가는 문턱이다."[44] 종이는 단순한 평면이 아닌 것이다. 종이는 평면에서 심연으로 우리를 인도하는 '문턱'이다. "종이는 우리 자신을 가리키는 핵심적인 기술이며 외부로부터, 곧 다른 사람이나 국가에 의해 우리에게 부과되어 우리의 정체성을 형성한다."[45] 종이의 도움이 없다면 우리는 매번 우리 자신이 누구인지 증명하기 위해 많은 노력을 들여야 할 것이다. 우리가 누구인지 알려 주는 종이가 있다면 사정은 달라진다. 종이는 단일 연속체로서 내가 누구인

---

44 위의 책, 23쪽.
45 위의 책, 253쪽.

지 단박에 알려 준다. 현대 문명 세계에 사는 사람이라면 종이를 쓰지 않고는 살 수가 없다. 우리는 날마다 이러저러한 용도로 수없이 많은 종이를 쓴다. 따라서 종이를 쓰고, 종이의 도움으로 이 문명 세계를 끌어가는 한에서 사람은 종이 인간, 종이 사용자, 그리고 종이의 근본주의자들이다.

책은 종이다!

종이는 서류, 기록물, 지폐, 여권, 지도, 책으로 몸을 바꾼다. 종이의 변신술은 능수능란 그 자체다. 종이의 경이로운 변신 중의 하나가 책이다. 책은 표지, 면지, 속표지, 목차, 본문, 뒤표지로 구성되는데, 이 모두가 종이로 이루어진다. 책은 물성으로만 보자면 종이 묶음에 지나지 않지만 이 안에는 역사의 시간들이 소용돌이를 치며 흐르고, 전 우주의 사건이 담긴다. 책의 표지를 만드는 것을 장정(裝幀)이라고 한다. 표지는 책의 얼굴이다. 얼굴의 형과 색은 보이지 않는 곳에 숨은 자아와 내장을 반영한다. 책의 장정은 신체의 내장에 해당하는 내용의 정수, 숨은 주제들을 일목요연하게 드러낸다. 책은 좌우 면으로 펼쳐진다. 좌우 양면은 시공을 만들고, 하나의 흐름을 이룬다. 이 말은 종이가 공간이자 시간이고, 흐름을 이룬다는 의미를 함축한다. 책의 두께는 곧 그 안에 담긴 사유와 사상의 두께일 뿐만 아니라 시간의 두께이고 유동하는 역사의 두께다. 그리하여 "좌우 양 페이지를 많이 가진 책은 사람의 사상, 사람의 일생, 세계의 모습이나 전 우주의 사건 등 다양한 요소들을 반영"하고, "삼라만상을 감싸"는 것이다.[46] 이제 물성을 갖고 있고, 두께로 이루어진 책의 시대는 서서히 종말을 향하여 가고 있다. 종이책이 소멸하고 있다는 징후는 이곳저곳에서 어렵지 않게 찾아볼 수 있다.

종이책에서 전자책으로

감히 종이가 없는 세상을 상상할 수 있을까? 물론 상상은 해 볼 수 있다. 사람은 뭐든 상상할 수 있는 존재니까. 위대한 작가, 화가, 음악가들이 책, 그림, 음악을 통해 상상하는 법을 가르친 덕이다. 우리는 그동안 종이로, 종이를 통해, 종이를 이용해서 상상하는 법을 배우고 훈련받았다. 종이 없는 세상을 상상해 볼 수 있는 것도 종이 덕분이다. 그건 죽은 상태이거나, 혹은 태어나지 않은 상태를 상상하는 것과 비슷하다. 종이가 처음 만들어진 것은 2000년 정도가 되었다. 우리는

---

46 스기우라 고헤이, 『형태의 탄생』(안그라픽스, 2001), 송태욱 옮김, 163쪽.

그 2000년 동안 문명의 저변에서 문명을 떠받쳐 온 종이가 사라지는 것을 목격하는 첫 세대가 될지도 모른다. 파피루스와 양피지가 사라졌듯이, 또는 플로피 디스크가 사라졌듯이, 종이도 조만간 사라질지 모른다. 우리는 종이책이 전자책으로 대체되는 시대로 성큼 들어선 것이다.

인류는 종이에 의해 만든 문명 세계에서 종이 없는 세계로 가고 있다. 종이가 죽었다는 말도 떠돈다. 실제로 지폐 대신에 신용 카드를 쓰고, 종이책 대신에 전자책을 읽는 게 하나도 이상하지 않은 시대다. 종이가 없는 시대가 온다는 것은 놀라운 문명사적인 전환을 예고하는 신호탄이다. 과거에는 거의 모든 지식과 정보가 종이 위에 담겼지만 이제 그것들은 마이크로 콘텐츠로 변화되어 종이가 아닌 것에 보관된다. 그것들은 빛물질의 무한대, 디지털 공간, 혹은 사이버 공간이라는 곳에 보관되고 저장된다.

전자책에는 종이가 전혀 필요가 없다. 두께와 부피가 없으며 보관에 비용이 들지 않는 전자책의 생태계는 두께와 부피를 가진 종이책의 생태계와는 완전히 다를 것이다. '전자책 출판'은 IT 기술을 바탕으로 한디. 진자책은 패키지 형태와 온라인 형태로 나뉘는데, 오디오 북을 비롯해 콘텐츠의 형식도 다양하다. 어쨌든 인류가 종이를 중심으로 구축된 문명 세계에서 종이 없는 문명 세계로 밀려 가는 것은 거스를 수 없

는 큰 흐름임에는 분명하다.

종이에게 경의를!

종이는 쉽게 구할 수 있고, 값도 아주 싸다. 또한 얇고 내구성이 강한 사물로 문명을 떠받치고 세상의 기틀을 이루는 데 성공한다. 인류는 종이 덕택에 삶이 보다 더 풍요롭고, 놀라운 문명의 번성을 이룰 수 있었다. 아마 종이가 없었다면 인류가 일군 문명은 훨씬 작고 보잘것없었을 것이다. 우리 문명사에 기여한 바를 따져보면, 종이는 "궁극의 인공물"이다. 종이는 문명을 위한 발명품 중에서 가장 위대한 것 중 하나지만 이것이 사라지는 것은 불가피한 일일지도 모른다. 종이의 종언은 곧 책의 종언이기도 하다. 종이와 더불어 살아온 세월을 생각하면 애석한 일이다. 종이의 종언을 받아들이되, 종이에게 경의를 표하는 일은 잊지 말자.

숲은 도서관이다

—— 호모 비블리오데케미쿠스
Homo bibliothecamicus

숲을 헤매는 인간

　타는 듯한 극심한 더위가 이어지는 여름 초입이다. 다들 입을 모아 백 년 만의 더위라고, 가뭄까지 겹쳐 저수지들이 바닥을 드러내고, 논밭 작물들이 말라 죽는다고 아우성이다. 날이 무더워지니 자연림 속으로 피신하고 싶은 마음이 간절하다. 울창한 나무들 탓에 한낮에도 햇빛이 들지 않아 어둡고 서늘한 숲속에서 여름 한철을 나고 싶다. 본디 숲은 인류의 원적지(原籍地)이고, 생명 본질과 깊이 상관되는 장소다. 인류의 비극은 숲을 떠나 삭막한 도시 속에서 삶을 이어 가고 있다는 데서 비롯된다.

저 도시 외곽 어딘가에 산이 있고 숲이 있다. 우리 대부분은 '자연'과 '야생지'들을 밀어내고 그 위에 아파트와 같은 집단 거주지와 크고 작은 도로로 이루어진 문명사회에서 살아간다. 도시에 녹지가 없는 것은 아니지만 그것은 소규모일 뿐이다. 콘크리트 위에 세워진 도시들은 "누구에게 거처를 주느냐 하는 문제에서 너무도 배타적이고 다른 생물들을 너무도 용납하지 않아서 진짜 이상하게 된 거주지"[47]다. 인류는 숲과 황무지를 밀어내고, 온갖 수목과 대형 동물들을 저 바깥으로 몰아냈다. 인간들만 모여 거래와 계약, 경영과 관리가 지배하고, 오직 과학과 기계에 의존하는 사회를 건설한 것이다. 인류는 개간과 개발의 이름으로 자연을 토벌하고, 야생지를 없앴다. 신은 자연을 창조하고, 인간은 도시를 만들었다고 할 수도 있다. 이런 변화의 소용돌이를 거치는 동안 야생지, 즉 "본래의 자연 전체가 울부짖고 꽃피우고, 동물들에게 보금자리를 마련해 주고, 많은 것이 빛나다가 사라지는 마지막 남은 장소들"[48]은 사라졌다.

인류는 본디 숲과 탯줄로 연결된 존재다. 인간과 자연은 어

---

47   게리 스나이더, 『야생의 실천』(문학동네, 2015), 이상화 옮김, 40쪽.
48   위의 책, 45쪽.

느 하나가 우월하지 않고 동등하다. 인간과 늑대, 인간과 송골매의 관계가 그렇다. 인간과 자연은 상호 호혜적 관계이고, 자연의 생명체들과 인간은 형제다. 그런 까닭에 "풀잎 하나가 별의 운행에 못지않다"라는 시인 월트 휘트먼의 통찰은 옳다. 인간과 마찬가지로 다른 동물이나 식물도 자연과 연결되어 있다. "생명과 우주는 공간과 시간에 따른 일종의 방향성 있는 경로, 즉 궤도를 가지고" 있으며, "이는 단순한 부분부터 복잡한 부분에 이르기까지 진화 과정에 반영되어" 있다.[49] 인간은 자연과 더불어 살아가며, 자연으로부터 분리가 불가능하다. 슈바이처는 다음과 같이 쓴다. "우리는 다른 생명에 기인하면서 동시에 다른 삶에 존재가치를 부여할 수 있는 능력을 가지고 있다. 그래서 자연은 우리로 하여금 상호 의존적 현실, 즉 생명체들이 연결 관계에 있는 다른 생명체를 필연적으로 돕게 되어 있음을 일깨운다."[50]

현생 인류가 처음으로 나타났을 때 이들은 한결같이 숲속 생활자였다. 우리 선조들은 숲에 깃들어 살며 열매들과 뿌리를 채집하고, 먹잇감으로 동물들을 사냥하며 생명을 이어 온다. 숲은 인류가 필요한 모든 것, 즉 음식, 잠자리, 정서적 안

---

49 스티븐 켈러트, 『잃어버린 본성을 찾아서』(글항아리, 2015), 김형근 옮김, 193쪽.
50 위의 책, 190쪽에서 재인용.

정, 피난처, 자식을 낳아 기르는 곳을 아낌없이 내어준다. 고대 원시림 속에서 인류는 숲과 공진화(共進化)를 하며 누대에 걸쳐 삶과 죽음을 품은 야성의 한 종류였으리라. 숲이 인류의 것일 수만은 없다. 숲은 모든 식물과 균류, 양서류와 파충류, 조류와 영장류 따위를 포괄하는 야생 동물의 천국이다. 온갖 수목들이 빽빽하게 들어찬 울울창창한 숲은 물과 산소의 생산지이고, 생명체들이 깃든 보금자리며, 살아 있는 것들의 환희 약동으로 가득 찬 생명 공간이다. 인류는 숲을 잃어버리면서 이 생명체의 야생 지대에서도 추방되었다. 인류는 더 이상 야생 지대의 일원이 아니다. 야생 지대는 우리 마음의 깊은 곳, 무의식 어딘가에 잔존할 뿐이다.

인류는 채집과 수렵 시대를 벗어나 들을 갈아엎어 단일 작물의 경작지로 바꾸었다. 숲을 없애고 문명 건설자라는 명성을 얻는다. 숲은 잃어버린 어머니, 생명의 시원(始原), 생명의 원형질이 빚어진 곳이다. 숲을 나온 이래 인류는 오랜 시련과 불행 속에서 헤맨다. 그 수난과 고통 속에서의 헤맴, 그 방황의 역사가 곧 인류사다. 우리 선각들 중 일부는 숲으로 귀환하는 것에서 구원의 가능성을 모색한 바 있다. 문명을 등지고 숲속 생활을 한 헨리 데이비드 소로도 그 중 하나다. 그는 이렇게 말한다. "나는 인생을 내 뜻대로 살아 보고 싶어 숲으로 갔다. 삶의 본질적인 요소들에 정면으로 맞닥뜨린 채, 삶이

주는 가르침을 배울 수 있는지 알아보고 싶었다. 나중에 죽음을 맞이하게 되었을 때, 헛되이 살지는 않았다고 생각하고 싶었다."[51] 소로는 인생을 제 뜻대로 살아 보려고, 삶의 정수를 들이키려고 숲으로 갔던 것이다.

인류 생존은 1억 년 전부터 이어진 열대림의 잔존 여부에 달려 있는 것인지도 모른다. 열대림이 사라지면 지구에 번성하는 생명체들도 함께 사라질 것이다. 그럼에도 인간은 개발이라는 명목으로 열대림을 없애는 데 광분한다. 이 자연의 멸실과 함께 인류 위기의 빌미가 되는 여러 환경적, 윤리적 난제들이 파생한다. 분명한 한 가지 사실은 인류 대다수는 숲에서 사는 능력을 잃었다는 점이다. 문명화에 따른 불가피한 상실이다. 문명화란 곧 자연의 토벌이고, 자연을 인간의 지배 아래 두는 것, 즉 개간이며 개발이다. 그런 명목으로 자연을 말살한 결과 우리는 숲의 신성과 도덕성, 다른 개체군들과 균형과 조화를 이루는 법을 망각한다.

숲으로 책의 숲으로

숲을 잃은 인간은 새로운 숲을 조성한다. 몇만 년 전 조상

---

51   헨리 데이비드 소로, 『월든』(은행나무, 2011), 강승영 옮김, 139쪽.

이 깃들었던 숲과 전혀 다른 형태의 숲이다. 그것은 도서관이다. 도서관 서가를 채운 장서는 예외 없이 나무에서 나온 것들이다. 수백만 권의 장서 하나하나가 나무들이다. 숲이 그렇듯이 수백만 권 장서로 빽빽한 도서관은 인류가 살아가는 데필요한 지혜의 원천으로 의연한다. 나는 프톨레마이오스 2세가 재위 기간에 세운 알렉산드리아 도서관을 떠올린다. 그 장서의 규모로 미루어 보건대 고대 도서관의 외형은 웅장했을 것이다. "알렉산드리아 도서관에는 천문 관측소와 두루마리 50만 개를 모아 놓은 서고뿐 아니라(요즘 책으로 치면 3만 권 정도 분량이다.) 음악 학교, 철학 학교, 신학교, 그리고 5000명의 학생을 수용할 수 있는 강의실이 열세 개 있었다. 엄청난 학문의 전당이었을 것이다. 그날 첫 수업을 위해 새벽에 일어난 학자들은 태양의 운행에 대해 배우고 아이스킬로스, 소포클레스, 에우리피데스의 원본 원고를 읽을 차례가 오기를 기다렸다."[52] 책은 지식의 표상이다. 되도록 많은 책을 모으고 소장하려는 인류의 욕망은 아주 오래된 것이다. 그것은 소장한 책과 자신을 동일시하려는 욕망 때문인지도 모른다. 방대한 장서를 갖춘 도서관은 그 나라가 지식 강국임을 만방에 떨치는 수단이었다. 고대 제국을 통치하는 왕들은 경쟁적으로 커다

---

52 다이앤 애커먼, 『새벽의 인문학』(반비, 2015), 홍한별 옮김, 226쪽.

란 도서관을 지었다. 프톨레마이오스 2세도 그중의 한 사람이다. 새벽에 일어나 파피루스 책에 몰두해 있는 프톨레마이오스 2세의 모습을 상상하는 것은 어렵지 않다.

숲은 생명의 순환이 일어나는 장소다. 늘 푸르고 아무 변화도 없는 것 같지만, 숲은 신생과 성장, 죽음과 쇠퇴가 끊임없이 일어나는 장소다. 수명을 다한 나무는 죽어 쓰러지고, 죽은 나무를 분해하는 일은 토양 미생물이 맡는다. 숲의 토양은 헤아릴 수 없이 많은 미생물의 천국이다. 이 미생물들이 죽은 나무를 분해해서 수목의 생장에 도움이 되는 영양분으로 바꾼다. 숲은 그 자체로 생명 우주다. 그 토양은 여러 종이 공존하는 생태계라 할 수 있다.[53] 토양을 비옥하게 만드는 미생물의 활동을 조금 더 들여다보자. "토양의 세균은 단백질이 분해될 때 나오는 암모니아를 취해서 유용한 질산염으로 바꾼다. 어떤 세균은 대기 중의 기체 질소를 가져와서 토양에 고정시킨다. 토양에서 번성하는 세균의 종류가 그곳에서 자라는 식물의 종류를 결정짓기도 한다. 산소가 부족한 환경에서는 세균이 탈질소기처럼 활약하여 질소를 대기 중으로 내보낸다. 방선균이라는 종류는 유기 물질을 분해하여 부식질을 형

---

53 베른트 하인리히, 『생명에서 생명으로』(궁리, 2015), 김명남 옮김, 179쪽.

성하는데, 똑같은 역할을 수행하는 균류도 엄청나게 많다. 어떤 균류는 나무를 비롯한 식물의 뿌리와 공생 관계를 이루어 산다."[54] 숲을 이루는 수종의 선택과 번성이 숲속 토양에 숨은 미생물과 균류의 활동에 의해 결정된다는 사실은 놀랍지 않은가?

결과적으로 죽은 나무들은 숲의 생태계 순환에 기여하며, 숲을 번성하도록 이끄는 것이다. 지구의 허파 노릇을 하는 열대림이 그랬듯이 도서관 역시 지식과 지혜의 숲이 되어 우리를 부양한다. 숲도 살리고 도서관이라는 상징의 숲도 살려야 한다. 그래야만 인류는 지속 가능한 생존과 번영을 추구할 수 있다. 한데 이 두 숲의 미래는 어둡다. 그 미래가 어둡다 하니 나는 여름 한철 숲속에 머물며 이 어둠에 대해 오래 생각해 볼 참이다.

---

54 위의 책, 180쪽.

더 인간답게
살기 위하여

4

—— 호모 포에티쿠스
Homo poeticus

나는 숙고한다, 일상을

일상은 시간의 호젓한 만에 있는 표류의 장소, 덧없는 죽음의 자리, 시간이 덧없이 사라지는 표면이다. 우리는 먹고, 일하고, 사랑하고, 기도하고, 잠잔다. 때로는 적당히 편안하고, 적당히 불편한 소파에 몸을 의탁한 채 게으름을 부린다. 우리는 이 일상의 나날들 속에서 강박, 회한, 후회, 실망, 환희, 슬픔, 행복, 불행을 겪는다. 누군가를 사랑하고 미워하며, 술을 마시고 담배를 피우며, 업무를 보고 계약을 하며 흘러가는 시간 속에 몸을 맡긴 채 살아가는 것이다. 더러 질병과 자연재해,

예기치 않은 사고를 겪는다. 하지만 대개는 흔하고 평평하고, 연민과 에고가 작동하며, 약동과 노력이 있으며, 인과론과 합목적성에 의해 뭔가 만들어지는 지금 여기에서 일상을 꾸린다. 날마다 눈뜨면 마주치는 이 현실! 오직 산 자에게 허락되는 영욕이 소용돌이치는 이 세계에서의 나날들, 이게 '일상'이다! 이 일상의 안쪽에 욕망과 갈망의 구멍들이 파여 있다. 이 삶의 평평한 국면 속에 작은 죽음들이 숨어 있다. 지구의 지질학적 스케일에 비하면 일상은 아주 작지만 이것은 끊임없이 변화를 불러오는 여러 현상, 사건과 사태를 두루 품는다.

일상은 꽃이 피었다가 지듯이, 파도가 오고 가듯이, 달이 커졌다가 차오르듯이 반복되는 세계다. 일상은 축제, 스펙터클, 기상천외한 모험이 아니다. 그것은 기상, 양치질, 취사, 식사, 설거지, 청소, 사물의 정리, 세탁, 범속한 대화…… 같은 밋밋한 행위로 채워진다. 일상 세계는 자세히 들여다보지 않으면 알 수 없는 미세한 차이를 드러내며 되풀이된다. 일상은 의미를 맺지 못한 채 덧없는 반복 속에서 흘러가 사라진다. 일상은 끊임없는 '하다'의 세계이다. 그 영역 아래에 그것을 추동하는 욕망과 향락의 열망이 역동한다. 이렇듯 일상은 표면은 잠잠한 듯 보이지만 하부에 꿈틀대는 역동을 품은 채 흘러간다.

어쩌다가 일상이라는 호젓한 만으로 떠밀려 왔을까? 우리는 아무것도 모른 채 여기에 도착했다. 삶이란 도무지 알 수 없는 것들에 겹겹이 싸여 있다는 점에서 미스터리다. 겹겹이 싸인 것을 풀어 헤쳐 미스터리의 안쪽을 들여다보기 전에는 무엇이 있는지 알 수 없다. 우리 일상의 습관과 태도로 결국 삶이라는 하나의 운명이 드러난다. 나는 숙고한다. 어디에선가 와서 어디론가 흘러가는 이 실존과 운명에 대해, 일견 범상해 보이는, 감정이 분출하고 자아가 출현하는 일상 그 자체에 대하여! 하필이면 나는 그 '일상'을 숙고한다.

왜 일상을 반추하는가?

일상의 미시적 의미를 염탐하는 문화 연구는 내 심장을 뛰게 만든다. 일상은 소소한 것들로 채워지고, 그 속살은 범박해서 거기에 무슨 의미가 있을까 하고 지나쳐 버린다. 일상은 비사건의 지평이 아니라, 사소한 비(非)사건들로 이루어진 밋밋함을 특징으로 품는다. 일상은 대개 사적 영역에서 밋밋하게 흘러가기 때문에 사건들이 인지되지 않는다. 일상은 그렇게 하찮고 비슷비슷한 형태로 무한 반복되는 것이다. 일상은 먹기, 자기, 깨어나기, 출근, 집안 청소, 세탁기 돌리기, 가구 배치 다시 하기, 이사, 부지불식간에 터지는 일들, 졸음, 낮잠, 찰나의 멍 때리기, 통화, 뜻 없이 반복되는 잡다한 신호, 텔레

비전 드라마 보기, 인터넷 서핑, 기다림, 깨진 약속, 권태, 게으름 피우기, 혼자 밥 먹기, 아무것도 하지 않고 보내는 무위의 시간들, 언쟁, 이웃과 수다 떨기…… 등이다. 그것은 의미가 없는 게 아니라 그 속에 숨은 비범성을 아직 밝혀 내지 못해 범상한 것으로 보일 따름이다.

　나날은 가족, 일, 관계, 사건들로 뒤얽힌 채 흘러간다. 이렇게 흘러가는 일상은 소소하게 치러 내는 삶의 시간, 즉 존재 사건의 시간이다. 일상은 많은 반복과 균열, 차이로 구성되는 것이다. 나날의 일상을 살아 내는 동안 존재 성분이 미묘하게 바뀌고, 삶의 형질은 조금씩 달라진다. 나와 남은 저마다 다르게 태어나는 게 아니라 서로 다른 일상을 겪으면서 차이의 존재로 거듭난다. 일상을 감싸고 있는 것은 시대와 사회라는 테두리다. 일상은 그 테두리 속에서 잉태되고 빚어진다. 즉 시대와 사회에서 솟구쳐 해일로 밀려오는 거대한 변화의 흐름에 '휩쓸린 채' 독자적인 형질을 만드는 것이다. 우리 일상을 규정짓는 것은 먹고살기 바쁜 시대, 개천에서 용이 나오기 힘든 시대, 계층 간 사다리가 사라진 시대다. 우리는 여전히 일상을 겪어 내는 가운데 직장을 구하고 출근하며, 연애도 하고 결혼도 하며, 아이를 낳고 기르며 가족을 꾸린다. 더러는 일상 속에서 '감정 노동'을 하며 살아간다. 과거에는 없던 디지털 모바일 기술, 번아웃, 자기 착취가 일상의 켜로 스미는 가운데 전통 도덕과 가치들을 고수하는 세대가 물러나고, 새로운 취향과 감성을 갖춘 신인류가 몰려온다.

일상, 나를 빚는 시간

무한 반복을 하며 차이를 만들면서 흘러가는 일상 안에서 우리는 노동과 수고가 만드는 피로에 젖은 채 건강을 염려하거나 자질구레한 불안을 안고 살아간다. 그리고 해마다 나이를 더하며 늙어 간다. 사람들은 만났다 헤어지기를 되풀이하고, 나이 든 자들은 세상을 뜬다. 때가 되면 새로운 세대에게 '무대와 장'을 내주고 떠나가는 것이다. 예전에 나는 볼이 붉은 소년이었는데, 지금은 패기만만한 청년 시절을 지나 안면에 주름이 지고 정수리가 허옇게 센 노년기로 접어든다. 내 삶의 시간들 속에 크고 작은 사건들이 스미고 쌓여 역사를 만들고, 역사는 오늘의 '나'를 빚어낸다. 일상은 바로 나를 빚는 시간들로 짜인다.

예전에는 술도 마시고 사람들과 어울렸지만, 지금은 그런 기회를 피한다. 일찍 잠자리에 들고 새벽에 명상을 하고 글을 쓴다. 예전에는 종종 사랑에 빠졌고, 사랑이 만드는 격동과 리듬을 두려워하지 않았지만 지금은 그 과잉의 에너지를 감당하기 힘들다. 예전에는 펜에 잉크를 찍어 글을 쓰거나 타자기를 두드리며 원고를 썼지만, 지금은 모든 원고를 랩톱의 자판을 두드리며 쓴다. 나는 늙고, 분명 내면 형질이 다른 사람이 되었다. 일상이 달라졌기에 그 일상이 빚는 나 역시 달라진 것이다.

반복과 순환 속에서

'역사'가 큰 것이라면 '일상'은 유동하는 작은 것이다. 역사가 해일이라면 일상은 바다에 이는 파도, 혹은 더 작은 물거품이다. 미셸 푸코에 따르면 역사는 "사회학적 상수들의 지표화, 기술(技術)들의 배분에 대한 그리고 그들의 확산 및 존속에 대한 기술(記述)", "정치적 지배, 전쟁, 기근으로 시끄러운 역사의 이면에서 거의 부동적인 것으로 보이는" 것들, "항로의 역사, 소맥과 금광의 역사, 가뭄과 홍수의 역사, 윤작의 역사, 굶주림과 풍요 사이에서 인류에 의해 획득된 평형의 역사"를 포괄한다.[1] 일상은 반복의 연속이지만 겉으로 불거지는 역사는 단속적으로 끊어지고 매듭지어진다. 일제 강점기가 끝나고 해방 정국이 열리고, 이승만의 사유당 정권이 혁명으로 무너지면서 새로운 시대가 열리고, 박정희가 죽고 신군

1   미셸 푸코, 『지식의 고고학』(민음사, 2015), 이정우 옮김, 17~18쪽.

부의 시대가 이어졌다. 시대의 큰 굴곡과 부침에도 불구하고 우리의 일상은 여일하게 이어진다. 일상은 역사의 하부 구조를 이루지만 역사 자체로 환원되지 않는다. 우리는 거대한 화석이나 고고학이 되어 버리는 역사를 견뎌 내고, 나날이 반복되는 실감으로서의 일상을 살아 낼 뿐이다.

일상은 반복과 순환을 하는 까닭에 예측하기가 쉽다. 우리는 예측 가능함에 기대어 안락을 누릴 수는 있겠으나 설렘과 기대가 낮아지는 것도 사실이다. 수잔 스튜어트는 "진행형이고 비가역적인 것으로 간주되면서도 반복과 예측 가능성"[2]이 있다는 것을 일상 시간의 특징으로 설명한다. 일상의 시간은 시간, 날, 달, 해, 주기로 되풀이하면서 단조로움과 밋밋함을 안고 흐른다. 하루가 지나면 또 다른 하루가 오고, 한 해가 지나면 또 다른 해가 온다. 그 속에서 일상과 그 시간은 두 가지를 지탱한다. "첫째, 양적으로 역사를 지탱하며, 둘째, 질적으로 진정성을 지탱한다."[3] 역사를 떠받치는 것은 영웅들이 아니라 장삼이사와 같은 범부들이고, 그들이 꾸리는 자잘한 일상이다.

일상이란 하부 토대가 없다면 역사도 있을 수 없다. 축제나

---

2 수잔 스튜어트, 『갈망에 대하여』(산처럼, 2015), 박경선 옮김, 44쪽.
3 위의 책, 43쪽.

혁명은 단절을 몰아오지만, 그것은 다시 밀려오는 일상의 완강한 지속성에 의해 침식되고 삼켜진다. 산업 사회 이후 일상의 순환은 더 큰 순환 속에 감싸인 채 흘러간다. 역사가 일상을 감싸고, 그보다 더 멀리 아득한 곳에서 우주의 시간이 이것을 감싼 채 흘러간다. 그 모양은 작은 것을 큰 것이 감싼다는 점에서 여러 겹으로 감싸인 양파와 닮았다. 일상은 순환이고 이 순환은 더 큰 것의 순환에 감싸여 있는 것이다. 일상은 언제나 새로 시작하고, 이 시작은 끝도 없이 반복한다. 이것은 니체의 '영원 회귀' 철학을 연상시키는 바가 있다. 삶과 세계는 동일한 것의 돌아옴, 즉 생성과 소멸을 되풀이하며 순환하는 그 무엇이다. 태어나는 것은 죽고, 죽는 것은 다시 태어난다. 세계는 무한한 시간 속에서 동일한 것을 되풀이한다. 이 반복되는 것, 끊임없이 되풀이되는 것 앞에서, 니체의 차라투스트라같이 우리는 "그게 삶이던가, 그럼 좋다, 한 번 더!"라고 외칠 수도 있을 테다.

일상의 겉과 속

하찮고 비루한 일상의 이면은 어떤 모습인가? 거기에서는 어떤 일들이 벌어지는가? 덧없이 반복을 되풀이하는 표면에서 미처 해독되기도 전에 의미들은 휘발되어 끊임없이 사라지고 흔적 없이 흩어진다. 그 표면 아래를 더 깊이 들여다보자. 거기에서 우리는 무궁한 의미들과 수수께끼와 같은 심오함이 얽히고설킨 채 소용돌이치고 있는 걸 발견할 수 있다. 일상적인 것의 고유함, 일상적인 삶 속에 녹아든 패러독스와 아이러니, 이것들이 만드는 존재 사건들의 집약과 총체가 바로 우리가 삶이라고 부르는 것이다. 일상에서 겪는 일, 공간, 현상에 의미가 없다면, 삶에도 의미가 없는 것이다.

일상은 현대 문명 세계의 산물이다. 저 원시 수렵 시대에는 일상이란 것이 아예 없었다. 일상은 근대 이후 생활이 안정과 패턴화를 이루면서 생겨난다. 일상은 자연에서 시장으로, 시골에서 도시로, 봉건 사회에서 시민 사회로, 실재의 소비에서 기호의 소비로의 변동을 품으면서 태동한다. 20세기로 접어들면서 이 변동의 속도는 가속화된다. 일상 안에서 경험의 나눔과 미끄러짐과 섞임 운동은 분주하다. 이때 일상을 감싸는 것은 가족과 사회적 관계망 그리고 국가라는 프레임이다. 이 프레임 안에서 경험의 흐름들이 혼재한다. 이 흐름들 사이에는 속도 경쟁이 활발하다. 일상이 정적인 것이 아니다. 그런 예단은 편견이고 빗나간 판단이다. 일상은 시끄럽고 복잡한 것이다. 그 복잡한 흐름은 엇갈리고 엉키면서 동적 평형을 이룬채 어디론가 흘러간다.

일상범백사는 삶에 숨어 있던 경이가 솟구치는 바탕이다.

일상에서 표면과 심연은 분리되지 않는다. 그것은 표면이 심연이고 심연이 표면이 되는 자리다. 일상을 존재의 의미론적 탐구의 영역에서 제쳐 놓는다면 삶의 구체적인 국면이 사라진다. 일상의 공간과 사물과 상들을 들여다보고 그 의미를 사유하는 행위는 곧 존재 근거와 본질을 바로 보려는 욕구에서 발현되는 것이다. 방, 심심함, 먹다, 웃음, 공항, 잠, 종이, 연애, 출근, 고독, 월요일, 기다림, 여행, 약속, 노화, 국경, 카페, 장례식장, 백화점…… 등등 '일상적인 것'을 의미의 지평에서 거듭 헤쳐 보면서 작게 쪼개져 먼지와 같이 흩어지고 사라지는 것들을 반추한다. 나는 일상이 품은 우연과 즐거움을 편애하고, 일상을 구성하는 사물과 공간과 현상의 밋밋함을 파고들어 그것을 낱낱으로 분해하고 의미를 엿보는 일을 사랑한다. 그런 점에서 나는 일상 예찬론자다.

이제 우리는 일상의 안주(安住)를 넘어서서 호모 포에티쿠스(Homo poeticus), 즉 시적인 인간으로 나가야 한다. 일상은 세속의 행복을 누리는 자리다. 하지만 먹고, 일하고, 사랑하고, 기도하는 것, 즉 하찮고 비루한 일상을 잘 빚는 것만으로는 부족하다. 더 나은 사람으로 진화하려면 시적인 인간이 되어야 한다. 시적인 인간이란 어떤 사람인가? 일상의 리듬에 삼켜지는 사람이 아니라 일상의 리듬에서 튕겨져 나오는 사람이다. 굳이 시를 쓰지 않더라도 일상의 안락에 취해 의식이

마비되어서는 안 되는 사람, 항상 예민한 도덕적 촉수를 갖고 시대를 직관하고 대중의 척도에 휘둘리지 않는 사람이다. "시인은 추상적이고 형식적인 사유를 단순히 드러내는 것이 아니라, 특정한 사건이 갖는 역사적이고 인간적인 복잡함에 부합하는 공정한 판단을 제시한다."[4] 그의 몸은 세속에 있되 세속의 도덕과 형식적인 사유에서 한걸음 물러나 있는 사람이다. 시적인 인간은 분별을 가진 관찰자, 공감의 천재, 늘 패배자의 편에 서는 배심원, 공정한 심판관이다. 그는 벼랑 위에서 발끝으로 걷고, 골수 안에 상상의 제국을 세운다. 시적인 인간의 상상력은 두개골에서 솟구치는 불꽃이다. 이 불꽃은 현실의 진부함을 집어삼키고 살라 버린다. 그는 찰나에서 무한을 엿보고, 불행에 제 몸을 던질 만큼 무모하다. 삶의 총체를 시적 직관으로 꿰어 볼 줄 아는 사람, 전복적 상상력으로 펼쳐 내는 사람, 현재와 사물을 꿰뚫고 나가는 사람만이 시적인 인간으로 거듭날 수가 있다.

---

4 마사 너스바움, 『시적 정의』(궁리, 2013), 박용준 옮김, 177쪽.

―― 호모 노마드
Homo nomad

인간, 여행하는 존재

바람이 불면 몸이 근질근질하다. 바람 소리는 환청같이 누군가 먼 데서 나를 부르는 소리로 들린다. 바람이 불면 심장이 두근대고, 알 수 없는 설렘에 일손을 놓고 먼 데를 하염없이 바라본다. 그러다 기어코 여행 가방을 꾸린다. 최근 여러 해 동안 쉬지 않고 여러 나라를 떠돌아다녔다. 터키의 이스탄불, 그리스의 아테네, 지중해의 산토리니와 크레타, 호주의 시드니, 체코의 프라하, 헝가리의 부다페스트, 핀란드의 헬싱키, 독일의 베를린 등을 떠돌았다.

에게해의 바람을 맞으며 종일 붉은 와인 한 병을 비우고 니코스 카잔차키스의 『그리스인 조르바』를 읽었다. 지중해의 보석같이 아름다운 섬 산토리니를 잊을 수가 없다. 산토리니에서 배를 타고 크레타로 건너가 카잔차키스의 돌무덤 앞에서 작가를 향한 흠모의 상징으로 붉은 꽃 한 송이를 바치는 의식을 치렀다. 20대 중반 출판사에 입사해 카잔차키스 자서전의 교정을 보며 크레타에 가겠다는 스스로와의 기약 없는 약속, 30년도 더 된 숙원을 이루었다. 나는 세상을 다 가진 듯 만족했다. 이스탄불의 블루 모스크에서 그 웅장함과 건축 기술에 놀라고, 거기 깃든 숭고함에 감동해서 숨이 막힐 정도였다. 프라하는 도시 전체가 옛 건축물의 박물관 같았다. 프라하의 거리를 돌아다니며 그 아름다움에 나는 얼마나 많이 감탄했던가!

나는 어느 날 불쑥 익숙한 것들과의 결별을 위해 집을 떠난다. 떠남은 낡고 익숙한 세계에서 낯선 세계로 들어서는 일이다. 여행이란 돈과 시간이라는 비용을 치러서 '경험'을 사는 행위다. 이 경험의 핵심은 불편과 고통이다. 외국 여행 중이라면 더욱 그렇다. 말도 안 통하고, 음식도 입에 맞지 않으며, 운수가 사나우면 호텔 욕실에 온수가 나오지 않거나 비행기 화물로 부친 여행 가방이 엉뚱한 공항으로 간다. 더 운이 나쁘면 독성이 강한 벌레에 물려 뻗거나 노상강도를 만나 봉변을

당할 수도 있다. 여행자들은 그런 사태를 기꺼이 감수하고 떠난다.

사람은 집에서 사는 존재다. 집에서 웃고 뒹굴며 가족과 함께 산 기억은 우리 실존의 가장 중요한 토대다. 집은 개인의 역사를 고스란히 간직한 기억의 공간이다. 그래서 집과 자신을 동일시하는 것은 이상한 일이 아니다. 집은 삶의 거점 공간이고, 정착 생활의 중심점이다. 다른 한편으로 한 장소에서 오래 붙박이로 사는 것은 권태를 불러일으킨다. 이 고착이 만든 권태가 먼 곳에 대한 동경을 품게 만든다. 우리는 여기가 아닌 저곳, 즉 다른 곳을 열망한다. 그 열망 안쪽에는 잃어버린 본성이 숨어 있다. 인간은 본디 이곳저곳을 떠돌며 사는 자유로운 존재고, 우리 선조들은 그렇게 살았다.

문득 우리 안에서 잃어버린 갈망과 본성들이 살아나는 걸 느낄 때가 있다. 바람이 불 때 설레고 어디론가 떠나고 싶은 열망에 사로잡히는 것은 그 때문이다. 나는 여행 가방을 꾸리고 먼 곳으로 떠난다. 먼 장소들, 먼 나라들은 거기에 있다는 것만으로 동경의 장소가 되고, 유토피아로 변한다. 여행자는 이동과 통행의 권리를 누리면서 유목민의 반걸음을 뗀다. 유목민에게 집은 다음 여행지로 떠나기 위해 잠시 머물며 여행 가방을 꾸리는 임시 거주지에 지나지 않는다.

노마드의 시대로

인간이라는 종은 본디 호모 노마드다. 프랑스의 유명한 사회학자 자크 아탈리에 따르면 생명의 역사를 이루는 것은 "이동성, 미끄러짐, 이주, 도약, 여행"이다. 생명의 역사 자체가 노마드의 성분으로 이루어졌다는 증거다. 오늘날 수많은 사람들이 국경을 넘나들며 떠돈다. 이런 인류가 대략 6억 명이 넘는다. 호모 노마드는 정착하지 않고 이곳저곳을 떠도는 여행자, 이주 노동자, 예술가, 탐험가, 난민, 무역업자이다. 인류 역사는 정착민이 기록한 게 맞지만, 역사를 이끌고 창조한 이들은 유목민이다.

자크 아탈리는 '노마드'를 탐구하고 성찰한 책에서 이렇게 썼다. "노마드들은 그때 중요한 것들을 만들어 냈다. 불, 사냥, 언어, 농경, 목축, 신발, 옷, 연장, 제식, 예술, 그림, 조각, 음악, 계산, 바퀴, 글씨, 법, 시장, 세라믹, 야금술, 승마, 배의 키, 항해, 신, 민주주의가 그것들이다. 미래의 정착민들이 발명하도록 남겨 놓은 것이라고는 국가, 세금, 감옥, 저축, 총, 대포 화약 등이었는데, 맨 먼저 그런 발명이 이루어진 곳은 로마였다."[5] 불, 언어, 예술, 계산, 바퀴, 민주주의 따위는 오늘의 문명 세계를 만든 핵심 요소이다. 이것들이 없었다면 인류는 미개하고 야만의 상태로 거친 자연에서 고투하고 있었을 것이다. 정착민이 만든 건 국가, 세금, 저축, 감옥이다. 그것들은 인류를 한 장소에 붙박이로 살게 만든 대신에 자유를 제약한다. 미국은 과거의 로마를 대체하는 정착민 제국이다. 이 통찰력 있는 사회학자는 이 정착민 제국에 맞선 새 노마드 제국의 핵심으로 시장, 이슬람, 민주주의를 든다.

인류는 세 부류로 나뉜다. 비자발적 노마드, 정착민, 자발적 노마드가 그것이다. 첫째, 인프라 노마드는 어쩔 수 없이 노마드가 된 부류다. 홈리스, 이주 노동자, 정치 망명자, 추방자, 난민, 외판원들이 비자발적 노마드들이다. 둘째, 정착민은 농민, 공무원, 의사, 교사, 기술자, 어린이로 이루어진다. 한 장소에서 안정된 직업을 갖고 살아가는 부류다. 이들은 한 나라 국적을 갖는 대신 납세와 병역과 노동의 의무를 짊어지고 산다. 셋째, 하이퍼 노마드는 창의적인 직업인, IT 연구원, 음악가, 통역가, 영화감독, 게이머, 집 없는 여행자이다. 이들은 유행을 퍼뜨리고, 프리랜서로 소속 없이 일하며, 이동성이 강한 생활에 거부감이 없고, 실제와 가상 공간을 넘나든다. 인프라 노마드는 가난에 시달린다. 반면에 하이퍼 노마드는 부유하다. 세계의 부와 권력을 독점하고, 자신들의 이익을 통제하는

---

5   자크 아탈리, 『호모 노마드 유목하는 인간』(웅진닷컴, 2005), 이효숙 옮김, 25쪽.

정착민 제국과 으르렁거리며 싸우는 것은 가난한 인프라 노마드들이다.

세계는 정착민의 시대에서 노마드의 시대로 가고 있다. 인류는 직립 보행하는 영장류에서 정착민으로, 정착민에서 노마드로 거듭나며 오늘에 이르렀다. 이 과정은 과일을 따먹고, 죽은 동물의 고기로 배를 채우던 원시 수렵 사회에서 농경 사회로, 농경 사회에서 산업 사회로, 다시 산업 사회에서 정보 지식 사회로 바뀐 여정과 겹쳐진다. 더 많은 사람들이 자기가 태어나지 않은 나라를 떠돌며 살고, 정착민들이 실업과 가난 때문에 자발적으로 노마드 대열에 합류한다. "고독과 불안정은 이제 정착민의 생활 양식 위에 무겁게 내리누르는 위협이 되었다. 정착민의 생활 리듬은 노마드의 생활 리듬을 본떠 점점 더 파편화되고, 잘게 쪼개졌다."[6] 정착민의 안정된 삶이 계속 흔들리고, 더 많은 위험 요소들로 압박을 받는다. 그에 따라 이들의 역사, 연대 의식, 국가 충성도 따위도 얇아진다. 이들은 더 낮은 세금을 내는 나라를 찾아 쉽게 국적을 바꾸고 떠나 버린다.

세계의 표준 권력을 거머쥔 미국을 빼고는 더 많은 나라들이 오아시스 역할에 만족해야만 한다. 이제 소비, 노동, 여흥,

---

6 위의 책, 421쪽.

예술을 이끌어 가는 것은 전적으로 노마드들의 몫이다. 인류의 미래 사회는 분명 호모 노마드 사회다. 이것의 특징은 다양성과 혼종성이다. 우리 주변에 부쩍 다문화 가정이 늘어나는 것도 그런 징후다. 이곳과 저곳 사이의 물리적 거리를 없앤 인터넷과 이메일, 화상 통화 등등의 일상화가 변화를 빠르게 촉진시킨다. 정착민이 보자면 일탈과 방랑으로 얼룩진 유목민의 생활 양식, 새로운 호모 노마드의 흐름을 받아들이는 것은 불가피한 선택이다.

——— 호모 오티움
Homo otium

'피로 사회'를 사는 인간

연말에는 많은 일들이 한꺼번에 몰린다. 불가피하게 마무리 짓지 못한 업무가 폭증하는 탓에 부쩍 피로를 호소하며 쉬고 싶다고 말하는 이들이 늘어난다. 출판사에서 일하는 한 지인은 넘쳐 나는 일에 지쳐 삶의 의욕을 잃었다고 고백한다. 어느 순간 살고 싶지 않은 생각조차 들어 놀랐다는 그가 원하는 것은 단 하나 휴식이다. 그에게 쉬라고 권했더니, 그는 "시간이 없는데 어떻게 쉬어요?"라고 반문한다. 일이 늘면 쉴 참이 없어진다. 최근 며칠 동안 이유 없이 어지러움과 구토 증세로 고생했다. 결국 병원 응급실에 찾아가서 피를 뽑고, 혈당, 심전도, 갑상선 검사 등을 받고 나왔다. 여러 검사 결과를 받아 든 의사는 몸에 이상이 없다고 결론지었다. 아마 과로에 의한 것이니 충분히 휴식하라고 권한다. 병원 침상에 누운 채 링거를 맞고, 약 처방을 받아 나왔다. 며칠 일손을 놓고 쉬며 돌이켜 보니, 최근 한 달여 동안 잦은 지방 강연과 이런저런 청탁 원고를 쓰느라 몸을 혹사했다는 생각이 든다.

사람은 누구나 일을 한다. 생명을 가진 모든 유기체는 끊임없이 움직이며 생존에 보탬이 되는 일을 하고, 자기 영역을 확장한다. 그게 생명을 가진 것들의 숙명이다. 사람은 일하면서 그 안에서 보람과 의미를 구하는 존재다. 일자리를 구하는 것은 단순히 일이 생계 수단이기 때문만은 아니다. 일은 자기실현에 이르는 중요한 수단이다. 농경 사회에서는 낮과 밤, 계절에 따라 일과 휴식의 리듬이 이루어졌다. 씨앗을 파종하고 곡식을 수확하는 가을까지 노동을 하고 겨울철에는 한가롭게 휴식하는 리듬이 자연스러웠던 것이다. 현대 사회에서는 계절을 구분하지 않고 일에 내몰린다. 현대인들은 한 가지 일만이 아니라 이 일과 저 일을 동시에 수행한다. 당연히 더 자주 몸과 마음에 쌓이는 피로의 고통을 호소한다. 이런 현대 사회의 속사정을 안팎으로 두루 톺아본 한 명민한 철학자는 현대 사회를 "피로 사회"라고 간명하게 규정짓는다.

지금 우리를 둘러싼 것은 어떤 과잉들이다. 과잉은 노동 주체에 달라붙어 피를, 그 의욕과 활동 가능성을 빨아댄다. 우리를 이 과잉 속으로 들이민 것은 외부의 강제나 압력이 아니다. 우리는 자발적 의지로 이 과잉의 세계로 들어선다. 이 과잉의 유력한 징후가 소진과 피로다. 과거에는 없었고 현대에 들어서며 사회 전 부면에 퍼진 과잉이라는 재앙은 삶의 가속화와 더불어 나타난다. 이것은 현대 사회에 폭력의 양태로 상존한다. 과잉 생산, 과잉 가동, 과잉 커뮤니케이션 따위가 그것이다. 이 적대성이 없는 폭력 속에서 우리는 스스로를 방기한 채 속수무책으로 소진당한다.

이 피로 사회의 정체는 노동 과잉의 사회이고, 성과를 강요당하는 사회일 테다. 어쩌다 우리는 피로 사회 속으로 들어온 것일까? 철학자 한병철은 『피로사회』에서 "과잉 활동, 노동과 생산의 히스테리는 바로 극단적으로 허무해진 삶, 벌거벗은 생명에 대한 반응이다."[7]라고 말한다. 누가 강요하지 않아도 많은 사람들이 지칠 때까지 일한다. 휴일도 반납하고 성과를 내기 위해 자기 착취를 한다. 이 자기 착취의 결과는 무엇인가? 우리는 심신을 덮쳐 오는 피로에 사로잡힌다. 어떤 이들은 피로로 인해 영혼이 타 버린 상태다. 철학자는 "피로는

7　한병철, 『피로사회』(문학과지성사, 2012), 김태환 옮김, 43쪽.

폭력이다."라고 단정적으로 말한다. 피로는 공동체와 그것을 이루는 관계들, 그리고 삶과 언어마저 파괴한다. 피로는 잉여의 가능성을 고갈시키고, 망상과 자아 분열을 낳으며, 신체의 장기들을 망가뜨린다. 휴식 없이 과도한 노동에 내몰리면 만성적 스트레스가 커지며 코르티솔 호르몬 분비가 늘어난다. 코르티솔 호르몬이 과잉 상태일 때 몸이 망가지는 것이다. 구체적으로는 면역 체계가 손상되고, 불안과 우울이 깊어지며, 비만 증세가 나타난다. 잠을 줄이며 일을 더 많이 하는 사람은 필경 중요한 장기들에 과부하가 걸려 심혈관계 질환의 가능성이 커진다.

피로라는 괴물에 어떻게 대응할 것인가

당신의 심신을 갉아먹고 영혼을 피폐하게 만드는 멀티태스킹을 당장 그만두라. 당신의 시간을 잘게 쪼개는 "즉각적인 반응의 악순환"에서 벗어나려면, 손에 쥐고 있는 일들을 놓아라. 그리고 전원을 끄고, 자주 인터넷 메시지를 확인하거나 스마트폰을 습관적으로 들여다보는 일을 멈춰라. 지금 회사의 업무가 지나치게 많다면 다른 사람과 일을 나누고, 일하는 방식과 근무 환경을 조정하라! 무엇보다도 충분히 쉬어라. 휴식은 자연의 생리적 리듬을 되찾는 일이고, 일로 피폐해진 내면을 돌보는 일이다.

라틴어 '오티움(otium)'은 '아무것도 하지 않는 것(doing nothing)'을 뜻한다. 호모 오티움(Homo otium)은 소극적인 뜻으로 아무것도 하지 않는 사람, 휴식하는 인간을 가리킨다. 휴식은 아무것도 하지 않음을 넘어서서 인간의 주기적 활동의 리듬 속에서만 비로소 이해될 수 있는 그 무엇이다. 일과 휴식 사이의 균형이 활력이 넘친 생활을 위한 전제조건이다. 강제하는 일은 보람과 기쁨이 작다. 뿐만 아니라 고되고 피로감이 쌓인다. 사람은 기계가 아니기 때문에 노동과 휴식 사이에서 리듬을 유지해야 한다. 일을 하는 동안에도 자주 짬을 내서 숨을 돌리고 사과를 베어 먹거나 커피를 마시며 동료들과 수다를 떨며 웃는 시간을 가져야 한다. 휴식의 시간은 일에서 비롯되는 스트레스를 줄이고 활력과 기쁨을 키운다.

우리 주변에는 일에 옴짝달싹할 틈도 없이 옥죄인 채 사는 사람들이 널려 있다. 쉼 없이 일에 매달리는 이유는 무엇인가? 어떤 사람은 더 좋은 대학에 진학하려고, 대기업에 입사하려고 잠을 줄이고 공부를 한다. 어떤 사람은 더 많은 돈을 벌기 위해, 혹은 집을 살 때 빌린 은행 융자금을 갚기 위해 밤낮없이 일한다. 우리는 더 나은 삶을 위해 일에 내몰린다. 하지만 내부의 갈망들이 다 채워지는 것도, 삶이 더 나아진다는 증거도 없다. 우리는 여전히 일과 일 사이에서, 이게 잘 사는 삶인가 하는 회의에 빠질 여유도 없이, 진자 운동을 되풀이하며 사는 동안 영혼은 피로에 잠식당한다.

이 피로라는 괴물에 어떻게 대응할 것인가? 물론 잘 쉬어야 한다. 일에 짓눌리면 그 중압감으로 대뇌 회백질이 쪼그라든다. 그런데 생활의 속도를 늦추고 느긋한 휴식을 취하면 줄어든 대뇌 회백질이 다시 증가한다. 뇌는 편안함을 느낄 때 대뇌 회백질의 증가로 더 커지고, 뇌 속의 공포 중추는 작아진다. 하버드 대학의 신경과학자들은 단 8주간 명상과 요가 연습에 집중한 사람들에게서 대뇌 회백질이 증가한 사실을 관찰했다고 보고한다. 대뇌 회백질이 늘어나면 변화가 일어난다. 삶의 속도를 늦추고 충분히 쉬고 빈둥거릴 때 뇌가 사고하고 기억하고 결정하는 데 더 명민하게 작동한다.

혁신적인 기업들은 일찍이 '휴테크'의 효용성에 눈을 뜬다. 직원에게 근무 시간의 20퍼센트는 일손을 놓고 빈둥거리라고 권유한다. 아예 출퇴근 시간을 없애기도 하고, 직원들이 원하는 장소에서 원하는 시간에 자기 일을 하도록 한다. 남은 시간은 자기가 원하는 방식으로 휴식을 취하도록 한다. 휴식을 취할 때 더 창의적인 아이디어를 내고 더 나은 성과를 내기 때문이다. 그래서 구글이나 3M 같은 혁신 기업들은 직장 내에서 빈둥거림을 장려한다. 기업들이 탄력 근무나 재택근무를 하는 것은 노동자에게 더 많은 자율 시간을 주기 위함이다. 피로에 빠지지 않고 일과 사랑과 놀이의 균형 속에서 만족스럽게 살고자 한다면, 적당히 일하라! 그리고 반드시 휴식하라! 일에서 손을 떼고 시간 강박에서 벗어나 빈둥거릴 수 있는 자유를 허락하라!

호모 오티움으로 거듭나라!

휴식의 달콤함과 가치에 대해 모르는 이들은 애초에 휴식을 취할 여유가 없는지도 모른다. 쉬지 못하는 것은 병이다. 휴식의 본질은 일손을 놓고 가만히 있는 게 아니다. 오스트리아의 사회학자인 헬가 노보트니는 휴식을 "나와, 내 인생에서 중요한 것 사이의 일치"를 뜻한다고 말한다. 좋아하는 책을 읽거나 음악에 심취하는 것, 자기 내면의 필요에 부응하는 일을 하는 것, 허겁지겁하는 일상에서 벗어나 영혼의 평화를 온전하게 누리는 게 휴식이다. 하루 일과 중에서 외부에서 부과한 책임과 의무에서 벗어나 자기 뜻대로 쓰는 시간을 충분히 누리는 게 휴식이다.

일과 중에 졸거나 낮잠에 빠지는 건 짧은 휴식을 취하는 일반적인 방식이다. 여러 나라에 '시에스타'의 관습이 널리 퍼진 것도 그럴 만한 까닭이 있다. 낮잠은 수면과 몽상 중간의 시간이다. 뇌는 낮잠을 잘 때도 일한다. 에디슨과 처칠과 나폴레옹

이 잠을 적게 잔 탓에 성공했다고? 그들은 낮잠을 취하면서 모자란 수면 시간을 채웠다. 울리히 슈나벨은 낮잠을 원기 회복 낮잠(5분에서 20분), 고전적 낮잠(20분에서 30분), 고급 낮잠(60분에서 90분), 에스프레소 낮잠(커피를 마시고 곧바로 잠자리에 드는 것)으로 세분화한다. 낮잠에 빠질 때 두뇌는 외부 자극을 차단한 채 소진된 원기를 되찾는다. 낮잠은 과잉 착취에서 벗어나게 하고, 근육에 쌓인 젖산과 두뇌에 쌓인 과잉 정보들로 인한 피로감을 덜어 내는 천국의 선물이다.

휴식이 우리를 더 나은 사람으로 만든다면 휴식이야말로 우리의 경쟁력이다! 휴식은 한가로움 속에서 이루어진다. 그냥 빈둥거리지 말고 책 읽기를 하라. 책 읽기는 능동적인 휴식이다. 책 읽기는 세상을 새롭게 보게 한다. 자기 자신에 대한 통찰과 더불어 세계에 대한 우리 인지 지평을 확장하도록 이끈다. 혁신과 창의력의 기반은 지적 자극이다. 책 읽기는 이런 지적 자극에 노출하는 일이다.

휴식은 피로의 옥죄임에서 벗어나 흐트러진 생체 리듬을 회복시키며 기쁨을 되살려 내는 일이다. 지나친 외부 활동을 멈추는 순간 우리 뇌는 즉시 "신경 세포를 다듬고 관리하는 일"에 돌입하고, 이것은 "기억을 분류하며 배운 것을 처리해 자기 것으로 만드는 일"이다. 단순히 일손을 놓고 휴식을 취하는 것만으로 대뇌 회백질이 증가한다는 연구 보고도 있다.

결과적으로 휴식은 일과 활동의 지속성을 끌어낸다. 더 이상 심신의 동력이 고갈되기 전에 여행을 떠나거나, 벗들과 함께 맛있는 음식을 먹어라. 더러는 조용한 가운데 책을 읽거나 노래를 하고 명상을 해라. 자기가 가장 좋아하는 일을 하는 것도 휴식의 한 방식이다. 가구를 만들거나 그림을 그리는 것 따위가 그렇다. 이것들은 업무나 노동과는 본질에서 다른 활동으로 노동의 속박에서 벗어나 빈둥거리며 기쁨을 취하려는 활동에 속한다. 충분히 쉬어야만 기억력과 창의성을 향상시키고, 지각 능력과 집중력을 더 키울 수 있다. 그러므로 잃어버린 기쁨을 되찾고 활력이 넘치는 삶을 살며, 지속적인 내적 성장을 일구려면 호모 오티움으로 거듭나라!

―― 호모 루덴스
Homo ludens

놀이를 잃어버린 어른

2015년 9월 시드니에서 겪은 일 중의 하나다. 시드니 도심의 한 분수가 있는 공원에서 아이들이 까르륵거리며 놀고 있었다. 대여섯 살쯤 되어 보이는 한 무리의 아이들이 물줄기 세례를 받으며 뛰어노는데, 아이들은 물에 흠뻑 젖는 것도 아랑곳하지 않은 채 연신 웃고 떠들었다. 공원 산책을 나온 엄마들이 아이들을 맘껏 뛰놀게 놓아두는 것이 인상적이었다. 공중으로 솟는 물줄기를 손으로 잡는 아이들, 물줄기를 피해 뛰어다니는 아이들. 분수의 물줄기 아래서 노는 아이들은 '작은 어른'들이 아니라 이제까지 없던 '신생 인류'였다. 나는 벤치에 앉아서 이 신생 인류가 분수 주변에서 노는 모습을 오래 지켜보았다. 특별한 것도 없는 놀이에 집중한 채 행복에 겨운 아이들에 눈길을 주며, 돌아갈 수 없는 유년기에 대한 향수에 잠겼다. 아이들은 '호기심 천국'의 순진무구한 주민들이다. 내게도 저렇게 웃고 뛰놀던 어린 시절이 있었을 텐데, 그 기억이 아득하다.

우리는 놀이를 잃어버리면서 어른의 세계로 들어선다. 잡다한 일더미에 파묻힌 채 놀이를 잃을 때 우리는 불행에 빠진다. 어른이란 불행이 상습화된 현실을 살아가는 존재들이다. 우리는 놀이를 잃은 대신 인생을 돈 벌기 위한 비루하고 거친 투쟁의 장으로 만든다. 그들은 직장 상사와 경영자들이 정해 준 목표를 달성하기 위해 생산과 성과를 위해 달린다. 그들은 자신의 시간을 자기를 고용한 이들을 위해 쓰면서 그것을 봉급이나 돈과 맞바꾼다. 근대 산업 사회 이후 인간은 뇌의 회백질이 줄어들 정도로 바쁘게 일을 하면서 '놀이'를 잃어버렸다. 시간 강박에 걸릴 정도로 일하는 사람들은 놀이의 상실을 겪으며 불행에 속박당한다. 이것은 빈둥대는 한량으로 살 수 없다는 것이고, 그 본질은 자유를 차압당했다는 뜻이다.

인간은 일만 하면서 사는 존재가 아니다. 인간을 노는 존재, 즉 호모 루덴스(Homo ludens)라고 규정한 것은 하위징아라는 학자다. "놀이는 자유로운 행위이며 자유 그 자체이다. 놀이의 두 번째 특징은 '일상적인' 혹은 '실제' 생활에서 벗어난 행위라는 점이다. 놀이는 '실제' 생활에서 벗어나 그 나름의 성향을 가진 일시적 행위 영역으로 들어가는 것이다."[8] 놀이는 유용한 것을 생산해야 한다는 강박에서 자유로워진 행위다. 공리적인 잣대로 보자면, 놀이는 정말 쓸모없는 짓이다. 오죽하면 속담에 '노느니 장독 깬다.'라는 말이 있겠는가! 노는 것은 장독 깨는 짓보다 더 하찮다. 놀이의 골격은 경연, 공연, 전시, 겨룸, 우쭐거림, 뽐냄, 치장, 겉치레, 구속력을 갖는 규칙 같은 기본 요소들에서 이루어진다. 직업으로 삼지 않은 산책, 여행, 춤, 바둑, 포커, 골프, 음악, 시, 독서, 영화 관람, 축구, 와인 마시기…… 등등은 다 어른들의 놀이다. 놀이란 무의미하고 불합리한 것 속에서 건져 내는 기쁨이고 성스러움이다. 많은 경우 문화와 예술은 그런 놀이의 규칙을 내재화하면서 발달한다.

아이들은 대개는 놀이의 천재들이다. 어떤 상황에서도 놀이를 찾아내고 그것에 열중한다. 놀이 속에서 쉽게 행복해지는 것은 아이들이 이해타산에 매이지 않은 존재이기 때문이다. 동양 철학자 노자는 어린아이를 가리켜 "독충이 쏘지 않

---

8 요한 하위징아, 『호모 루덴스』(연암서가, 2010), 이종인 옮김, 42쪽.

고, 맹수도 덮치지 않으며, 독수리도 움켜 채지 않는다."라고
했는데, 어린아이가 "정기를 모아 지극함"에 이른 존재이기
때문이다. 또한 "종일 울어도 목이 쉬지 않음"은 어린아이가
조화가 지극한 자연에 속한 까닭이다.(『도덕경』, 55장) 어린아
이는 양생(養生)의 도를 몰라도 피로를 모르고, 누구의 가르
침도 없이 스스로 무위자연에 처한다. 그래서 노자는 "삶 때
문에 일을 하지 않는 것이 삶을 귀하게 여기는 것보다 현명하
다."(『도덕경』, 75장)라고 했다. 생존 이익을 위해 일하지 않고,
오직 노는 것은 어린아이들뿐이다. 어린아이들은 숨바꼭질,
말뚝박기, 딱지치기, 구슬치기, 소꿉장난 같은 놀이들의 재미
에 금세 빠진다. 놀이가 유용함에 복무하는 노동이 아니기에
아이들은 놀이를 즐거워한다.

   놀고 웃으며 사랑하라!

   놀지 못하는 자는 자유롭지 않다. 근대 이후 사회의 전 부
분에 걸쳐 일, 생산성, 성과, 속도를 강조하면서, 인류는 '노는
인간'을 평가 절하하고, 무가치한 존재로 낙인찍었다. 노는 것
은 공동체의 이익에 부합하지 않을뿐더러, 문명의 건설에 도
움이 되지 않는다고 판단했기 때문이다. 하지만 놀이를 잃는
순간 우리는 지옥으로 전락한 현실로 추락한다. 놀이를 잃은

채 필요에만 종속하는 인간은 노동의 노예로 변한다. 어른이 아이보다 더 불행한 것은 '영혼 없는 기계'와 같이 일하는 삶, 놀이 없는 삶의 강제 속에 묶이기 때문이다. 어른들은 마음을 유유자적하게 하고, 활기와 명랑성을 불어넣는 놀이에서 멀어지면서 행복에서도 멀어진다. 진정 자유를 갈망하는가? 진정 행복하기를 바라는가? 그렇다면 놀고, 웃으며, 사랑할 줄 알아야 한다. 노동만을 독려하는 집단적 광기의 목소리에서 벗어나 놀고, 웃으며, 사랑해야만 한다.

놀이는 행복과 연관된다. 일에만 내몰려 여가 시간을 가질 수 없는 사람은 제 인생에 대한 통제권과 선택권을 잃는다. 그들은 제 인생의 통제권을 남에게 넘겨준다. 그러나 '놀이하는 인간'은 제 인생의 통제권을 단단하게 틀어쥔다. 놀이는 사람을 자유롭고 똑똑한 존재로 만든다. "놀이는 우리의 두뇌를 복잡하고 정교하고 유연하게 만들어 주며 반응 속도와 사교성을 향상시킨다. 결과적으로 놀이는 복잡하고, 정교하고, 유연하고, 반응이 빠르고 사교성이 좋은 사람들과 사회를 만들어 준다."[9] 진정으로 원하는 것을 갈망하라! 삶의 질을 높이고 싶다면, 일을 놓은 채 여가 시간을 즐기며 '노는 인간'으로 빈둥거려라!

---

9 브릿지 슐트, 『타임 푸어』(더퀘스트, 2015), 안진이 옮김, 387쪽.

"열심히 일한 당신, 떠나라!"라는 광고 카피가 화제가 된 시절도 있었다. 업무와 노동의 과중함에서 벗어나 여행을 떠나는 것이 모든 이들의 갈망이 되었을 때, 최저 생계비에도 미치지 못하는 돈을 벌기 위해 일하는 사람들에게 여행은 사치에 지나지 않았다. 많은 사람이 일과 여가 시간의 조화를 잃은 채 메마른 업무에 내몰리는 게 현실이다. 시간에 쫓기는 사람들은 도무지 놀이의 효용성을 인정하지 못한다. '미국놀이연구소'의 설립자인 스튜어트 브라운은 '놀이의 힘'에 대해 이렇게 말한다. "놀이는 모든 예술과 게임, 책과 스포츠, 영화와 패션, 재미와 경탄의 근원이다. 한마디로 놀이는 우리가 문명이라고 말하는 모든 것의 근원이다."[10] 시를 쓰고, 그림을 그리며, 음악을 만드는 예술 행위들은 그 본질이 놀이다. 이런 놀이의 바탕은 쓸모없음이다. 독일 철학자 하이데거는 "쓸모없는 것은 유용하다. 그러나 쓸모없음을 실행하는 것, 이것이야말로 현대인에게 가장 어려운 일이다."라고 말한다. 놀이는 공리주의의 삭막한 굴레에서 벗어난 자유를, 현실의 책임과 의무의 이행에서 우리를 풀어놓는다. 일에 매달린 사람보다 놀이를 하는 인간이 더 즐거운 인생을 살며, 더 창의적 에너지를 뿜어낸다. 왜 해도 해도 일이 끝나지 않을까라고 탄식하지

---

10   위의 책, 369쪽.

말라. 당신의 시간을 어떻게 쓸 것인가를 스스로 결정하지 않고 타인에게 그 결정권을 넘겨준 것은 실수다. 당장 그 선택권과 결정권을 찾아오라. 일하는 기계로 사는 삶에 저항하면서 자주 빈둥거려 보라! 과도한 노동을 강요하는 사회에는 결코 고분고분 순응하지 말라! 거기에 저항하면서 자기와 가족을 돌볼 시간을 확보하라!

—— 호모 스마일리언스
Homo smiliens

사람은 피부 자아로 살아간다

얇은 피부가 '나'라는 존재를 뒤덮고 있다. 자아의 껍질인
것, 나와 물질세계의 경계인 것, 우리는 피부라고 부르는 이것
에 감싸인 몸의 형태로 존재한다. 피부는 몸을 감싸는 방수
복이다. 피부는 숨쉬고, 외부 자극에 반응하며, 자외선과 나
쁜 병균들이 침투하는 것을 막는다. 이것은 탄생에서 죽음까
지 우리와 일생을 함께한다. 지상에 체류하는 동안 우리는 많
은 부분을 피부에 빚진다. 사람이 죽을 때 피부도 함께 괴사
한다.

프로이트는 자아를 무의식의 변형으로, 라캉은 거울 이미지로 본다. 반면 프랑스 정신분석가인 디디에 앙지외(Didier Anzieu)는 피부가 곧 자아라고 말한다. 그는 피부에 대해 이렇게 말한다. "피부는 투과성이 있으면서도 불투과성이다. 피부는 피상적이면서도 심층적이다. 피부는 진실하면서도 기만한다. 피부는 지속적으로 고갈되면서도 재생된다. 피부는 신축성이 있지만 전체에서 떨어져 나간 피부는 놀라울 만큼 작게 수축된다. 피부는 자기애적이면서도 성적인 리비도의 투여를 불러일으킨다. 피부는 행복의 장소이면서 유혹의 장소이기도 하다. 피부는 우리에게 즐거움만큼이나 고통도 제공한다."[11] 피부는 존재의 막, 존재 내면을 감싼 표면이다. 피부는 지속적으로 죽으면서 다시 살아난다. 우리는 피부의 보호 아래 물리적 환경과 분리된 채 개별성을 유지하며 살아간다. 사실을 말하자면 사람은 '피부 자아'로 살아간다. 피부는 영혼의 거푸집이며, 죽는다는 것은 이 거푸집에서 해방되는 것, 더 이상 피부의 보호 아래 있지 않게 된다는 것이다.

피부는 얇고 내구성이 약하다. "우리의 피부는 가녀림과 상처받기 쉬움으로 모든 생물의 종(種)에서 가장 비참한 인류의 근원적인 결함을 보여 주지만 동시에 우리의 유연한 적

---

11   디디에 앙지외, 『피부자아』(인간희극, 2005), 권정아·안석 옮김, 46쪽.

응력과 진화 능력을 보여 준다."[12] 인간의 자아와 정체성은 피부에서 나온다. 피부는 영혼이 강림하는 자리고, 표면이자 또 다른 심연이다. 그럼에도 피부는 가장 익숙한 것이면서도 그 철학적 본질에 대해서는 가장 낯선 것으로 방치되어 있다. 사람들은 피부를 보여지는 것, 즉 임상학적이고 미용적인 측면에서만 관심을 갖는다. 피부의 증상이 심장과 간, 뇌와 위와 장의 일이라는 것을 망각한다. 대부분의 사람들은 피부에서 일어나는 일들이 영혼의 저 깊은 곳에서 일어나는 사태의 전조, 보이지 않는 것들의 징후라는 사실을 무시한다.

얼굴 피부는 자아가 연기하는 무대

얼굴은 자아가 자주 출몰하는 피부다. 얼굴 피부는 자아의 신비한 무대다. 얼굴 피부란 두개골의 정면을 감싼 피부를 가리킨다. 이 얼굴 표면이 현대 사회에서 재화로 둔갑한다. 얼굴 성형술의 대유행은 미에 대한 숭고한 헌신이 아니라 그 재화 가치를 드높이려는 목적에서 비롯된다. 단지 얼굴 피부의 환상에 빠져드는 연인들의 어리석음이라니! 어떤 사랑은 피부가 불러 일으킨 환상의 증식에서 빚어진 오해의 산물이다.

---

12 위의 책, 47쪽.

사람은 얼굴 피부를 일그러뜨리며 웃는다. 웃음은 오열과 마찬가지로 얼굴 피부에서 벌어지는 가장 극적인 사건 중 하나다. 웃음은 얼굴 근육과 피부의 일이다. 사람들은 이 얼굴 피부가 오래된 심연이라는 걸 안다. 블라디미르 나보코프는 말한다. "두개골은 우주 여행자의 헬멧이다. 안에 머물러 있지 않으면 죽는다."[13] 나보코프가 두개골을 가리켜 우주 여행자의 헬멧이다라고 했을 때, 나는 놀란다. 얇은 살갗 아래에 숨은 두개골에서 '우주 헬멧'을 상상해 내다니! 두개골은 얇은 피부로 뒤덮여 있다. 얼마나 많은 시들과 그림, 음악들이 얼굴 피부에 들러붙어 증식하는가! 예술이라고 부르는 이것들은 얼굴 표면에 나타나는 사랑, 미움, 기쁨, 고통들에 대한 반향을 양식화한 것들이다. 말하고, 명령하며, 노래하고 구애하는 이것. 얼굴은 내러티브가 발화되는 입구이다. 얼굴을 잃는 자는 자아를 잃는 것이고 존재의 가능성을 탕진하는 것이다.

웃음, 그 역설

사람은 왜 웃는가? 나쓰메 소세키의 장편 소설 『나는 고양

---

13   데이비드 실즈, 『문학은 어떻게 내 삶을 구했는가』(책세상, 2014), 김명남 옮김, 128쪽에서 재인용.

이로소이다』의 한 장면을 들여다보자. 잘 알려져 있다시피 이 소설의 주인공은 고양이다. 이 작품 속 고양이는 내러티브를 담당하는 작가의 분신이거나 인간적 자아의 변주다. 이 고양이가 떡을 먹다가 목구멍에 달라붙는 바람에 소동을 벌인다. '떡을 먹고 춤을 추는 고양이'는 실은 곤경에 빠진 고양이다. 사람들은 고양이가 춤춘다고 박장대소한다. 정작 웃음의 대상이 된 고양이는 죽을 지경이다. 그런데 사람들은 '정말 못 말리는 고양이'라거나 '바보 녀석'이라고 한마디씩 내뱉으며 모두 깔깔거리고 웃는다. 고양이는 제 곤경과 불행에 웃음을 터뜨리는 인간들을 원망한다. 이렇듯 웃는 자의 즐거움은 웃지 못하는 자의 불행에 일정 부분 빚진다. 행복한 자의 깔깔거리는 웃음은 불행한 자의 머리 위로 뿌려지는 비웃음이고 경멸이다. 내면이 비틀린 자의 웃음은 칼이다. 이 칼이 열등한 자, 불행한 자, 소심한 자를 찌른다.

행복해서 웃는다고 생각하지만 이 생각은 틀렸다. 웃음이 경직에 대한 해제이고, 감정을 화사하게 만들지만 그 자체가 행복은 아니다. 행복은 항상 웃음 너머에 있다. 진실을 말하자면 사람들은 불행해서 웃는다. 불행하기 때문에 웃음이 필요한 것이다. 웃음은 자기 안의 불행을 바깥으로 방출하는 것이다. 사람은 살면서 수없이 실수하고 좌절한다. 불행이란 이것들의 누적에서 빚어진 어둡고 눅눅한 감정이다. 사람들은 그 불행 속에서 허우적이며 살아간다. 그게 인생이다. 불행한 사람에겐 웃음이 반드시 필요하다. 보들레르는 "웃음은 대개 미친 자들의 전유물이며, 늘 다소간의 무지와 약함을 내포한다."[14]라고 말한다. 불행하고, 나약하며, 쇠퇴하며, 때 묻은 존재들! 웃음은 이성과 계산의 산물이 아니다. 이것은 내면 모순의 격렬함에서 시작하고, 신경의 강박증에서 풀려나온다. "근본주의자의 관점에서 본다면 인간의 웃음은 오래된 타락이라는 육체적, 정신적 쇠퇴라는 사건과 밀접하게 연결되어 있음이 확실하다. 웃음과 고통은 선이나 악의 계율과 지혜가 존재하는 신체 기관들에 의해 표현된다. 바로 눈과 입이다."[15] 타락한 자들이여, 웃어라! 웃음이 너희들의 타락을 정화할 테니!

웃음과 미소의 차이

신과 천사들과 현자들은 웃지 않는다. 생각이 있는 자들은 겸허함을 잃지 않고 웃는다. 반면에 생각이 얕은 자들은 아무 생각 없이 웃는다. 웃음을 통해 활기를 얻는다는 섬에서

---

14   샤를 보들레르, 『화장 예찬』(평사리, 2014), 도윤정 옮김, 126쪽.
15   위의 책, 126쪽.

두 부류는 닮았다. 결코 웃지 않는 자들, 웃음의 언저리에서 자신을 멈추는 사람들은 근엄한 자들, 도덕적 현자들이다. 절대 진리의 화육(化育)인 이들은 웃지 않는다. 웃음이 나약함과 쇠약의 징후이기 때문이다. 나약하고 무지몽매한 자들이 더 잘 웃는다. 타인의 불행을 목격했을 때 터져 나오는 웃음은 의도치 않은 발작이고 경련이다. 보도블록에 걸려 넘어지는 사람을 보고 웃음을 터뜨리는 자는 "나는 넘어지지 않는다."라는 확신 속에서 웃는다. 타인의 불행이 정신의 나약함에서 비롯된다고 생각하는 것이다. 웃음이라는 신경적 발작은 "실수한 것은 내가 아니다."라는 안도감 속에서 이루어지는 자만심과 착란의 향연이다. 보들레르가 "웃음은 악마적이며, 그리하여 그것은 매우 인간적이다. 그것은 인간 내면에 있는 자기 자신의 우월성에 대한 의식의 결과이다."[16]라고 말했을 때, 그 본질을 꿰뚫는 통찰력에 감탄한다. 웃음은 '인간적'인 특징 중의 하나다. 신도, 동물도 웃지 않고, 오직 인간만이 웃는다.

웃음과 미소는 계통 발생에서부터 다르다. 미소는 소규모로 축소된 웃음이 아니다. 미소는 우호, 애정, 승인, 행복감의 징표이고, 웃음의 속성인 신랄함이나 공격성이 전무하다. 미소의 본질은 자애와 행복감이다. 미소는 개별적이다. 반면에

---

16 위의 책, 135쪽.

웃음은 선동이고 가차 없는 공격이며, 이 선동은 무리에게 쉽게 전염된다. 무리가 함께 웃는 일이 드물지 않은 게 그 증거다. 사실을 말하자면 웃음은 생물학적 목적이 없는 반사 운동이고, 신경적 강박의 해제다. 웃음은 인류의 열등한 형제들인 동물들에 대해 "무한한 위대함의 표시"이고, 인간보다 한없이 높고 전능한 절대 존재에 대해 "무한한 비천함의 표시"다.[17] 웃음은 두 개의 모순에서 야기되는 멈추지 않는 쇼크다. 웃음은 존재 내면에서 일어난 일종의 쇼크의 외부화고 존재에게 덮치는 갑작스럽고 돌연한 충격이다.

인간은 웃음으로써 물어뜯는다. 무엇을 물어뜯는가? 제 내면에 깃든 불행을, 열등감을, 나약함을 물어뜯는다. 내가 너희에게 웃음을 줄 테니 물어뜯어라, 너희의 타락과 불행을! 이것이 코미디의 본질이다. 세속적인 웃음은 타락의 산물이다. 타락으로 타락을 물어뜯는 것. 사람은 웃음으로 감정의 찌꺼기들을 불사르고 타락을 정화한다. 다시 말해 존재의 무거움에서 가벼움으로 이동하며 홀가분해지는 것이다. "웃음은 자기 자신의 우월성을 의식할 때 생겨난다고. 유례없이 사악한 이시에서 생겨난다고! 자만심과 착란!"[18] 웃음은 무

---

17 위의 책, 135쪽.
18 위의 책, 131쪽.

엇의 전조이고, 무엇의 징후인가? 이 심술궂은 웃음은 차라리 내면의 착란에서 비롯되는 존재의 경련이다. 이 웃음은 타인들의 열등감과 불행을 비웃는다. 강퍅함과 신랄함만이 두드러지는 이 악마적 웃음은 타락과 강등의 전조다.

웃음의 효과들

웃음은 일종의 신체 언어다. 이성에 통제되지 않은 채 발작적으로 터져 나오는 언어다. 언어가 동물과 인간을 가로지르는 경계 지표이듯 웃음 또한 그렇다. 동물들에게는 웃음이 없다. 사람만이 웃는다. 사람은 웃음으로 친밀감을 표현하고 감정의 동질성을 드러낸다. 동물이 부분적으로만 완전한 존재라면 인간은 부분적으로만 불완전한 존재들이다. 동물은 언어도, 웃음도 없이 불가해한 침묵 속에 응결되어 있는 우리의 낯선 형제들이다. 이들을 움직이는 것은 오로지 목전의 필요와 욕망들이다. 호모 사피엔스는 언어, 놀이, 일, 농업, 금기의 중시, 쓸모없는 것들의 추구 따위로 동물성과 단절되고 문화적 진화의 경로로 들어선다.

웃음의 효과는 분명하다. 웃을 때 내면에 남은 감정의 찌꺼기들, 억압된 감정, 자기모순 따위들이 해소된다. 그 해소를 통해 찢기고 분열된 자아가 하나로 봉합되는 것이다. 아울러 웃는 자들은 제 정체성에 대한 자기 주도적 결정권을 되찾는다. 웃음은 자유와 자치권, 용기와 담대함의 자기표현이다. 무지몽매한 자일수록 더 잘 웃는다. 근심과 걱정들이 감정적 손실이라면, 웃음은 그 손실에 대한 보상이다. 그리하여 웃는 자들은 도덕적 열등감에서 벗어난다. 웃는 자들은 웃음의 대상이 된 자들보다 항상 더 높은 도덕적 서열을 차지한다. 적어도 감정의 층위에서 그렇게 되었다고 믿는다. 웃는 자들은 자기 모순과 감정 억압에서 자유롭게 됨으로써 자기 초월적 행위로서의 완결성에 도달한다고 믿는다.

웃음은 다양하다. 천진무구한 기쁨을 드러내는 어린아이들의 웃음, 무사태평한 웃음, 침묵에 가까운 웃음, 타인의 어리석음을 비웃는 신랄한 웃음, 남을 곤궁에 빠뜨리려는 자의 사악한 웃음…… 웃음의 다양함은 감정과 본성의 다양함에서 비롯된다. 소름 끼치도록 심술궂음에서 발원하는 웃음, 타인의 불행과 연약함과 열등함에서 터져 나오는 웃음, 이것에 깃든 것은 타자에 대한 우월감이고 사악함이다. 이 웃음은 순진무구한 기쁨을 표현하는 어린아이들의 웃음과 근본적으로 다르다. 어린아이들은 죄외 티럭이 없기 때문에 해맑게 웃는다. "어린아이의 웃음은 마치 꽃의 개화 같다. 그것은 받아들이는 기쁨, 호흡하는 기쁨, 열리는 기쁨, 바라보는 기쁨, 사는 기쁨, 성장하는 기쁨이다. 그것은 식물적 기쁨이다."[19] 어린아이의 웃음이 식물적 기쁨의 표현이라면 어른의 웃음은 동물적 활력의 표현이다. 광대들, 희극인들, 개그맨들은 익살스럽게 바보를 연기하지만 이들은 바보가 아니다. 바보의 우스꽝스러움을 가장(假裝)하고 연기할 뿐이다. 관객들은 자주 넘어지고, 동문서답하고, 우둔한 행동을 연기하는 이들이 실제로 그렇다고 믿는다. 이 믿음이 강할수록 웃음의 유발 효과는 커진다. 관객들은 자신들을 바보들과 대조하면서 반사적으로 우월감을 누린다.

배울지어다―웃음을!

웃음의 부정성에 대한 얘기만을 한 듯하다. 물론 웃음의 본질을 나와 다르게 보는 철학도 있다. 니체는 웃음을 보다 높은 인간들의 징표로 이해한다. 특히 유희 정신으로 충만한 채 창조적인 놀이에 몰입하는 어린아이의 웃음을 예찬한다. "아이는 순진무구함이며 망각이고, 새로운 출발, 놀이, 스스로 도는 수레바퀴, 최초의 움직임이며, 성스러운 긍정이 아닌가."[20] 어린아이의 웃음은 긍정이고, 허무를 넘어서서 존재 생

---

19 위의 책, 141쪽.
20 프리드리히 니체, 『차라투스트라는 이렇게 말했다』(민음사, 2004), 장희창 옮김, 38쪽.

성을 향하도록 부추기는 힘이다. 아울러 웃음은 "온갖 새들에게 눈짓하며 날 준비를 마치고 각오하는 자, 행복하고 마음이 가벼운 자"들의 전유물이다.

니체는 하나의 우화를 제시하고 수수께끼를 풀어 달라고 요청한다. 한 양치기가 낮잠을 자다가 목구멍으로 기어들어 온 뱀에게 물린다. 뱀은 목구멍을 꽉 문 채 놓아 주지 않았다. 차라투스트라는 죽어 가는 양치기에게 뱀의 대가리를 물어뜯어라! 물어뜯어라!라고 소리친다. 양치기는 뱀 대가리를 물어뜯어 뱉어 내고 벌떡 일어난다. 뱀을 물어뜯고 질식 직전 절체절명의 위기에서 살아난 양치기는 어떻게 되었는가? "이제 양치기도 아니고 인간도 아닌, 변화한 자, 빛에 둘러싸인 자로서 그가 웃고 있었다! 일찍이 지상에서 그가 웃듯이 웃었던 자는 아무도 없었다!"[21] 양치기는 목구멍을 깨문 뱀, 즉 삶에서 오는 공포와 압력과 역겨움을 떨쳐 내고 일어난 자다. 그는 변화한 자, 삶의 무거움을 벗어던지고 자유를 얻은 자, 환희에 감싸인 채 웃는 자로 거듭난다.

디오니소스는 우리가 본받아야 할 웃음의 신이다. 디오니소스는 추악과 혐오를 넘어서고, 무거운 숭력의 영을 떨쳐 내며 웃고 춤춘다. 춤은 무거운 것들을 가볍게 바꾸고, 웃음은

---

21 위의 책, 283쪽.

악을 사면한다. 니체는 "가슴을 펴라, 활짝, 더 활짝!"이라고 외친다. 웃음을 배우라고, 삶의 무거움과 공포에서 벗어난 양치기와 같이 되라고 청유한다. 중력의 영에 짓눌린 삶이란 질병에 다름 아니다. 깊이 병든 자는 웃지 못한다. 웃으려면 건강을 되찾아야 한다. 니체는 병든 자들에게 노래하라, 포효하라, 새로운 노래로 영혼을 치유하라고 말한다. "두 발로 황금과 에메랄드의 황홀경으로 뛰어 들"어[22] 춤추는 자, 빛의 웃음을 웃는 자가 되라고! 니체는 『비극의 탄생』 서문에 이렇게 쓴다. "웃는 자의 이 왕관, 장미꽃으로 엮은 이 왕관, 형제들이여, 이 왕관을 그대들에게 던져 주노라! 나는 웃음을 신성하다고 말하노라. 보다 높은 인간들이여, 내게 배울지어다— 웃음을."[23] 니체는 차라투스트라의 입을 빌려, 웃음을 배우고, 웃는 자의 왕관을 쓰라고 말한다. 웃는 자들은 웃음에 의해 죄를 씻고 보다 더 높은 존재로 진화한다. "웃음 속에는 모든 악이 나란히 있지만, 그 모든 악은 악 자체의 크나큰 행복에 의해 신성해지고 사면받기 때문이다."[24] 오직 무거움을 가벼움으로 바꿀 수 있는 자유정신을 가진 자들만 춤과 웃음을

22 위의 책, 406쪽.
23 프리드리히 니체, 『비극의 탄생·반시대적 고찰』(책세상, 2005), 이진우 옮김, 23쪽.
24 프리드리히 니체, 『차라투스트라는 이렇게 말했다』, 406쪽.

배운다. 사방이 "툭 트인 산꼭대기"에 이르기를 소망하는 자들, 별을 갈망하는 영혼들은 춤과 웃음에 대해 더 배워야 한다. 양치기가 그랬듯이 그대의 치명적인 부분을 꽉 문 뱀들의 대가리를 물어뜯고 멀리 내뱉고 난 뒤, 웃어라! 고난과 역경에 주눅 들지 말고, 기쁨만이 오직 그대의 숙명인 듯!

키
스
는
숭
고
하
다

───── 호모 섹스쿠스
Homo sexcus

키스—입술이 수행하는 텅 빈 행위

입술은 말하고 사랑하며 먹는 일들을 수행한다. 그것은 세계를 빨아들이는 수렁이고, 말이라는 범선을 세계로 띄우는 항구다! 입술은 리비도의 기원이다. "나는 널 사랑해."라고 말하며, 타자로 이루어진 세계를 먹는다. 말하고 먹으며 키스하고 사랑하는 것, 그중 하나라도 없다면 삶은 비틀거릴 것이다. 입은 말하고 먹고 빨며 자양분과 쾌락을 취한다. 이것은 인생이 필요로 하는 충일과 즐김의 입구다. 입술은 미소 짓고, 키스를 한다. 사랑스러운 입술은 키스를 부른다. 키스는 불안과 슬픔을 사라지게 하는 마법의 주문, 쾌락의 꽃다발이다. 입술에서 사랑은 싹트고 자라난다. 하지만 키스는 신체적 친밀감을 쌓는 것 말고는 아무런 생물학적 이익이 없는, 텅빈, 상상 임신 같은 행위다.

키스는 "나는 널 사랑해."라는 문형의 신체적 표현이다. 입술을 거쳐 나간 이 말은 어떤 대답도 요구하지 않는다. 일방적 통고다. 이것은 사랑이 말로 다할 수 없는 복잡성이라는 점에서 그냥 내던져진 말이다. 내면에서 불쑥 솟구쳤다는 점에서 '충동'이고 사전에 의도되지 않았다는 점에서 '예측 불허의 것'이다. 이 문형은 특별한 전언을 실어 나르지 않는다. 그냥 말해지는 것, 해석이 필요 없는 말이다. 차라리 시선이거나 한숨과 닮은 그 무엇이다. 이 발화는 능동도 수동도 아니라 단지 어떤 행동의 개시를 위한 몸짓이다. 능동(행동)은 이 발화 다음에 온다. 바로 키스다. 상대가 이 발화에 응답하기 전 신속하게 그 발화를 막으려고 상대 입술을 입술로 덮는 행위가 키스다. "'난 널 사랑해'란 말에는 뉘앙스가 없다. 그것은 설명이나 조정, 단계, 조심성을 폐지한다."[25] 문득 발화된 "나는 널 사랑해."라는 말에서 의미는 배제된다. "나는 널 사랑해."라는 말은 많은 사람들이 생각하는 실체적 선언이 아니다. 선

---

25 롤랑 바르트, 『사랑의 단상』(문학과지성사, 1991), 김희영 옮김, 216쪽.

언이 아니니까 그 누구도 구속하지 않는다. 의미를 전달하는 목적이 없는, 두 사람 사이로 흐르는 기류이고 관계의 진화를 예고하는 징후다. 따라서 그것은 씨앗같이 여기저기 흩뿌려지는 것, 즉 아무 구속력 없는 사랑의 말 놀음이다.

입에 들어온 설탕 같은 키스들

첫 키스를 기억하는가? 누구나 첫 키스를 한다. 분명 첫 키스를 할 때 심장은 펄럭거리고 피들은 미쳐 날뛰었을 것이지만 놀랍게도 많은 사람들이 그토록 강렬하게 각인된 첫 키스를 기억해 내지 못한다. 나도 언제 누구와 첫 키스를 했는지 기억이 흐릿하다. 첫사랑은 이어지는 뭇사랑들에 의해 지워지듯 첫 키스도 무수한 키스들에 의해 잊혀지는 것인지도 모른다. 첫사랑이 쓰고 달콤한 것이라면 첫 키스 역시 쓰고 달콤한 것이다.

길가에 서 있는 자두나무 가지로 만든
매운 칼 같은 냄새,
입에 들어온 설탕 같은 키스들,
손가락 끝에서 미끄러지는 생기의 방울들,
달콤한 성적(性的) 과일,

안뜰, 건초더미, 으슥한

집들 속에 숨어 있는 마음 설레는 방들,

지난날 속에 잠자고 있는 요들,

높은 데서, 숨겨진 창에서 바라본

야생 초록의 골짜기

빗속에서 뒤집어 엎은 램프처럼

탁탁 튀며 타오르는 한창때.

— 파블로 네루다, 「젊음」[26]

한 시인은 키스의 달콤함을 두고 "입에 들어온 설탕 같은 키스들"이라고 쓴다! 키스는 달콤함의 심연 속으로 존재를 집어삼킨다. 단 하나의 예외도 없다. 안타까운 것은 설탕 같은 키스들이 오직 젊은이들의 몫이라는 점이다. 첫 키스는 첫 성적 교합의 전조다. '성적 과일 따내기'는 전적으로 청춘의 특권이다. 그렇기에 젊은이들은 "달콤한 성적 과일"을 따낼 기회만을 호시탐탐 엿본다. 젊은이들이 안뜰, 건초더미, 으슥한 데를 선호하는 것도 그런 장소들이 키스하기 적당하고 성석 과일을 따기 좋은 곳이라 그렇다. 오, 젊은이늘이여, 망설이지 마라. 붉고 탐스러운 자두를 깨물 듯 청춘의 열광 속에서

---

26   『네루다 시선』(민음사, 2007), 정현종 옮김, 50쪽.

사랑을 깨물고 그 사랑의 달콤한 과즙을 마셔라. 젊음이 지난 뒤 설탕 같은 키스들과 사랑의 열락에 대한 청구서가 날아오리니, 젊음이란 야생 초록의 골짜기이고, 뒤집은 램프같이 "탁탁 튀며 타오르는 한창때"다. 당신이 젊었다면 설탕 같은 키스를 만끽하라! 젊음은 영원하지 않다. 그것은 지불 유예된 '노년'을 담보로 잠시 동안 빌려 쓰는 시간이다.

동화에도 자주 키스가 나온다. 「잠자는 숲속의 공주」는 100년 동안 잠든 공주에게 키스하는 왕자의 얘기다. 1679년 샤를 페로의 동화집 『옛날이야기』를 통해 처음 소개되고, 그림 형제의 『어린이와 가정을 위한 동화집』에 실리면서 널리 알려진 동화이다. 이야기에서 왕과 왕비는 공주가 태어나자, 두 사람은 요정들을 초대해 축하 파티를 연다. 초대받지 못한 한 마녀가 분노하며 공주가 16세 되는 해 죽는 저주를 내린다. 공주는 16세 되던 해 물레 바늘에 찔려 100년 동안 깊은 잠에 빠진다. 공주가 살던 성은 가시덤불로 덮인다. 이웃나라 왕자가 사냥을 하러 가다가 공주의 이야기를 전해 듣고 가시덤불을 헤치고 들어가 잠든 공주에게 키스를 한다. 왕자의 키스로 잠든 공주는 마녀의 서주에서 풀려나 깨어난다. 왕자의 키스는 100년 동안이나 가시덤불 속에 방치된 공주를 살려낸 '사랑의 묘약'이다. 이렇듯 동화에서 키스는 "그전까지 추측하기만 했을 뿐 알지 못했던 영역, 비밀스러운 환희 정원으로 가는 열쇠"[27]다. 마법의 주문을 해제한 왕자의 키스가 암시하듯 키스는 운명의 봉인이자 봉인된 것의 해제다. 오늘날 봉인된 것을 해제하는 '운명적' 키스는 보기 드물다. 땅과 하천이 오염되어 반딧불이들이 사라지듯 추악과 경박함으로 얼룩진 사회에서 순진무구한 키스, 운명을 뒤바꾸는 키스, 진중한 키스들은 사라진다. 경박해진 세상에 남은 것은 찧고 까부는 키스들, 사랑은 없고 쾌락만 있는 키스들, 기성품같이 너무 흔해진 키스들뿐이다.

키스는 다른 신체의 삼킴이자 발명

키스는 무엇보다도 다른 신체의 삼킴이자 발명이다. 이것이 키스의 제일의적 의미다. 키스는 다른 신체에 접속하고 거기로 건너가는 다리이고, 영원히 잃어버린 것에 대한 향수, 이룰 수 없는 욕망을 일깨운다. 영원히 사회화되지 않는 당신과 나의 사적 영역이라는 점에서 키스는 비밀스럽다. 첫 키스에 성공한 연인들은 마치 접착체로 두 사람을 붙여 놓은 듯 떨어지지 않는다. 자기 완결성을 가진 행위인 키스에는 절정도 없고,

---

27 로버트 롤런드 스미스, 『이토록 철학적인 순간』(웅진지식하우스, 2014), 남경태 옮김, 102쪽.

끝도 없다. 서른 해 전쯤 유럽 여행 중 파리와 베를린에 들렀을 때 공원에서 키스에 열중하는 많은 연인들을 보고 놀랐다. 남들의 시선 따위 개의치 않은 채 입술과 입술을 맞대고 떨어질 줄 모르는 연인들! 키스하는 연인들은 떨어질 줄 모른다. 하지만 길게 이어지는 단조로움에 지켜보는 사람이 먼저 질린다.

키스는 아무런 국면의 전환도 없이 키스로만 이어진다. 키스에 시작은 있지만 그 행위를 발화시킨 욕망엔 끝이 없다. 키스에는 절정도, 방향도, 종점도 없으니까 연인들은 그토록 오래 키스에만 열중하는 것이다. 섹스에는 절정과 욕망의 종착점이 있지만 키스에는 그것이 없다. 키스를 아무리 오래 해도 생명이 잉태되지는 않는다. 키스는 아무런 생물학적 이익을 낳지 않는 공허함으로 이루어진다. "키스 자체는 묘하게도 공허한 행위다. 마치 음식도 없이 식사하는 것이라고 할까? 우는 행위와 비슷하게 키스는 내적인 계기를 가지지만 외적인 이득은 없다. 섹스는 적어도 생식의 목표를 지향할 수 있으나 키스는 아무것도 이루지 못한다."[28] 아무것도 이루지 못하는 행위라 해도 키스의 의미를 부정할 수는 없다. 키스는 살아 있는 느낌들을 촉진하고, 기쁨과 달콤함을 동반한 채 목적 없는

---

28 위의 책, 99쪽.

목적성을 안고 무한을 향해 나아간다. 키스는 한 번 입으면 다시는 벗을 수 없는 푸른 연미복이다.

키스는 숭고하다

사춘기로 접어들며 첫사랑의 열병 속에서 첫 키스를 겪는데, 첫 키스는 인생의 수선(修繕)도 보수(補修)도 아니다. 뇌를 쪼개는 짜릿한 전율 속에서 치르는 창조라는 점에서 첫 키스는 우리 자신을 새로 빚는다. 첫 키스라고 믿는 키스는 실은 세 번째 키스다. 오래전 첫 키스를 치렀다. "우리는 세 번 키스한다. 엄마의 젖꼭지와, 나 자신과, 그리고 어른이 되어 다른 사람과."[29] 엄마의 젖꼭지를 빠는 것이 첫 키스다. 이것이 키스의 기원이다. 그 키스로 영양 섭취와 쾌락이라는 두 마리 토끼를 붙잡는다. 그리고 세월이 흐른 뒤, 일반적으로 첫 키스를 겪으며 사랑의 달콤함에 빠진다. 그러나 나 자신과의 키스는 씁쓸하다. 그것은 끝내 아무 곳에도 도착하지 못하는 실효성이 전무한 키스다.

키스는 두 사람이 육체화의 국면으로 접어드는 관계의 예고다. 첫 키스는 첫 교합의 시작점이다. 그것은 조만간 일어날

---

29 위의 책, 103쪽.

섹스에 대한 일종의 서약이고 서명이다. 키스가 생략된 섹스는 드물다. 키스는 섹스로 가기 전 반드시 통과하는 문이다. 그 문을 지나야만 욕망의 완전한 충족이라는 천국에 도달한다. 실은 그 천국은 욕망이 설계한 하나의 환상, 하나의 망상에 지나지 않는다. 천국은 어디에도 없다. 사실을 말하자면 키스에는 아무 목적이 없고, 희귀하게도 그 자체가 목적인 행위다. 한 위대한 시인에 따르면 "사랑은 번개들의 충돌,/ 하나의 꿈에 제압당한 두 몸"이다. 사랑이 번개들의 충돌이고 꿈에 제압당하는 것임을, 연인들은 키스를 통해 실감한다. 키스는 꿀이거나 설탕이다. 사랑의 달콤함은 전적으로 키스에서 비롯한다. "키스를 하며 나는 그대의 작은 무한을 여행"한다.[30] 키스는 존재에 의한 존재의 심연을 탐색하는 무한 여행이다. 성숙한 연인들의 키스, 그 무한 여행의 끝은 어디인가?

눈을 감고 있으면 애욕으로 타오르는 입술이 몸의 어딘가에 달라붙을지 모른다. 입술과 입술이 만날 때 비로소 키스가 이루어진다. 인간 내면에 깃든 불가사의한 사랑과 애욕의 고통을 그린 이탈리아 작가 알레산드로 바리코의 소설 한 대목을 떠올린다. "이제 제 입술을 느껴 보세요. 제게서 가장 먼

---

30 파블로 네루다, 「012」, 『100편의 사랑 소네트』(문학동네, 2002), 정현종 옮김.

저 당신께 닿을 것은 제 입술입니다. 제 입술이 어느 곳에 처음 닿게 될지는 알려드리지 않을래요. 당신은 갑자기 어느 곳에선가 제 입술의 온기를 느끼게 될 거예요. 눈을 감고 계세요. 제 입술이 당신의 어디에 닿게 될지 알 수 없도록, 눈을 뜨지 마세요. 이제 어딘지 모르는 곳에서 곧 제 입술의 감촉을 느끼게 될 거예요, 갑자기."[31] 키스는 사랑의 씨앗을 발아시킨다. 키스는 정념이 타오르기 시작하는 발화점이다. 정념이 비등점을 향해 끓어오르면 그 정점에 섹스가 기다린다. 첫 키스 뒤 연인은 설렘과 두려움 속에서 첫 섹스를 한다. 여러 가지 이유로 첫 섹스가 지연되고 지체될 때 욕망은 영원히 유예된다. 고통은 그런 지연들로 인해 쌓인다. 고통은 아주 단순한데, 바로 욕망의 좌절과 유예에 따른 결과다. 새로운 날에 대응하는 신체적 과잉이 건강이듯 충족은 욕망을 채우고 넘치는 잉여의 작동이다. 첫 키스로 예고된 섹스가 지연되면서 "농축되어 넘쳐흐르며 벼락같이 후려"치는 쾌락들은 소실점 저 너머로 사라진다. 그 사라짐은 실연의 신호탄이다. 또한 생식 가능성의 소멸 징후다. 첫 교합의 지연이 죽음만큼이나 힘든 것은 그 때문이다. 우리는 첫 섹스의 좌절이 그 자체로 생물학적 죽음의 또 다른 국면임을 직관한다.

---

31 알레산드로 바리코, 『비단』(새물결, 2006), 김현철 옮김, 183쪽.

키스는 숭고한가? 키스가 갈증, 기대, 열망인 한에서 키스는 신비하고 숭고하다. 모든 키스에는 '사이'가 있다. 객체와 주체 사이, 욕망과 금욕 사이, 덧없이 흘러간 시간과 다가올 미래 사이, 욕망의 치켜진 팔과 욕구의 내민 팔 사이. 롤랑 바르트는 이렇게 쓴다. "한쪽에는 욕망의 치켜진 팔이, 다른 한쪽에는 욕구의 내민 팔이 있다. 나는 치켜진 팔의 음경 이미지와 내민 팔의 음문 이미지 사이에서 흔들거리며 망설인다."[32] 키스는 사랑이 아니라 사랑의 실루엣이고, 육체의 일이 아니라 육체의 실루엣이며, 행위가 아니라 행위의 망설임이다. 키스가 아무런 생식의 결과를 못 만드는 이유가 거기에 있다. 키스는 욕망이 아니라 욕망의 그림자이기 때문이다.

키스는 유령의 배

입술은 인체에서 가장 얇은 표피다. 감각 신경 세포 수가 가장 많은 곳이다. 예민한 감각을 지닌 곳이다. 그렇게 특화된 입술을 타자에게 허락함으로써 타자가 내 일부로 편입될 수 있는 가능성을 연다. 키스는 입술을 배개로 한 타사와의 접촉이며 육체적 친밀감의 한 극단을 이룬다. 첫 키스는 타자

---

32 롤랑 바르트, 위의 책, 35쪽.

를 향해 자신의 존재를 여는 첫 경험이다. 첫 키스는 유령의 배다. 그 배가 언제 왔는지 모른다. 배가 사라져 갈 때 비로소 아, 배가 다녀갔구나 하고 인지하는 것이다. 키스는 유령적인 것이기에 상처, 버려짐, 고통을 낳지 않는다. 미망에 빠지거나 자살하는 사람도 없다. 키스는 사랑과는 달리 어떤 불안이나 회의를 동반하지 않는다. 소비에트의 러시아 사전에 따르면 키스는 "순전히 기계적인 견지에서 구강막의 상호 영향, 타액 생산의 증가, 특정한 신경 조직의 활동"[33]이다. 이 정의가 어처구니없는 것은 키스의 핵심적인 요소인 사랑과 정념을 배제하고 있다는 점이다. 정념을 배제하자 키스의 살과 뼈를 이루는 설렘과 호기심, 신비로움이나 낭만성도 휘발되어 버린다.

　키스는 많은 예술가들에게 영감을 주었다. 시인들은 사랑의 숭고성을 구현하는 키스를 시로 예찬하고, 화가들은 키스의 기쁨을 그림으로 표현한다. 클림트의 「키스」는 키스의 황홀경에 잠긴 두 남녀를 금빛 찬란한 색채로 표현한다. 그들은 세상과 멀리 떨어진 채 몰아지경에 빠진다. 셰익스피어는 「로미오와 줄리엣」에서 앳된 주인공의 입을 빌려 키스가 "수줍어 붉은 두 순례자와 같은 입술"의 일이라고 그 고결함을 찬미한다. 오귀스트 로댕의 「키스」는 지나치게 사실적이다. 두

33　로버트 롤런드 스미스, 위의 책, 95쪽.

남녀가 취하는 자세, 근육의 형태, 육체의 욕망을 사실적으로 드러낸다. 로댕의 「키스」는 사랑의 스캔들, 성행위의 발화, 노골적인 에로티시즘에서 두드러진다. 남자 아래에서 키스를 받는 여자는 성적 황홀경에 빠져 몸이 흐느적이는 듯 보인다. 이것은 분명 섹스의 끈적거리는 전조(前兆)를 떠올리게 한다. 반면 콘스탄틴 브랑쿠시의 「키스」는 단순하고 소박하다. 나는 키스의 정수를 보여 주는 브랑쿠시의 「키스」가 더 좋다. 대리석으로 된 두 남녀가 긴 팔로 서로를 끌어안고 있는데, 두 몸통을 휘감은 두 팔은 마치 그들을 묶은 밧줄 같다. 조각가는 두 사람의 두상과 몸통을 최소한도로 드러낸다. 단순하고 소박한 형태의 두 인물은 얼굴과 얼굴을 맞대고 있다. 완벽한 대칭형을 이룬 눈과 눈, 입술과 입술은 작은 틈조차 없이 밀착한다. 두 팔은 혼연일체가 되고자 하는 열망과 의지를 과시한다. 각자 삶을 도생해 온 두 사람이 한 몸으로 합체한다. 두 몸이 한 몸을 이루었으니 두 마음도 한 마음일 테다. 브랑쿠시는 한 몸, 한 마음을 이룬 두 개체를 통해 키스의 관능보다는 그것의 애틋함과 행복을 드러낸다. 이것은 키스의 본질로 고착된 목적 없는 목적성과 더불어 키스의 달콤한 자기 충족인 면, 그리고 잃어버린 것에 대한 영원한 향수를 자극한다. "상대방이 다가올 때 키스는 달콤한 만남을 가지는 두 얼굴 사이에서 유쾌한 각운의 형태를 취한다. 키스는 또한 형식성과 자유로움, 격식과 관능, 의식과 낭만의 특별한 시적 결합을 향유한다."[34] 이성애자들의 키스는 음양의 오묘한 섭리 속에서 일어나는 기쁨의 추구다. 이것은 "즐거운 놀이, 유쾌한 숨바꼭질"이자, 모든 "신체적이자 형이상학적인 결합"[35]을 낳는다. 키스가 없었다면 인류의 삶은 지금보다 훨씬 더 황량하고 건조했을 것이다. 키스는 인류의 불행을 경감시키고, 망망대해 같은 고독에서 우리를 건져 낸다. 이것은 사랑의 불꽃을 일으키는 기적이다. 키스라는 기적이 없었다면 과연 지구가 생명들로 번성하는 행성이 될 수 있었을까?

---

34 위의 책, 97쪽.
35 위의 책, 99쪽.

—— 호모 아쿠아티쿠스
Homo aquaticus

비, 사람을 뒤흔드는 물방울

　비를 사랑하는 악인은 없다. 대개는 착한 심성을 가진 사람들이 비를 사랑한다. 비는 연약한 것이고, 연약한 것에 연민을 품는 자는 선량한 법이다. 비를 저주하고 욕하는 것은 상스러운 짓이다. 비는 태양과의 상극 속에서 제 정체성을 찾는다. 비는 태양처럼 뻔뻔하게 빛나지 않고, 대신에 겸손하게 그늘을 취하고 습기를 사방에 흩뿌린다. 비는 어떤 목적으로 내리지 않는다. 비는 다름아닌 자기를 위하여 어린애처럼 웃으며 내린다. 선사처럼 말하자면, 비는 마(麻) 세 근이다. 비는 매화한 송이다. 비는 "움직이는 비애"(김수영)이거나 끝내 쓰지 못한 여덟 줄의 시다. 비는 도주고 박해다. 비는 추락하는 천사다. 비는 몽상과 회한의 시간을 선물하는 벗이다. 비는 술을 달콤하게 만드는 술꾼의 벗이고, 연인들의 사랑을 돕는 조력자다.

한반도에는 6월 말이나 7월 초에 우기가 시작한다. 비는 대류성, 지형성, 전선성, 수렴성 비로 나뉘는데, 대류성 비는 한반도의 여름철에 가장 흔하게 나타나는 강우 현상이다. 대기의 상층과 하층의 온도 차로 말미암아 대류 현상이 일어나면서 비가 내리는 것이다. 여름철의 날씨는 변화무쌍해서 기상청 일기 예보는 자주 빗나간다. 비 예보를 듣고 우산을 챙겨 나가면 비는 오지 않고, 우산 없이 나간 날엔 비가 내린다. 오늘은 아침부터 제비들이 지면에 닿을 듯 저공비행을 하더니 기어코 빗발이 뿌린다. 먹구름이 하늘을 덮으면서 사위가 어두워지더니 제법 많은 양의 비가 쏟아진다. 번개가 번쩍이고 천둥이 친다. 비가 기다렸다는 듯이 거친 기세로 쏟아져 내린다. 빗발이 거세져서 마당의 모과나무와 후박나무 파릇한 이파리들과 웃자란 파초 줄기들이 휘청거릴 정도다. 내 고막에 사방에 차오르는 빗소리가 가득 고인다.

소풍이나 야외 행사를 준비하는 사람에게 비는 골칫덩이다. 마녀처럼 저주와 술책을 쓰는 것은 아니고 비는 그저 약간의 심술궂은 훼방꾼 노릇을 하는 것이다. 비가 세계 평화를 위협하는 일은 좀처럼 생기지 않는다. 그저 심술을 부리고 밋밋한 나날들에 변화를 만드는 정도이다. 물가에 서 있는 버드나무들이 바람에 휘청거린다. 비가 늘어진 버드나무 가지의 초록 잎들을 흠뻑 적시는 동안 지붕의 빗물이 처마의 홈통을 타고 아래로 떨어지는 소리가 크다. 실내 거주자에게 비는 그 단조로운 리듬으로 감정의 내밀함을 깊게 하며 더러는 낮잠을 부른다. 비가 내리는 오후에 드는 낮잠은 어떤 보양식보다 몸에 이롭다. 비올 때 어느 산협 한적한 절간 공양주의 손길이 바빠진다. 종일 빗속에서 심심한 어린 스님들이 입에 넣을 주전부리를 내놓으라고 보채기 때문이다. 공양주는 프라이팬에 들기름을 두르고 애호박을 썰어 넣은 밀가루 반죽으로 전을 부친다.

나는 비가 내릴 때 내면의 활동성이 깨어나 바깥으로 뛰쳐 나가기도 했다. 비의 단조로운 리듬이 심장 박동을 뛰게 한다. 어쩐 일인지 비는 나를 뒤흔든다. 저 태초 생명의 기원은 물이다. 인류는 호모 아쿠아티쿠스(Homo aquaticus), 달리 말해 물에서 나온 생명이다. 비는 잃어버린 고향에 대한 향수를 맹렬하게 자극한다. 따지고 보면, 빗방울들은 하나하나가 작은 바다이다. 비가 낭만적 노스탤지어를 발명했다는 사실을 아는 이는 적다. 나는 책을 읽다가 다음과 같은 문장에 눈길이

머문다. "병은 나름대로의 규칙과 절도와 침묵과 영감들을 갖춘 수도원과 같은 것이다."[36] 빗소리에 귀를 기울이면 비가 나름대로의 규칙과 절도와 침묵과 영감들을 갖추고 있음을 알 수 있다. 비는 무조음악(無調音樂)과 같이 마음속으로 스며드는 것이다. 비와 병은 고요와 절도를 갖고 있다는 점에서 일란성 쌍둥이처럼 닮았다.

비를 노래한 작가들

비는 시인과 작가에게 영감을 준다. 비를 노래한 시들은 정말 많다. 먼저 떠오른 게 김소월의 「왕십리」다.

비가 온다
오누나
오는 비는
올지라도 한 닷새 왔으면 좋지

여드레 스무날엔
온다고 하고

---

36 알베르 카뮈, 『작가수첩 2』(책세상, 2002), 김화영 옮김, 64쪽.

초하루 삭망이면 간다고 했지
가도 가도 왕십리 비가 오네

웬걸 저 새야
울려거든 왕십리 건너가서 울어다오
비 맞아 나른해서 벌새가 운다

천안에 삼거리 실버들도
촉촉이 젖어서 늘어졌다네
비가 와도 한 닷새 왔으면 좋지
구름도 산마루에 걸려서 운다

— 김소월, 「왕십리」[37]

청년 김소월은 비를 얼마나 하염없이 바라보았던가. 이 시
는 비에 갇혀 오가지 못하는 화자의 답답한 심경을 전달한
다. 이 시의 백미로 꼽히는 "온다", "오누나", "오는", "올지
라도"와 같이 동사의 연쇄 속에서 이루어지는 변주와 활용은
그치지 않는 비가 그치기를 바라는 마음을 절묘하게 보여준
다. "비 맞아 나른한 벌새"는 비에 갇혀 멀리 나가지 못하는

---

37 《신천지》(1923).

시인의 처량한 마음과 겹쳐지는 바가 있다. 이 시가 제출된 것은 1920년대이다. 이 시기가 일제 강점기라는 사실을 기억하자. 김소월은 식민지 지식인 잔맹(殘氓)으로 시대의 답답함과 암울함을 '비'라는 이미지에 투사하고 있다. '왕십리'라는 장소는 그렇듯이 이 시에는 가망 없는 희망을 품은 자의 절망이 고스란히 배어 나온다.

　반면, 시인 황인숙의 「비」는 김소월의 '비'와 확연한 차이를 드러낸다.

　　저처럼

　　종종걸음으로

　　나도

　　누군가를

　　찾아나서고

　　싶다……

　　　　　　　　　　　　　　　　　　　— 황인숙, 「비」[38]

　황인숙의 시에는 시대에서 오는 압박이나 하중이 나타나지 않는다. 따라서 비의 이미지 역시 우울이나 우중충함과 연

38　『새는 하늘을 자유롭게 풀어놓고』(문학과지성사, 1988), 46쪽.

관되지 않는다. 비는 참새처럼 가볍게 종종걸음을 친다. 이 비는 더 기쁜 일을 찾고 탐닉하려는 마음의 장력(張力) 속에서 제 존재를 또렷이 드러낸다. '비'의 종종걸음은 누군가의 영혼에 친구나 사랑하는 이를 찾아 나서고 싶은 유혹을 불러일으킨다.

> 아, 저, 하얀, 무수한, 맨종아리들,
> 찰박거리는 맨발들.
> 찰박 찰박 찰박 맨발들.
> 맨발들, 맨발들, 맨발들.
> 쉬지 않고 찰박 걷는
> 티눈 하나 없는
> 작은 발들.
> 맨발로 끼어들고 싶게 하는.
>
> — 황인숙, 「비」[39]

앞서의 시와 마찬가지로 비에 단 한 점의 우울이나 암울함도 깃들지 않는다. 오히려 비는 생의 기쁨과 발랄함을 품고 있다. 보라, 비는 맨발로 "찰박 찰박 찰박" 걷고 싶은 마음을 불

---

39 『나의 침울한, 소중한 이여』(문학과지성사, 1998), 47쪽.

러일으킨다. 비와 티눈 하나 없는 작은 발은 잘 어울리는 한 쌍이다. 이 짧은 시에서 비는 시의 서정적 주체를 맨발로 유희의 기쁨 속으로 참여하도록 유혹하는 이미지다.

전후 작가 손창섭이 초기에 쓴 단편 「비오는 날」은 비가 등장하는 대표적인 작품이다. 소설의 첫대목에서부터 비가 내린다.

이렇게 비 내리는 날이면 원구(元求)의 마음은 감당할 수 없도록 무거워지는 것이었다. 그것은 동욱(東旭) 남매의 음산한 생활 풍경이 그의 뇌리를 영사막처럼 흘러가기 때문이었다. 빗소리를 들을 때마다 원구는 으레 동욱과 그의 여동생 동옥(東玉)이 생각나는 것이었다. 그들의 어두운 방에 쓰러져 가는 목조 건물이 비의 장막 저편에 우울하게 떠오르는 것이었다. 비록 맑은 날일지라도 동욱이 오뉘의 생활을 생각하면, 원구의 귀에는 빗소리가 설레이고 그 마음 구석에는 빗물이 스며 흐르는 것 같았다. 원구의 머릿속에 떠오르는 동욱과 동옥은 그 모양으로 언제나 비에 젖어 있는 인생들이었다.

— 손창섭, 「비 오는 날」[40]

---

40 《문예》(1953).

비의 장막 저편에 남매의 음산한 생활 풍경과 쓰러져 가는 목조 건물이 떠오른다. 손창섭은 6·25 전쟁이 끝난 뒤 폐허로 변해 버린 현실의 암담함이나 우중충함을 드러내기 위해 비를 자주 등장시킨다. 그의 소설에는 늘 비가 내리고, 작중 인물들은 닫힌 공간에서 무위도식하며 나날을 흘려보내는 잉여 인간들이다. 이들은 비의 장막에 갇힌 채 굴속같이 침침한 방 안에 기거한다. 미래 전망을 잃은 채 '비의 감옥'에 유폐된 존재들. 이들의 실존은 생의 최하 지점에 불시착한 불운과 절망에 서서히 침식당하고 무너진다. 손창섭 작품에서 비는 생의 무위에 갇힌 채 견뎌야만 하는 굴욕적인 현실과 내면의 우울을 표상하는 은유로 생생하다. 작가는 비를 통해 "비에 젖어 있는 인생들"의 우중충한 소외와 고독을 그려 내려는 의도를 숨기지 않는다.

빗방울에 담긴 기억들

우리 머리 위에 떨어지는 빗방울 하나하나는 그 자체로 작은 바다다. 비는 멀리에서 온다. 비는 항상 무리지어 먼 거리를 이동한다. 무리 짓는 것, 그것이 비의 덕성이다. 비가 구름 속에 있다가 땅으로 내릴 때도 무리 지어 내린다. 비의 기원은 먼 곳의 강물이거나 호수, 아니면 바다일 테지만 누구도 비의 기원에 대해 생각하지 않는다. 비가 오면 사람들은 무심히 '비가 오는군' 할 뿐이다. 그들에게는 걱정할 것이 많다. 비는 그들의 관심사 바깥에 있다. 비가 바람을 타고 얼마나 먼 거리를 이동해서 오는지, 혹은 비가 먼 해안과 산맥을 건너서 온다는 사실을 알았더라도 그들은 도무지 감명을 받지 못할 게 분명하다. 그들의 팍팍한 삶을 견뎌내는 동안 감정이 메말라 버렸기 때문이다.

빈센트 반 고흐는 동생 테오에게 필요한 물감의 목록을 적은 편지의 끝에 "다시 태어난다면 지금보다 더 나은 삶을 살 수 있기를."이라고 적었다. 1888년 5월의 일이다. 나는 고흐가 살던 시대에서 멀리 떨어져 있고, 고흐가 감당한 불행과 고통에 대해 세세하게 알지 못한다. 그는 '더 나은 삶'을 꿈꾸었다. 젊은 시절, 나 역시 비가 내리면 자주 우울에 잠긴 채 허덕거리며 '더 나은 삶'을 꿈꾸었다. 나는 유배 중인 왕처럼 비 내리는 극지의 밤에 유폐되어 숨이 막히곤 했었다.

누구나 불행의 총량은 같다. 저마다 불행의 형태는 다르지만 운명 속에 깃드는 불행의 양은 엇비슷할 것이다. 고흐에겐 고흐의 불행이 있고, 내겐 내 몫의 불행이 있는 법이다. 내 불행은 내가 젊었던 탓이다. 나는 이 세계의 부조리함과 세계의 광대한 고독에 대해 무지했다. 그러면서 더 많이 살고 싶었다. 질주하는 법을 배웠지만 멈춰 서는 법은 알지 못했다. 자그마한 사업상의 성공들을 내 명석함이 가져온 당연한 열매라고 여겼다. 나는 작은 성공들에 도취되어 오만해졌다. 내 크고 작은 시행착오들과 불행은 스스로 자초한 것에 지나지 않았다. 비를 맞으며 도시의 거리를 걸어가던 젊은 날, 나 역시 '다시 태어난다면……'이라고 말하고 싶었다.

물보라를 일으키며 일렁이던 동해 어느 바닷가의 비 내리는 여름 아침을 기억한다. 집을 견딜 수가 없도록 답답해서 불쑥 혼자 여행에 나선 17세 때의 일이다. 가출을 한 것이다. 수유리 어느 산자락 무덤 위에 내리던 비를 기억한다. 내가 백수로 떠돌던 20대 초반일 때다. 빗속에서 도착한 북유럽의 어느 도시 역사(驛舍)의 지붕을 기억한다. 비가 내리는 역 앞 광장에는 비둘기들이 날고 있고, 나는 누군가에게 엽서를 적었다. 그 시절에 나는 한 젊은 여자의 반짝이는 눈과 신비로운 미소에 반해 반쯤 넋이 나간 영혼이 되어 있었다. 제대로 된 연애를 해 본 적이 없던 나는 열병 같은 연애에 취해 휘청거렸다. 그것이 서른 무렵인지, 서른몇 살 때인지 정확하게 기억이 나지는 않는다.

서른 무렵 내가 벌인 사업은 번창하고, 배 근육은 탄탄하고 팔다리는 멀쩡했다. 나는 날마다 수영장에 나가 자유형과 배영을 번갈아 가며 체력을 단련했다. 체력이 절정일 때는 몇 킬로미터를 쉬지 않고 수영을 했다. 그리고 나는 밤늦게 사무실에 혼자 남아 일을 했다. 일본 여행 중 바닷가 호텔에 묵은 것은 그 무렵이다. 바닷가와 면한 옥외 온천이 딸린 호텔이었다. 몸을 온천수에 담근 채 바다에 떨어지는 비를 하염없이 바라보았다. 허공으로 밀려온 자욱한 빗방울들이 넓은 바다로 투신했다. 바다에 무심히 떨어지는 빗방울들은 작아서 아무 흔적도 없이 사라졌다. 머리통 위로 떨어지는 촛농 같은 빗방울을 맞으며 나는 무엇을 생각했던가. 잘 기억나지 않는다. 비는 온 것은 가고 간 것은 돌아온다는 것, 그리고 겸손과 살아 있는 것들에 대한 관용에 대해 말하는 듯했다.

비와 함께 흐른다

날이 저물면서 비는 주춤댄다. 빗줄기가 약해지자 모과나무 가지에 박새가 날아와 지저귄다. 박새도 빗속에서 모이를 구하는 일은 어려웠으리라. 나는 실내에 등을 켜고, 부엌으로 나가 쌀을 씻어 저녁밥을 안친다. 무릇 만물은 주린 배를 채워야 사는 법이다. 선사 운문이 한 승려에게 "어디서 오십니까?" 하고 물었다. 젊은 승려는 "찻잎을 따다가 왔습니다."라고 대답했다. 선사는 "사람이 찻잎을 땁니까? 아니면 찻잎이 사람을 땁니까?" 하고 재차 물었다. 승려가 난처해서 머뭇거리자 선사가 말했다. "스님께서 이미 대답을 하셨습니다. 거기에 무슨 말을 덧붙이겠습니까." 나는 어디에서 온 사람일까. 나는 생명의 기원에 대해 아무것도 알지 못한다. 이보다 더 큰 비극은 없다. 그러나 지금 이 찰나, 내가 살아 있다는 것 말고 거기에 무슨 말을 덧붙이겠는가!

조촐한 저녁 식사를 마치고 빈 그릇들을 씻어 정리한다. 부엌에서 나와 거실로 향한다. 밤이 깊지만 비는 계속 내린다. 비는 소리 없이 수화를 한다. 비 자체는 소리가 없다. 하지만 비는 무성한 파초 잎 위에 떨어질 때나 풀밭에 내려앉을 때 그것들과 부딪치며 소리를 낸다. 한 승려가 동산(洞山)에게 "부처가 무엇입니까?" 하고 물었다. 동산은 "마 세 근입니다."라고 대답했다. 나 혼자 있는 이 밤에는 비가 부처이다. 따라서 비는 마 세 근이다. 당신은 어딘가에서 잘 살고 있는가. 아아, 나는 여기서 한 걸음도 밖으로 나설 수가 없다.

거실 유리창 밖 허공을 가로질러 내리는 빗줄기를 바라보다가 나는 소스라치게 놀란다. 저 캄캄한 허공을 가르며 내리는 비는 사천의 밤들과 사천의 낮들이 거느린 빛들을 사살하고 몇 만 년째 저 몸짓을 반복하고 있는 것이다. 내 곁에는 더이상 어머니도 아버지도 계시지 않는다. 그들은 이미 이 세상을 떠났다. 내가 사랑할 것은 한 줌의 남은 시간, 젖은 들판과 강들, 그리고 조카들처럼 바람에 휘청이는 어린 버드나무들뿐이다. 머리 위에 지붕이 없고, 발아래 땅이 없다. 비가 허공에 몸을 내던질 때 나 역시 비와 함께 흐른다. 어둠이 깊으면 먼 곳을 바라보라. 새벽이 저 비의 커튼 너머에서 천천히 다가오고 있을 테다.

호젓한
시 젓
간 한
의
만
에
서

1판 1쇄 찍음 2019년 5월 31일
1판 1쇄 펴냄 2019년 6월 7일

지은이   장석주
발행인   박근섭·박상준
펴낸곳   (주)민음사

출판등록   1966. 5. 19. 제16-490호
서울시 강남구 도산대로 1길 62(신사동)
강남출판문화센터 5층(06027)
대표전화   02-515-2000 | 팩시밀리   02-515-2007
홈페이지   www.minumsa.com

ISBN   978-89-374-4183-7 (03100)